4	応用ファイナンス講座
	森平爽一郎・小暮厚之 [編集]

不動産市場の計量経済分析

清水千弘
唐渡広志 [著]

朝倉書店

はじめに

　わが国の不動産投資市場は，先行した日本版リートに続き，私募ファンド，CMBSなどが急速に拡大してきた．このような不動産投資市場の成長は，わが国が保有する不動産投資リスクの拡大を意味する．しかしながら，依然として，わが国における不動産投資のリスク管理体制は十分ではない．また，わが国の不動産市場は，内外の投資家から不透明であると指摘されることが多い．
　この2つの問題は独立ではなく，不動産市場の不透明性が，わが国が抱える不動産投資リスクを助長させているといってもよいであろう．現在，日本の不動産市場には，市場の「透明性（Transparency）」が欠如しているのである．
　経済学的には，市場の「不透明性」ということからは「情報の欠如」を連想しがちである．そのようななかで，わが国においては不動産情報整備の必要性が指摘され，情報整備政策が土地政策の中心的な問題として指摘され続けてきた．しかし，内外の投資家や住宅を売却または購入しようとする個人などから不動産情報が整備されていないという不満が聞かれる．
　ここで，わが国の不動産情報の整備状況をみると，日本の不動産市場情報の量は国際的にみても多い．公示地価，基準地価，相続税または固定資産税路線価といった情報はほとんど主要な都市・町村に至るまで整備されており，閲覧することが可能である．それに加え，民間機関からもさまざまな不動産価格に関する情報が提供されている．特に，近年においては不動産投資の収益率の捕捉を目標としたインデックスの開発競争が起こっており，逆に情報が氾濫しているといっても過言ではない．
　わが国で指摘される「不動産情報の欠如」とは，量の問題ではなく，質の問題なのである．つまり，「不動産市場を読み解くための良質な情報が欠如している」ということなのである．このことは，物理的な意味での情報量が欠如しているのではなく一般に入手可能な情報において精度（precision）または正確度（accuracy）がわからないといった意味で，情報の「質」の問題なのである．具

体的には，不動産に関する情報の定義があいまいであったり，市場取引のなかで実感覚として得られる不動産価格情報と，公に提供されている情報との間に大きなギャップが存在したりしているのである．

このような問題は，必ずしも不動産市場だけに内在する特有の問題ではない．われわれが入手可能な多くの経済指標や資産価格指標には，特定のバイアスや誤差が存在している．そのため，それぞれの市場を分析している専門家は，そのバイアスや誤差を認識したうえで，市場分析を実施している．

不動産市場においても同様であり，不動産市場に良質な情報が存在していないのであれば，高度な分析能力をもった専門家が，市場構造を解明していけばいい．逆に，良質な不動産の市場データが整備されたとしても，それを十分に利用することができなければ不動産市場は依然として不透明な状態が続く．たとえば，ある特定のバイアスや誤差をもつ情報しか入手できなかったとしても，十分な市場分析能力を有していれば，市場の状態を読み解くことができるのである．これは単純な情報の欠如の問題ではなく，「市場分析能力」の欠如の問題となる．

本書は，「不動産市場の計量経済分析」として，不透明な不動産市場を読み解く技術を解説したものである．特に，不動産市場のマイクロな構造を分析するためのヘドニックアプローチの理論と応用について取りまとめた．

ヘドニックアプローチとは，ある商品の価格をさまざまな性能や機能の価値の集合体（属性の束）とみなし，統計学における回帰分析のテクニックを利用して商品価格を推定する方法である．不動産がもつ，同質の財は存在しないという特性を考慮し，市場を分析するための強力な分析手法となる．理論的な厳密さと実証分析との親和性は必ずしも両立しないが，推定上のいくつかの点で大きな改善が多数の研究者によって図られており，また，不動産市場分析におけるその応用範囲は広い．

まず，第1章では不動産市場の計量分析を行うための特徴を整理した．ここでは，他の経済財や金融市場の分析との相違点として，「空間」という概念が入ることを指摘した．

そして，第2章ではヘドニック理論を整理するとともに，第3章において統計分析の基礎を，そして，第4章において空間計量経済学の基礎をそれぞれ紹介した．

第5章以降は，その応用例を示した．

第5章では不動産の価格構造を解明した分析例を示し，第6章では価格指数へ

の応用として，時間的な価格変化を観察できるような指標の推計方法と推定例を示した．また，第5,6章では住宅価格に関する応用例を紹介したが，第7章では「土地価格：地価」，そのなかでも広く入手可能な公示地価データの分析例を紹介した．ここでは，鑑定価格がもつ構造的な特性である空間的な相関関係を明示的に扱うための空間統計モデルの適用を示した．さらに，第8章では，特定の不動産用途市場だけではなく，住宅市場，オフィスの賃貸市場での分析例を紹介した．

　本書は，著者両名の共同研究を出発点として，加筆・修正したものである．研究の過程において，西村清彦氏（日本銀行政策委員会審議委員，前・東京大学教授），八田達夫教授（政策大学院大学），浅見泰司教授（東京大学空間情報科学研究センター），小野宏哉教授（麗澤大学国際経済学部），高辻秀興教授（麗澤大学国際経済学部），山崎福寿教授（上智大学経済学部），中川雅之教授（日本大学経済学部）からご指導をいただいた．ここに記して感謝申し上げたい．

　なお，本書に残るすべての誤りは，著者らの責任によるものであることはいうまでもない．

　また，森平爽一郎教授，川口有一郎教授（早稲田大学大学院ファイナンス研究科）には深謝したい．本書は，著者の一人である清水が2004年に出版した『不動産市場分析』（住宅新報社）が出発点となっている．同書は，不動産市場を分析することを始める入門書であったため，数式等を利用することができなかったため，必ずしも正確な記述をすることができなかった．それに対して，森平教授から中級者以上を対象とした教科書として書き直すことの提案をいただいた．また，川口教授からは早稲田大学大学院ファイナンス研究科で講義をさせていただく機会をいただき，その講義ノートとして作成したものを取り入れることができた．本書の依頼をいただいてから，清水の個人的な事情により，大幅に執筆が遅れてしまった．ここにお詫び申し上げたい．

　わが国の不動産市場は，急速に進化している．そのようななかで，日本の不動産市場の透明性は，大きく改善されることが期待される．不動産市場分析とは，「不透明な不動産市場を読み解く技術」である．本書が，不透明な日本の不動産市場を読み解くための一助となれば，幸いである．

　　2007年10月

　　　　　　　　　　　　　　　　　　　　著者を代表して　清　水　千　弘

目　　次

1. **不動産市場の計量経済分析** ──────────────── *1*
   - 1.1 不動産市場分析のための計量分析　*1*
   - 1.2 不動産情報の特性　*3*
     - 1.2.1 不動産価格情報　*3*
     - 1.2.2 不動産投資インデックス　*5*
     - 1.2.3 情報の誤差　*6*
   - 1.3 本書の構成　*7*

2. **ヘドニックアプローチ** ──────────────── *10*
   - 2.1 不動産市場分析へのヘドニックアプローチ適用　*10*
   - 2.2 ヘドニックアプローチとは？　*11*
   - 2.3 ヘドニック価格関数の推定　*13*
     - 2.3.1 付け値関数　*13*
     - 2.3.2 市場均衡とヘドニック価格関数　*14*
   - 2.4 識別問題と一致性　*16*
   - 2.5 関数型　*19*
   - 2.6 ヘドニックアプローチの不動産市場分析への適用　*20*

3. **推定の基本と応用** ──────────────── *21*
   - 3.1 データ発生プロセスと推定の基礎　*22*
     - 3.1.1 最小二乗推定　*22*
     - 3.1.2 推定量の性質　*23*
     - 3.1.3 不偏性　*24*
     - 3.1.4 有効性　*25*

3.1.5　一致性　*27*
　3.2　自己回帰モデル　*27*
        3.2.1　撹乱項の系列相関　*27*
        3.2.2　ラグ付き内生変数　*28*
        3.2.3　空間的自己回帰　*29*
　3.3　一般化加法モデル　*29*
　3.4　地理的加重回帰モデル　*30*

4.　空間計量経済学の基礎 ——————————————— *33*
　4.1　空間相互依存と空間重み行列　*33*
        4.1.1　空間相互依存　*33*
        4.1.2　空間重み行列　*34*
　4.2　空間自己回帰モデル　*39*
        4.2.1　空間ラグモデル　*39*
        4.2.2　空間エラーモデル　*40*
        4.2.3　空間自己回帰モデルのシミュレーション実験　*41*
　4.3　検定とモデル選択　*43*
        4.3.1　Moran's I 統計量　*43*
        4.3.2　Moran's I による空間的自己相関の検出　*44*
        4.3.3　ラグランジュ乗数検定　*47*
        4.3.4　モデル選択　*50*
        4.3.5　空間的共通因子制約　*52*
　4.4　最尤法による推定　*53*
        4.4.1　一般モデルの最尤推定量　*53*
        4.4.2　空間ラグモデルの最尤推定　*55*
        4.4.3　空間エラーモデルの最尤推定　*56*
　4.5　2段階最小二乗法と積率法　*57*
        4.5.1　空間ラグモデルの操作変数　*57*
        4.5.2　空間エラーモデルの積率推定　*60*
        4.5.3　一般化空間的2段階最小二乗法　*64*
        4.5.4　2段階最小二乗法の改善　*66*

5. 住宅価格関数の推定 —————————————————— 68

- 5.1 住宅価格の構造推定　*68*
- 5.2 中古マンション価格と品質の因果性　*70*
  - 5.2.1 ヘドニックアプローチによる住宅価格関数　*70*
  - 5.2.2 住宅価格の非線形性　*72*
  - 5.2.3 住宅価格構造の空間的異質性　*74*
  - 5.2.4 データ　*75*
- 5.3 住宅価格の非線型性の推定　*77*
  - 5.3.1 基本モデルの推計　*77*
  - 5.3.2 ノンパラメトリックモデルによる推定—連続量ダミーモデルによる推定—　*79*
  - 5.3.3 構造格差を加味したモデルへの拡張—スイッチング回帰モデル—　*80*
  - 5.3.4 一般化加法モデル（GAM）での推計　*84*
  - 5.3.5 「専有面積」，「建築後年数」，「最寄り駅までの時間」，「都心までの時間」と中古マンション価格との関係　*85*
- 5.4 中古マンション価格構造の空間的異質性の推定　*90*
  - 5.4.1 区別中古マンション価格データの分布　*90*
  - 5.4.2 東京都23区別の中古マンション価格構造差　*92*
- 5.5 地理的属性を加味したヘドニック価格関数の推定　*94*
  - 5.5.1 最小二乗残差の検定　*94*
  - 5.5.2 パラメトリックな座標値多項式展開モデル　*95*
  - 5.5.3 GAMによる座標値の平滑化　*97*
- 5.6 地理的加重回帰モデル　*101*

6. 住宅価格指数の推定—構造変化問題への対応を中心として— —————— 105

- 6.1 品質に対応した価格指数　*105*
- 6.2 市場構造の変化と住宅価格指数　*108*
  - 6.2.1 構造制約型価格指数と構造非制約型価格指数　*108*
  - 6.2.2 重複期間型価格指数　*112*
  - 6.2.3 推計モデルの設定　*115*

6.3　データ　*116*
　　6.4　推計結果　*118*
　　　6.4.1　構造制約型価格指数の推定　*118*
　　　6.4.2　構造非制約型価格指数の推定　*120*
　　　6.4.3　重複期間型価格指数の推定　*124*
　　　6.4.4　構造制約型価格指数・構造非制約型価格指数と重複期間型価格指数の比較　*131*

7. 空間計量経済モデルによる地価関数の推定 ―― *133*
　　7.1　地価関数のOLS推定とモデル選択　*133*
　　　7.1.1　データ　*133*
　　　7.1.2　OLS推定と空間的自己相関の検定　*137*
　　7.2　地価関数の最尤推定　*139*
　　7.3　GS2SLS法による一般モデルの推定　*143*

8. 用途別賃料関数の推定 ―― *144*
　　8.1　土地利用による賃料格差　*144*
　　8.2　土地利用の非効率性と収益格差　*145*
　　　8.2.1　企業・家計の立地と土地利用収益　*145*
　　　8.2.2　収益格差の推計モデル　*146*
　　8.3　土地利用の非効率性の測定　*148*
　　　8.3.1　データベースの構築　*148*
　　　8.3.2　オフィス賃料関数の推定　*150*
　　　8.3.3　住宅賃料関数の推定　*150*
　　　8.3.4　収益格差の推定　*153*
　　8.4　土地利用転換と転換コスト　*157*
　　　8.4.1　超過収益と土地利用転換　*157*
　　　8.4.2　利用転換のコスト　*160*

参　考　文　献 ―― *163*
索　　　　　引 ―― *173*

東京都 23 区

不動産市場の計量経済分析

　本章では，不動産市場の計量分析の特徴について整理する．不動産市場が，他の経済市場や金融市場と比較して，特別な構造や性質をもたないのであれば，他の計量経済学や金融工学，ファイナンスの教科書で十分である．しかし，不動産市場は，①同質の財が存在しない特性，②「空間」という概念が入るという特性，③時間的に「品質が変化する」という特性，④取引費用が大きいという特性に加えて，計量分析を行うための信頼できる市場データが少ないという特性をもつ．そこで，本章ではこれらの不動産市場の特性とともに，不動産データの特性を簡単に整理し，本書の構成を示す．不動産市場分析の実際については，清水（2000），清水（2004）を参照されたい．

1.1　不動産市場分析のための計量分析

　近年，不動産金融市場の登場により，不動産市場は急速に金融市場の一部に吸収されつつある．そのようななかで，いままでにない水準での「情報」の公開が求められている．ここでいう「情報」とは，単なる不動産に関する品質と取引に伴う価格や収益に関する情報だけのことを意味するのではない．たとえば，価格・収益の変動が正確に捕捉可能な情報であったり（価格指数），このような情報に基づく将来に対する見通しであったり，さらには，品質と価格および収益との対応関係に関しての情報であったりと，科学的な分析を通して構築された「情

報」を意味する．

　本書は，「不動産市場の計量経済分析」と題して，不動産市場を対象に，客観的な数量データを用いた計量分析の手法と具体的な推計結果を取りまとめたものである．

　ここで，不動産市場とは，他の経済市場または金融市場と比較して特別な構造や性質をもつのかということが疑問点として浮かぶ．もし特別な特性や構造をもたないのであれば，従来の時系列分析も含む計量経済学や金融工学，ファイナンスなどの教科書で十分である．ただデータが不動産データに置き換わるだけで，なんら特別な推計上の配慮は必要がないということになろう．

　このような指摘は，おおよそ当たっている．不動産市場だけが他の経済市場や金融市場と比較して特別な特性や構造をもつのではなく，不動産市場も経済市場の一部であるし，金融市場の一部である．

　ただし，不動産市場は以下のような特性をもつため，計量分析を行うにあたり特別な配慮が必要とされる．

　第一の特性は，同質の財が存在しないという特殊性である．一般に，経済モデルが対象としている市場財では，すべての製品の品質が異なるという特性をもつ財はない．しかし，不動産は規格や設備がそれぞれにおいて大なり小なり異なっており，特に立地においては，まったく同じ特性をもつものはない．建物においても，仮に規格や設備が同じであったとしても，「建築後年数」が異なれば質の劣化の程度が異なり同質のものではなくなる．つまり，「同質の財が存在しない特殊性」をもつ．

　第二の特性としては，「空間」という概念が入ることである．そして，その空間または立地点の特性が，相互に影響しあっているという点である．この場合は，多くの計量モデルが想定している独立性の原則に反することとなる．

　第三の特性としては，日本の不動産市場においては，技術進歩が比較的早く，時間の経過とともに「品質」が変化することである．このような特性は，他の先進主要国と比較して，耐用年数が短いために既存住宅の流通量が少なく，依然として新規建設による供給が中心の日本の住宅市場においては特に顕著である．マンションにおいては，プライバシーに配慮して壁厚やスラブ厚が厚くなる，フローリングの形式がより遮音性の高いものになる，床暖房，システムキッチン，セキュリティシステム，共有施設などの設備がより充実するといった品質の変化が

起こっている．オフィスにおいても OA 対応や個別空調などが中心となり，さらには，超高層ビルといったいままで日本になかった大型の不動産が登場してきた．不動産市場は，市場に新規に供給される財の品質の変化が比較的早い市場なのである．品質の変化速度は異なるものの，その意味で，パソコンやデジタルカメラのような市場と似ている．

第四の特性としては，取引コスト・転用コストが高く資源配分の調整に時間がかかるということである．不動産の価格は，きわめて高額である．たとえばオフィスビルであれば，数十億〜数百億円の取引となる．住宅においても，1 棟単位の投資となれば数十億円はするであろうし，住戸であったとしても，数千万〜数億円の単位である．また，売り手と買い手の間の情報の非対称性が大きく，探索費用等の高い機会費用が発生する．加えて，仲介業者に支払う仲介手数料や登録免許税，登記手数料，印紙代に代表される取引税または各種手数料といった高い取引コストも発生する．加えて，耐久性を有するために，一度，土地利用が決定されると，その利用転換をする場合には，周辺との調整も含めて高い転用費用がかかる．

そのほか細かな点では多くの特性があげられるが，以上の 4 つの点が不動産市場が有する代表的な特性であろう．

また，計量分析を行う場合には，市場ではより厳密な精度の結果が要求される一方で，信頼できる統計データが存在していないという特性ももつ．正確には，統計データの誤差の構造がわからないという問題が指摘されている（西村，1995；西村・清水，2002a 参照）．一般に，経済モデルを推定する場合には，市場で取引された情報を用いて分析を行う．しかし，不動産市場分析で利用可能なデータの多くは，不動産鑑定士などの人間の判断を通じて加工されたデータであることが多い．

本書は，以下，不動産市場で利用可能なデータの特性を解説したうえで，ミクロ経済学・計量経済学で発展してきた多くの先駆的な知見を用いて，これらの特性に応じた計量分析の方法をまとめることを目的とした．

1.2 不動産情報の特性

1.2.1 不動産価格情報

不動産市場を対象とした計量分析を行うにあたり，他の経済市場，金融市場と

異なる大きな特徴としては，市場で取引された「取引価格」情報を扱うことがきわめて困難なことである．一般に，市場参加者が目にしている情報は，実は不動産鑑定士という専門家によって評価された「鑑定価格」情報であることが多い．

たとえば，J-REITで開示される情報は，購入価格および売却価格を除けば，公開されている価格情報はすべて不動産鑑定士という専門家によって評価された「鑑定価格」である．また，毎年3月になると新聞紙面を賑わす「地価公示」情報も市場価格ではなく，不動産鑑定士による「鑑定価格」情報なのである．

「不動産鑑定価格」は人間のフィルターを通じて価格が決定されるため，同じ土地であったとしても，異なる価格が提供されることがある．特に公的部門では利用目的に応じて価格評価が異なるため，さまざまな価格体系が存在した．つまり，同一の不動産であったとしても，異なる価格がつけられているのである．そして，それは市場で実際に取引された価格ではない．不動産市場を分析する場合の最も大きな特色は，利用できるデータに大きな制約があるということを理解しておく必要がある．

このような状況をふまえて，かつて地価は「一物四価」または「一物多価」と揶揄された．また，不動産は土地と建物から構成される複合財であるが，不動産にかかわる権利形態が土地と建物に分離されているため，多くの情報が「土地」に限定された価格となっている．つまり，多くの場合が「地価」情報として提供されている．

不動産市場および不動産金融市場を正確に分析するためには，開示されている情報の統計的性質を十分に認識しておく必要がある．

そこで，一般に入手可能な情報の性格を整理することからはじめる．

わが国で公的部門により公表される地価情報としては，国土交通省による「地価公示」，各都道府県による「地価調査」，国税庁による「相続税路線価」，各市町村による「固定資産税路線価」が存在する．これらの情報により，ある特定な地点における地価の水準を知ることができる．

さらには，長期間にわたる地価の動向については，日本不動産研究所による「市街地価格指数」が最も代表的な時系列情報となる．

以上の情報は，すべて不動産鑑定士による鑑定価格であることに注意が必要である．

また，住宅価格については，リクルート住宅総合研究所の「リクルート住宅価

格指数：RRPI（Recruit residential price index）」が月次指数として公開されている．RRPI では，①中古マンション価格，②マンション賃料価格，③戸建て住宅，土地価格の３つの系列でヘドニック価格法により推計されている（推計方法については，第６章参照）．公示地価や市街地価格指数が不動産鑑定士による鑑定価格であるのに対して，RRPI は実際に市場で取引された価格情報をもとに加工されているという点で情報の性質が大きく異なる．

公示地価，都道府県地価調査，相続税路線価，固定資産税路線価は，各関係団体により無料で公開されている．市街地価格指数や RRPI も各機関のホームページで公開されていたり，また Bloomberg・ロイター・クイックなどでも閲覧したりすることができる．

1.2.2 不動産投資インデックス

以上の情報は，価格水準または価格の変化を知るための情報であるが，近年，不動産投資市場の成長に伴い，不動産の投資収益の変化を知ることができる「不動産投資インデックス」と呼ばれる情報も登場した．

不動産投資インデックスは，「キャピタル収益率」と「インカム収益率」の和として計算される総合収益率として指標化されたものである．イギリスに本社をおき日本を含むイギリス・フランス・ドイツ・イタリア・オランダ・スウェーデン・オーストラリア・南アフリカなどの先進主要国でインデックスを配信する IPD（Investment Property Databank）社の定義に従えば，下記のようになる．

$$TR_t = \frac{CV_t - CV_{(t-1)} - C\exp_t + Crec_t + NI_t}{CV_{(t-1)} + C\exp_t}$$

TR_t = t 月の総合収益率
CV_t = t 月末の資産価値
$C\exp_t$ = t 月の資本支出の合計（購入・開発・資本的支出など）
$Crec_t$ = t 月の資本受取の合計（売却・資本受取など）
NI_t = 分析期間における純収益

分子（numerator）はネットの収益の変化，分母（denominator）は投下資本を意味する．このように計測された月次の総合収益率が，複数期間にわたる収益率リターン算定の基礎となる．１年間のリターンは，12 カ月の複利計算によって求めており，この算定結果は各月に同じ比重を掛けている（時間加重）．

このように作成された各物件単位の総合収益率を資産額に応じて加重平均をとることによって，指数として計算される．

不動産投資インデックスは，作成方法において，大きく分けて2つの系統がある．第一の方法としては，前述のように実際の投資物件に関する情報を収集し，指標化していくという方法である．IPD社，またはアメリカのNCREIF（National Council of Real Estate Investment Fiduciaries）が公表する指数は，この方法による．

第二の方法としては，仮想的な物件を想定し，純収益・資本価値それぞれにおいて計算をしたうえで，それを集計することで時間的な変化を観察できる指数として計算する方法である．三菱UFJ信託銀行，CBリチャードエリスのMTB-IKOMA不動産投資インデックス，住信基礎研究所のSTIX，都市未来総合研究所のRENEXが，それに該当する．

前者を「ベンチマークインデックス」，後者を「マーケットインデックス」として整理することもある（不動産投資インデックスの詳細は，清水，2001；清水，2007a 参照）．

1.2.3 情報の誤差

わが国においては，他の先進主要国と比較して，きわめて多くの不動産に関する情報が提供されている．提供されるデータを不動産市場分析で利用するためには，その情報の「誤差」構造を知っておく必要がある．

ここでいう不動産情報の誤差の最も典型的なものが，「不動産鑑定価格の誤差構造」である．ここでいう誤差とは，人間というフィルターを通じて発生するという意味で，不動産鑑定士ごとの「判断の相違」を意味するだけではなく，制度的な要因によって系統的に発生する誤差も含む．

鑑定評価の誤差問題（valuation error）は，内外を問わず多くの研究が蓄積されてきた．たとえば，Cole, et al. (1986)，Jefferies (1997) では取引価格と鑑定価格との差異について統計的に実証しており，Crosby (2000) では社会制度的要因が鑑定の正確度（accuracy）に与える影響についての国際比較研究を行っている．また，Geltner, et al. (1994)，Geltner (1997；1998)，Bowles, et al. (2001) では，鑑定誤差がインデックスに与える影響について検証し，鑑定ベースのインデックスがもつ時間的なラグ構造を指摘している．わが国では，Hidano (2003)

に紹介された一連の研究において,「地価公示」がもつ時間的ラグの存在を明らかにしている．さらに，鑑定評価技術といった問題だけでなく，不動産鑑定士の中立性への疑問といった問題も提示されている．Gallimore and Wolverton（1997），Kinnard, *et al.*（1997），Wolverton（2000）をはじめとする研究では，不動産鑑定士が依頼人の意向に左右される可能性と，鑑定報酬料が鑑定評価額に連動するために上方へのバイアス（偏り）が働く可能性を指摘している．また，Shimizu and Nishimura（2006）は，実際の鑑定評価誤差の程度（magnitude）を測定した最初の研究である．

鑑定評価誤差は，大きく分けて2つの問題がある．

市街地価格指数や公示地価の時間系列の指標，または不動産投資インデックスなどの時系列データでは，不動産鑑定士が価格の変化を適切にとらえることができない場合に，上昇期には上昇率をより過少に見積もり，下落期には下落率をより過少に見積もることから発生する「スムージング問題」が指摘される．そのため，標準偏差などでリスク量を見積もる場合には，リスク量を過少に評価してしまうという問題が発生する．

また，上昇期または下落期においては，不動産鑑定士がその変動期を見誤ることで鑑定価格指数は時間的ラグをもつことが多い．このような問題は，鑑定価格指数の「時間ラグ問題」と呼ばれる．そのため，鑑定価格データを用いてパフォーマンスを評価してしまうと，上昇期にはパフォーマンスが過少に評価されてしまい，下落期には過大に評価されてしまうこととなる．

その他，情報流通上に発生する誤差やモデルの誤差などがある．不動産価格情報がもつ誤差構造に関しての詳細は，西村・清水（2002a；2002b），Nishimura and Shimizu（2003），Shimizu and Nishimura（2006）を参照されたい．

1.3 本書の構成

本書は，不動産市場がもつ4つの特性，具体的には，①同質の財が存在しないという特性，②「空間」という概念が入るという特性，③「品質の変化速度」が速いという特性，④取引コスト・転用コストが高く「資源配分の調整」に時間がかかるという特性をふまえて，計量分析の方法と推定例を示した．

まず，第一の特性に対応するためには，不動産市場がTinbergen（1959）また

は Lancaster（1966）のいう「差別化された市場」であることを前提として分析を行うこととなる．このような「差別化された市場」を分析する方法として，ヘドニックアプローチという分析手法がある．本書は，全体を通して，ヘドニックアプローチの基礎を整理したうえで，その分析例を紹介した．

まず第 2 章においては，ヘドニックアプローチの経済理論としての概要と発展の経緯を示した．

つづいて第 3 章では，ヘドニックアプローチで用いられる回帰モデルの推定の基本と応用について整理した．ここでは，単純な線形回帰モデルとともに，セミパラメトリックな推計方法の解説を行った．

第 4 章では，計量経済学における空間データの特徴付け，および空間計量経済学における推定方法を解説した．

第 5 章においては，第 2, 4 章で整理したヘドニック理論と統計的な推計方法を，東京都区部の中古マンション市場を対象として実際に推計した事例を示した．

第 6 章においては，不動産市場のもつ第三の特性に対応した価格指数の推定方法を解説した．第一の特性に応じるために価格指数を推定する場合には，品質を調整する必要がある．これにあわせて，時間的に市場構造が変化していくという特性をふまえるのであれば，計量経済モデルでいう構造変化を前提としたモデルとして推定しなければならない．

住宅価格指数は，品質調整済み住宅価格指数としてシカゴのマーカンタイル市場に上場されるなど，単なる市場動向を示す経済指標としてだけでなく，デリバティブの原資産の指数として利用されている．

第 7 章では，公示地価データを用いて，第 4 章で整理した空間計量モデルを用いた地価関数の推計事例を紹介した．不動産市場データのなかでも，不動産鑑定士によって評価される鑑定価格は，周辺とのバランスを調整しながら価格決定が行われているため，構造的に空間的な相関をもつことが知られている．そのため，このような地価データを分析する際には，空間的な相関関係を明示したモデルとして推定することが求められる．

最後に第 8 章では，第四の特性に対応するために，オフィス市場に着目した土地利用転換のコストを計測した事例を紹介した．ここでは，地理情報システム（GIS）を用いて土地利用の転換の様子を調べたうえで，土地利用の転換コストを，ヘドニックアプローチを応用した計量モデルで推定した分析例を紹介した．

不動産市場を対象とした計量分析としては，時系列データを用いた分析も多くみうけられる．またはファイナンス技術を適用したモデルも多い．それらは本シリーズにおける市川（2007）などで紹介された手法や，伝統的な金融工学において用いられている手法の領域を超えるものではない．このような問題については，これらの本で学習していただきたい．

2

ヘドニックアプローチ

　本章では，ヘドニックアプローチの理論的な背景と問題点を整理することを目的とする．不動産市場は，同質の財が存在しないという特性をもつ．そのような市場を分析する経済理論の枠組みとして，ヘドニックアプローチと呼ばれる手法がある．そこで，ヘドニックアプローチの経済理論的な枠組みと近年における研究の発展の経緯を整理する．また，ヘドニックアプローチは，計量経済的な理論体系をあわせもつことで不動産市場に関する多くの研究を可能とした．そこで，実証分析を実施する場合の計量経済的な問題点を整理する．ヘドニックアプローチの経済理論的な枠組みや実証研究の事例を示した日本語の教科書としては，金本（1997），肥田野（1997），清水（2004）を参照されたい．

2.1　不動産市場分析へのヘドニックアプローチ適用

　市場に出回っている商品の多くは使用目的が同じであったとしても，性能や機能面で多くの差別化が図られている．性能や機能面での違いはその商品の市場価格に反映されることが多い．同時に，その商品独自の性能や機能に対する消費者の評価もまた市場で決まる価格に反映されているといえる．Lancaster（1966）は消費者の効用が商品そのものではなく，商品を構成するさまざまな性能や機能などに依存していることを想定した消費者行動の理論的分析を行っている．一般に商品の市場価格はさまざまな性能や機能に対する需要と供給によって決まると

考えられる．ただし，性能や機能に関する市場は必ずしも明示的ではなく，商品価格決定の背後に隠れてしまっている．Lancaster のねらいはこのような背後にあるメカニズムを明示的に扱い，市場均衡理論の枠組みで消費者行動を分析することにあった．

マクロ経済の政策立案や運営に必須の物価水準を指数化する際にも，差別化された商品の価格と消費者行動のこのような関係は重要である．特に，日進月歩で性能が向上するパソコン，テレビ，デジタルカメラなどのデジタル家電製品は，たとえ価格が同じであったとしても，古い商品に比べ新商品の性能は向上し，機能も豊富になっていることが多い．消費者は陳腐化した品質には低い評価しか与えないため，見かけ上の価格は下落していることになる．

基準時点のマーケットバスケットを想定したラスパイレス方式で作成される物価指数は，このような商品の価格実態を正しく反映していないといわれている．わが国で作成されている総務省統計局による消費者物価指数は，こうした問題点をふまえたうえで一部の商品についてヘドニックアプローチによる価格推定を行っている．

土地や住宅なども属性の束からなる財・サービスと考えることができる．土地は，広さ，形状，地形や地盤などのほかに周囲の環境条件によってもその価値は異なる．住宅であれば，これらのことに加えて，部屋数，庭やバルコニーの広さや，トイレ，台所，風呂などの水まわり設備，耐震に対する建築構造などの属性が関連している．したがって，地価，住宅価格，家賃などを推定する際にも，ヘドニック価格関数を定式化したうえでこの手法が応用できる．

2.2　ヘドニックアプローチとは？

ヘドニックアプローチとは，ある商品の価格をさまざまな性能や機能といった価値の集合体（属性の束）とみなし，統計学における回帰分析のテクニックを利用して商品価格を推定する方法である．商品価格は属性の束からなる方程式で表現され，このような式をヘドニック価格関数と呼ぶ．ヘドニック価格関数を具体化することは，消費者が商品の個々の機能や性能に対してどの程度の価値を見出しているかを明らかにすることと同じである．

伝統的な価格理論では，一物一価の法則が市場分析を行ううえでの有効な仮定

となるが，Lancaster (1966) が分析しているように，この仮定は差別化された商品を扱ううえで理論的に（そして実証分析を行う場合にも）きわめて不都合である．Rosen (1974) の分析は，このような属性の束としての商品価格データが，どのような市場メカニズムで発生するのかを理論的に解明した最初の研究である．Quigley (1982) が指摘しているように，Rosen 以前の研究でも住宅のような属性の束からなる商品と一般の商品との間の違いについて分析を試みている研究が存在するが，データ発生プロセスをどのように記述するかという観点からみて，ヘドニック価格関数は研究者に正しく理解されていなかったといえる．Rosen の研究は，Tinbergen (1959) の提起による差別化された生産物の市場均衡理論を発展させたものである．商品供給者のオファー関数 (offer function)，商品需要者の付け値関数 (bid function) およびヘドニック価格関数の構造との間の関係を厳密に検討し，商品の市場価格を消費者および生産者の行動から特徴付けている．実際に実証分析を行ってはいないものの，計量経済学的な推定手順についての概略も示している．Witte, et al. (1979) の研究は Rosen 理論をもとに具体的に実証分析した研究である．

　Rosen 理論では，単純化されたケース（生産者を同質に扱うケース）においてすら，ヘドニック価格関数から選好や技術の構造を識別するためには非常に複雑な解析を必要とする．Epple (1987) は多数の消費者と生産者を想定したうえで，Rosen 理論を発展させた計量経済モデルを定式化している．Rosen 理論の問題点は，需要と供給からなる構造方程式において，同時性バイアスが生じるケースを排除できない点である．もし，推定モデルにおいてある重要な属性が観察されておらず，それらが観察された属性と相関している場合には，ヘドニック価格関数の係数推定量は不偏性もなければ一致性もない．分析者は常に必要な属性を観察できるわけではなく，ヘドニックアプローチの利用上最も注意すべき問題点の1つである．

　この点に関して，Epple のモデルは観測誤差を正確に処理できるヘドニック価格関数を提起するアプローチとなっている．ただし，このアプローチは効用関数に次の先見的な仮定をおいたうえで，閉じた市場均衡におけるヘドニック価格関数を導き出し，推定を行うことになる．

- 効用関数の関数型はすべての消費者について同質である．ただし，選好パラメータが正規分布に従う（共分散は非対角要素が 0 の対角行列）．

- 消費者の効用関数は属性変数が加法分離的で2次形式である．
- 差別化された商品の供給が外生的に与えられている．

上記は経済主体間の相互作用がないこと，および市場均衡におけるヘドニック価格関数が描写できるように実現可能な関数型を想定しており，決定的な仮定である．

2.3 ヘドニック価格関数の推定

2.3.1 付け値関数

ヘドニックアプローチの理論的枠組みを Rosen (1974) および Epple (1987) に従って示そう．$K \times 1$ の属性ベクトル X（属性の束）からなる住宅の需要を考える．属性の束で示される住宅の市場価格関数を $P(X)$ としよう．消費者の効用関数を $u(c, X; A)$ と書く．ここで，c は価格が1に基準化された価値尺度財（スカラー），A は消費者個人を特徴付ける選好パラメータのベクトルである．消費者の所得を I とするとき，予算制約式は $I = P(X) + c$ となる．消費者の所得と選好の分布を確率密度関数で考え，これを結合確率密度関数 $f(I, A)$ で表す．

与えられた予算制約のもとで，(c, X) について効用を最大化するとき，次の最適化条件が得られる．

$$\frac{\partial u(I - P(X^*), X^*; A) / \partial X}{\partial u(I - P(X^*), X^*; A) / \partial c} = P_X(X) \tag{2.1}$$

ここで，P_X は属性の1階微分を示している．すなわち，最適な属性 X^* の選択は合成財に対する個々の属性の限界代替率が住宅市場価格の限界的価値に等しいところで決定される．住宅市場価格の限界的価値は，需要者がその属性に対して支払ってもよい（willingness to pay）と考える属性価値に等しくなっている．したがって，個々の属性価値を調べるためには，市場価格関数 $P(X)$ における各属性の微係数を知る必要がある．

いま，ある一定の効用水準 u^* のもとで選択された最適な属性の束が X^* であるとき

$$u(I - P(X^*), X^*; A) = u^* \tag{2.2}$$

である．ここで，需要者が住宅に対して支払ってもよいと考える最大の価格のことを付け値（bid price）と呼ぶ．これを θ という記号で定義する．すると，所得 I,

タイプ A の需要者が効用水準 u^* を達成しなければならないときに，住宅属性 X に支払いうる最大価格は $u(I-\theta, X ; A) = u^*$ より，$\theta = \theta(X ; I, u^*, A)$ と陽表的に示すことができる．関数 $\theta(\bullet)$ は付け値関数（bid price function）である．すると，効用が最大化されるとき，任意の $f(I, A)$ のもとで

$$P_X(X^*) = \frac{\partial}{\partial X} \theta(X^* ; I, u^*, A) \tag{2.3}$$

でなければならない．ただし，$P_X(X^*)$ は (2.1)式でも示された市場価格関数の1階微分である．このことは，市場価格関数の勾配が所得の限界効用に対する属性の限界効用に等しいだけでなく，付け値関数の勾配にも等しくなっていなければならないことを示している．

ヘドニックアプローチとは，住宅価格を住宅のさまざまな属性に回帰させたモデルを推定することによって，各属性の価値を予測する手法である．

市場価格関数を1次近似すると，それはさまざまな属性の限界的価値の線形結合式とみなせる．たとえば，第 i 属性ベクトル $X_i = (X_{i1}, X_{i2}, \cdots, X_{iK})$ に住宅市場価格 P_i を回帰させた古典的な線形回帰モデルは

$$P_i = \beta_0 + \sum_{k=1}^{K} \beta_k X_{ik} + u_i \quad (i = 1, 2, \cdots, n) \tag{2.4}$$

と表現される．ここで，$\beta_1, \beta_2, \cdots, \beta_K$ は住宅属性の限界的価値を示す未知パラメータであり，u_i は攪乱項である．しかしながら，この線形近似式だけでは多数の消費者の選好を反映したヘドニック価格関数かどうかを識別する手がかりとはならない．次項で述べるように，市場での生産者が1タイプだけのとき，市場価格関数は生産者の限界費用関数そのものになる．(2.4)式はそのような場合の市場価格を推定していることになる．より正確な推定を行うためには，生産者の行動も考慮に入れてモデルを閉じて，均衡状態のヘドニック価格関数を描写する必要がある．

2.3.2 市場均衡とヘドニック価格関数

(2.4)式の左辺は住宅市場の需給均衡で決まる市場価格であるから，生産者の行動も描写しなければモデルを閉じることができない．住宅のように差別化された商品の費用関数を $C(X, M ; B)$ とする．ここで，M は建設される住宅の数を示しており，B は各生産者の技術条件等を特徴付けるパラメータベクトルであ

る．B の分布は確率密度関数 $g(B)$ で与えられているものとする．生産者は住宅市場価格を所与として，次の利潤 π を最大化する属性の束を決定する．

$$\pi = P(X)M - C(X, M; B) \tag{2.5}$$

生産者の行動は，短期か長期かによっても異なり，Rosen が示したように短期には2パターンの状況を想定できる．

- 生産者にとって M だけが可変的な短期経済
- M および X のどちらも可変的な短期経済

長期の経済では固定資本（費用関数に明示されていない）も可変的になり，参入・退出の自由が認められる．ここでは，2つめの短期経済を想定して，次の最適化条件を得る．

$$P_X(X^*) = \frac{1}{M} \cdot \frac{\partial}{\partial X} C(X^*, M^*; B) \tag{2.6}$$

$$P(X^*) = \frac{\partial}{\partial M} C(X^*, M^*; B) \tag{2.7}$$

(2.6)式より各生産者は属性の限界的価値が住宅1単位あたりの属性の限界費用に等しくなるように，そして，(2.7)式より与えられた属性の束のもとで，住宅の市場価格が任意の生産技術をもつ生産者の住宅生産限界費用と等しくなるように生産活動を行う．このとき達成される最大利潤はパラメータ B によって異なる．

最適な属性の束 X^* と生産個数 M^* を生産者が選択しているとき，達成できる利潤が π^* であるとしよう．すなわち，

$$\pi^* = P(X^*)M^* - C(X^*, M^*; B) \tag{2.8}$$

である．いま，生産者が呈示できる最低の価格（オファー価格）を ϕ という記号で表す．特徴 B の生産者が利潤 π^* を達成しなければならないときに，属性 X，生産個数 M の住宅に提示できるオファー価格は，$\pi^* = \phi M - C(X, M; B)$ を満たす．この式は一定の π^* のもとで，ϕ が (X, M) とどのような関係をもつのかを示している．これを M について微分して0とおき，M について解くと，$M = \tilde{M}(X, \phi; B)$ が得られる．利潤定義式に代入すると，$\pi^* = \phi \tilde{M}(X, \phi; B) - C(X, \tilde{M}(X, \phi; B); B)$ であるから，オファー価格関数は $\phi = \phi(X; \pi^*, B)$ と書くことができる．したがって (2.6)式より，利潤が最大化されているとき

$$P_X(X^*) = \frac{\partial}{\partial X} \phi(X^*; \pi^*, B) \tag{2.9}$$

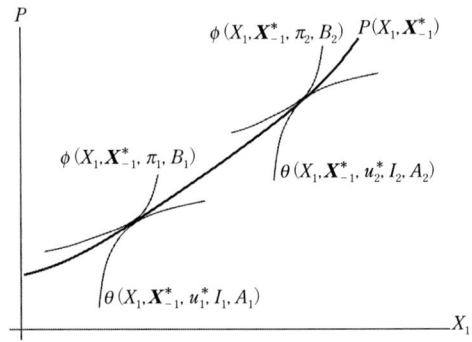

図 2.1 属性 X_1 に関する付け値関数，オファー関数，市場価格関数

でなければならない．

　X に対応したあらゆるタイプの住宅の需要と供給とが等しくなるところで市場均衡が成立し，市場価格 $P(X)$ が得られる．(2.3)式と(2.9)式より，属性の付け値関数とオファー関数との接線の軌跡として均衡における市場価格 $P(X)$ を表すことができる．すなわち，市場をクリアする価格関数は消費者の付け値関数と生産者のオファー関数との包絡線でなければならない．図 2.1 は第 1 番目の属性 X_1 に関する付け値関数と，オファー関数の接線上に市場価格が成立していることを示している．曲線 $P(X_1, \boldsymbol{X}_{-1}^*)$ は，X_1 以外の属性ベクトル $\boldsymbol{X}_{-1} = [X_2\ X_3\ \cdots\ X_K]$ が $\boldsymbol{X}_{-1}^*$ において最適化されているとき，さまざまな消費者と生産者との間で成立する市場価格の軌跡を示している．

　Epple (1987) が指摘したように，市場をクリアするヘドニック価格関数は消費者の所得と選好の確率分布 $f(I, A)$ と生産者のパラメータ分布 $g(B)$ に依存して決まる．もし生産者が 1 タイプしか存在しなければ，限界費用関数そのものが市場価格関数になる．限界費用と付け値関数の傾きとが等しくなるところで市場がクリアするので，その包絡線は 1 生産者の限界費用関数に一致するからである．

2.4 識別問題と一致性

　選好および生産技術を先見的に仮定でもしない限り，ヘドニックアプローチでは $P(X)$ の関数型は一般的に未知であり，付け値関数とオファー関数との同時

推定から統計的に市場価格を推定する方法がとられる．

Witte, et al.（1979）による推定は次のように行われた．はじめに，4つの都市にグルーピングして市場を分割し，市場価格関数を敷地規模，床面積，近隣環境および近接性などの属性およびそれらの交差項に回帰させ，推定値を利用して属性の限界価値 $P_i(\boldsymbol{X}) = \partial P/\partial X_i$ を計測する．これを利用すると，属性 $i = 1, 2, \cdots, n$ について，次の付け値関数とオファー関数の1階微分が定義できる．

$$P_i(\boldsymbol{X}) = D(X_1, \cdots, X_n, I, \boldsymbol{A}) \left[= \frac{\partial}{\partial X_i} \theta(X_1, \cdots, X_n, I, \boldsymbol{A}) \right] \quad (2.10)$$

$$P_i(\boldsymbol{X}) = S(X_1, \cdots, X_n, M, \boldsymbol{B}) \left[= \frac{\partial}{\partial X_i} \phi(X_1, \cdots, X_n, M, \boldsymbol{B}) \right] \quad (2.11)$$

属性の需要と供給に関する $2 \times n$ 本の(2.10)式と(2.11)式を同時推定し，最終的な属性の限界価値を決定する．Witte らの研究では3つの属性に関して6本の式を同時推定している．

しかしながら，Brown and Rosen（1982）が指摘しているように，この方法による2段階目の推定値は属性の需要を正しく識別することができない．たとえばある属性 X_i の需要が，次のように推定されたヘドニック価格 $P_i = P'(X_i)$ の関数であるとしよう．

$$X_i = b_0 + b_1 P_i + u_i \quad (2.12)$$

ただし，真のパラメータは $b_1 < 0$ であり，u_i は攪乱項であると仮定する．もし，ある消費者の属性需要 X_i^* がデータとして観察されると，市場均衡では $P'(X_i^*) = \theta'(X_i^*)$ が成立している．すなわち，攪乱項 u_i がほとんど0の場合である．いま，$X_i^0 \leq X_i^* \leq X_i^1$ を満たす (X_i^0, X_i^1) について $u_i < 0$ ならば X_i^0 を，$u_i > 0$ ならば X_i^1 を需要するものとしよう．すなわち，$u_i < 0$ ならば $P'(X_i^0) \leq \theta'(X_i^0)$ であり，$u_i > 0$ ならば $P'(X_i^1) \geq \theta'(X_i^1)$ となる．図2.2のように，市場価格が凸関数，付け値関数が凹関数のとき，$P''(X_i^*) \geq 0$ および $\theta''(X_i^*) \leq 0$ である．$\theta'(X_i^0) > \theta'(X_i^1)$ であるから $(X_i^0 \leq X_i^1)$，$b_1 < 0$ と仮定したことと整合的である．しかしながら，$P'(X_i^0) < P'(X_i^1)$ であるから，推定されたヘドニック価格を利用すると，u_i の値によっては $X_i^0 \leq X_i^1$ となりうる．したがって，b_1 の推定値 $\hat{b}_1$ は上方にバイアスがあり正となる可能性すらある．

この結果は u_i と P_i の相関によってもたらされたものである．ここで，b_1 の最小二乗推定量は

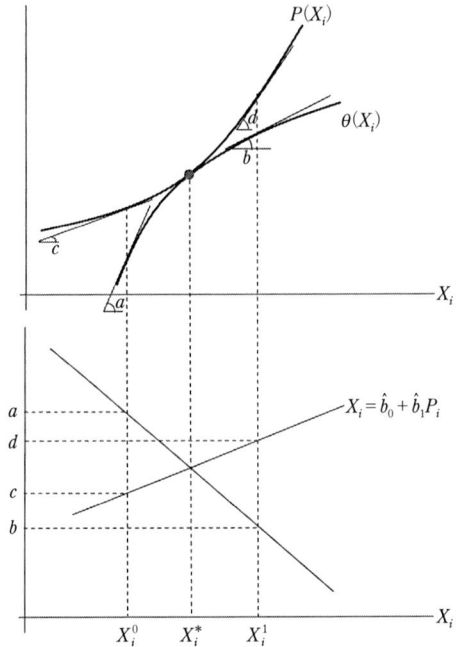

図 2.2 ヘドニック価格の内生性とバイアス

$$\hat{b}_1 = b_1 + \frac{\sum_{j=1}^{n}(P_{ij}-\bar{P}_i)u_{ij}/n}{\sum_{j=1}^{n}(P_{ij}-\bar{P}_i)^2/n} \tag{2.13}$$

と書ける．サンプル・サイズについて $n \to \infty$ のときの $\hat{b}_1$ の確率極限は，

$$\mathrm{plim}\,\hat{b}_1 = b_1 + \frac{\sigma_{P_i u_i}}{\sigma_{P_i}^2} = b_1 + \rho_{uP_i}\frac{\sigma_{u_i}}{\sigma_{P_i}} \tag{2.14}$$

である．ここで，$\sigma_{P_i u_i}$ は P_i と u_i の共分散（標本共分散の確率極限），$\sigma_{P_i}^2$ は P_i の分散（標本分散の確率極限）である．また，P_i と u_i の標準偏差をそれぞれ σ_{P_i}，σ_{u_i} とおくと，相関係数は $\rho_{P_i u_i} = \sigma_{P_i u_i}/\sigma_{P_i}\sigma_{u_i}$ より定義できる．したがって，サンプルサイズが増えたとしても，P_i と u_i との間の相関がある限り一致性は得られない．上述のように $P''(X_i^*) \geq 0$ のとき，$\rho_{P_i u_i}$ は正であるから正しい属性需要を推定することはできない．この根本はヘドニック価格が内生変数であることから生じる同時方程式バイアスにある．

2.5 関　数　型

　所得や個人属性に関するデータがない場合には，付け値ではなく市場価格関数を推定するので，上記のような過大推定の問題が起こりやすい．また，所得や個人属性に関するデータがあったとしても，付け値関数と市場価格関数の勾配が一致する点以外での，あらゆる属性のレベルに対応した付け値を推定すること，すなわち付け値の関数型を統計的に決定することはほとんど不可能である．こうした問題を回避するための1つの方法は，効用関数を先見的に仮定したうえで，付け値関数の形状を決定しておき，それを推定する方法である．Quigley（1982）および Kanemoto and Nakamura（1986）は一般化 CES（generalized constant elasticity of substitution）型効用関数から付け値関数を導き，均衡におけるヘドニック価格を推定している．

　付け値関数の形状に先見的な制約を課す場合でも，ヘドニック価格関数は統計的に関数型が選択されなければならない．推定が簡便なことから，線形および対数線形は最も広く用いられている．Witte, et al.（1979），Brown and Rosen（1982）および Epple（1987）では交差項を含む2次形式を利用している．また，Linneman（1980）および Cassel and Mendelsohn（1985）は Box-Cox 変換した属性効果の非線形推定を行っている．ただし，属性の非線形効果を推定することで理論値のフィットがよくなったとしても，属性価格の安定的な推定結果を得るという本来の目標を完遂できるわけではない．Cropper and McConnell（1988）は線形，半対数型，両対数型，Box-Cox 変換型，2次形式，2次形式の Box-Cox 変換型の6タイプを比較検討している．推定されたヘドニック価格関数から Diewert 型およびトランスログ型効用関数に戻した場合，Box-Cox 変換型の属性価格の標準偏差が最も小さく，最もパフォーマンスがよい．線形，半対数型，両対数型などの関数型は概してパフォーマンスがよくないことが示されている．

　近年，ヘドニック価格関数をパラメトリックな関数型で特定化する代わりに，ノンパラメトリック法あるいはセミパラメトリック法を利用する研究も提案されている．これらのアプローチは関数型をあらかじめ特定化することなく，データから直接的に属性価格を推定する（Knight, et al., 1993；Anglin and Gencay, 1996；Pace, 1995；Ekeland, et al., 2004）．ただし，パラメトリックな分析手法と同様に，

データ上の問題点（多重共線性）から解放されないことも指摘されている．Anglin and Gencay（1996）は，パラメトリック対ノンパラメトリックのモデル選択に関する検定において，パラメトリックモデルは比較的棄却されやすいという事実を示している．パラメトリックモデルの変数構成が貧弱だからというわけではなく，モデル選択に関する標準的な検定をいくつもパスしたパラメトリックモデルにおいてすら，そのような結果になることが示されている．Pace（1998）はより柔軟な一般化加法モデル（generalized additive model, GAM）を利用して，セミパラメトリックタイプのヘドニック価格関数を推定しており，あらゆるパラメトリックモデルに対する優位性があることを実証している．GAM自体が統計的手法として確立されているので，このことは，ノンパラメトリック法のヘドニックアプローチへの援用がきわめて効果的であることを示す結果である．

2.6 ヘドニックアプローチの不動産市場分析への適用

ヘドニック法は経済理論による背景がしっかりしているため，ヘドニック価格のひとつひとつの推計値の経済的意味が明快である．したがって，得られる推定結果を解釈するうえでも，ヘドニックアプローチはパワフルな分析ツールになる．特に，市場がそもそも存在しないような商品（非市場財）を属性として含むヘドニック価格推定は，政策形成が困難な領域における実証的根拠として十分な説得力をもっている．理論的な厳密さと実証分析との親和性は必ずしも両立しないが，推定上のいくつかの点で，大きな改善が多数の研究者によって図られてきた．特に，推定パラメータの性質，関数型，観測誤差などの取り扱いについては大きな発展がみられる．

そのような意味で，第1章で整理したような不動産市場の特性をふまえた計量分析を行うにあたり，ヘドニックアプローチは，きわめて有力な分析手法となりうることが理解されよう．

3

推定の基本と応用

　本章では，不動産価格分析で用いられる回帰分析における推定上の問題点と応用についての概略を述べる．特に本章以降で利用される分析道具の概略を示すことを目的としている．3.1 節で，データの背後にある発生メカニズムと最小二乗（ordinary least squares, OLS）推定量について説明する．そして，推定量がどのような性質をもつべきかについて例示する．最小二乗推定量は古典的な仮定のもとでは望ましい性質をもつ（最小分散線形不偏推定量）．3.2 節では，古典的な仮定が満たされず，攪乱項に自己相関がある場合や変数に内生性がある場合の最小二乗推定量の性質を検討する．3.3 節ではセミパラメトリック回帰分析を行うときに利用する一般化加法モデル（generalized additive model, GAM），3.4 節ではパラメータを局所的に推定する地理的加重回帰（geographically weighted regression, GWR）モデルについて，それぞれの手法の概観を示す．

　回帰分析のトピックを網羅的に扱っているわけではないので，より詳しく学ぶには，計量経済学は Wooldridge (2001) や Greene (2002)，統計学は Hastie, et al. (2001) などを参照されたい．また，不動産市場を対象とした推定の基本については，清水 (2004) 第 4, 5 章を参照されたい．

3.1 データ発生プロセスと推定の基礎

3.1.1 最小二乗推定

ある現象を大胆に単純化して表現したものをモデルという．統計学でも，あるデータがどのような仕組みで発生したのかを理解するために，確率変数を利用したモデル（確率モデル）が与えられる．たとえば，標本のサイズが n のランダム標本は

$$Y_i = \mu + u_i \quad (i = 1, 2, \cdots, n) \tag{3.1}$$

と表すことができる．発生した観測データ Y_i は，真のパラメータ μ とちょうど等しくなるわけではなく，攪乱項（確率変数）u_i の影響を受けて μ とは異なる値を観測値ごとにもつ．もし，攪乱項が平均 0，分散 σ^2 の同時独立な確率分布（independent and identically distributed）$(u_1, u_2, \cdots, u_n) \sim$ i.i.d.$(0, \sigma^2)$ に従うのであれば，その期待値と分散は

$$E(Y_i) = \mu, \quad V(Y_i) = \sigma^2 \quad (i = 1, 2, \cdots, n) \tag{3.2}$$

となる．独立なので，すべての $i \neq j$ について $E(u_i u_j) = 0$ である．確率モデル (3.1) の残差 $\hat{u}_i$ の 2 乗和に対して最小二乗法を適用して $\sum_{i=1}^{n} \hat{u}_i^2 = \sum_{i=1}^{n}(Y_i - \hat{\mu})^2$ を最小化するパラメータ μ の推定量 $\hat{\mu}$ を求めると，

$$\hat{\mu} = \frac{1}{n} \sum Y_i \tag{3.3}$$

が得られる．(3.3)式は OLS 推定量が標本平均に等しいことを示している．

以上のことについて数値例を利用して説明しよう．いま，真の値が $\mu = 1$ のとき，ある確率分布に従う攪乱項 u の実現値が $\{0.5, -0.3, -0.1, -0.4, 0.1\}$ であるものとしよう．あるデータ $\{Y_i\}$ が (3.1) 式の確率モデルより生成されたデータであるとき，1番目のデータは $Y_1 = 1 + 0.5 = 1.5$ となる．その他のデータも表 3.1 のようになることがわかる．このとき，μ の OLS 推定量の実現値（推定値）は

$$\hat{\mu} = (1.5 + 0.7 + 0.9 + 0.6 + 1.1)/5 = 0.96$$

である．実際には，分析者にとって真の値は未知であるが，推定量を利用して予測を行うことができる．

3.1.2 推定量の性質

標本平均のように $\{Y_1, Y_2, \cdots, Y_n\}$ をもとにして作られた式を統計量と呼ぶ．特に，母平均や母分散のように母集団の特徴（母数またはパラメータと呼ぶ）を予想するために用いられる統計量のことを推定量と呼ぶ．以下では，この推定量についての説明を行う．

前項で示した $\hat{\mu}$ は $\{Y_1, Y_2, \cdots, Y_n\}$ で構成されるパラメータ μ の統計量の1つである．$\{Y_1, Y_2, \cdots, Y_n\}$ のことを理論観測値と呼ぶ．言い換えれば，統計量は理論観測値で構成された式である．これに対して，表3.1のデータは実現された観測値であるといえる．μ の推定のために用いられる統計量であれば，それは推定量であるから，たとえば，

$$\tilde{\mu}_A = \frac{1}{4}Y_1 + \frac{1}{4}Y_2 + \frac{1}{2}Y_3 \tag{3.4}$$

$$\tilde{\mu}_B = \frac{1}{4}Y_1 + \frac{1}{4}Y_2 + \frac{3}{4}Y_3 \tag{3.5}$$

なども μ の推定量になっている．(3.3)式の標本平均は $n=3$ のとき $\hat{\mu}=(1/3)Y_1 + (1/3)Y_2 + (1/3)Y_3$ であるから，これも推定量の1つである．もし，観測されたデータが $\{Y_i\}=\{1.5, 0.7, 0.9\}$ であれば，(3.3)～(3.5)式に対応した推定値が次のように得られる．

$$\hat{\mu} = \frac{1}{3}\cdot(1.5) + \frac{1}{3}\cdot(0.7) + \frac{1}{3}\cdot(0.9) = 1.033$$

$$\tilde{\mu}_A = \frac{1}{4}\cdot(1.5) + \frac{1}{4}\cdot(0.7) + \frac{1}{2}\cdot(0.9) = 1$$

$$\tilde{\mu}_B = \frac{1}{4}\cdot(1.5) + \frac{1}{4}\cdot(0.7) + \frac{3}{4}\cdot(0.9) = 1.225$$

このように，実現された観測値（観測されたデータ）を推定量の式に代入して得られる値を推定値と呼ぶ．すなわち，推定量とは推定値を求めるための計算メカニズムを示した式である．観測されたデータはランダムな値をとるので，推定

表3.1 確率モデルとデータ発生プロセス

i	Y_i	μ	u
1	1.5	1	0.5
2	0.7	1	－0.3
3	0.9	1	－0.1
4	0.6	1	－0.4
5	1.1	1	0.1

値もまたさまざまな値をとる．そこで，推定値がどのような値をとりうるかを知るために，推定量の性質を理解することが重要である．

推定量は数多く存在するので，パラメータを推定するためにどの推定量を選ぶべきかが問題になってくる．推定量の選択基準は，以下に述べる統計的性質をもっているかどうかで判断される．

　不偏性：ある母集団の母数 θ を推定するための推定量を $\hat{\theta}$ とするとき，$E(\hat{\theta})=\theta$ ならば，$\hat{\theta}$ は θ の不偏推定量である．

　有効性：ある母集団の母数 θ を推定するための2つの推定量を $\hat{\theta}_A, \hat{\theta}_B$ とするとき，$V(\hat{\theta}_A) \leq V(\hat{\theta}_B)$ ならば，$\hat{\theta}_A$ は $\hat{\theta}_B$ よりも相対的に有効な推定量である．

　一致性：ある母集団の母数 θ を推定するための n 個の理論観測値で構成される推定量を $\hat{\theta}$ とする．n が十分に大きくなるとき，$\hat{\theta}$ が確率的に θ に収束するならば，すなわち，$\text{plim}\,\hat{\theta} = \theta$ ならば，$\hat{\theta}$ は θ の一致推定量である．

3.1.3　不　偏　性

まず，(3.3)～(3.5)式を例に，与えられた推定量が不偏性をもっているかどうかを調べてみよう．ここで，前項と同じく(3.2)式が満たされているものとしよう．

$$E(\hat{\mu}) = \frac{1}{3}E(Y_1) + \frac{1}{3}E(Y_2) + \frac{1}{3}E(Y_3) = \frac{1}{3}\mu + \frac{1}{3}\mu + \frac{1}{3}\mu = \mu$$

$$E(\tilde{\mu}_A) = \frac{1}{4}E(Y_1) + \frac{1}{4}E(Y_2) + \frac{1}{2}E(Y_3) = \frac{1}{4}\mu + \frac{1}{4}\mu + \frac{1}{2}\mu = \mu$$

$$E(\tilde{\mu}_B) = \frac{1}{4}E(Y_1) + \frac{1}{4}E(Y_2) + \frac{3}{4}E(Y_3) = \frac{1}{4}\mu + \frac{1}{4}\mu + \frac{3}{4}\mu = \frac{5}{4}\mu$$

推定量 $\hat{\mu}$ および $\tilde{\mu}_A$ は期待値が真のパラメータ μ に等しいので不偏推定量であることがわかる．推定量 $\tilde{\mu}_B$ の期待値は μ よりも大きい．したがって，$\tilde{\mu}_B$ はバイアスのある推定量であるから不偏でない．

上記の例でもわかるように，真のパラメータ μ に対する不偏推定量は数多く存在する．いま，推定量を

$$\tilde{\mu} = \sum_{i=1}^{n} c_i Y_i \tag{3.6}$$

とおく．ここで，$\{c_i\} = \{c_1, c_2, \cdots, c_n\}$ は任意の正の定数である．(3.6)式の期待値をとると，

$$E(\tilde{\mu}) = E\left(\sum_{i=1}^{n} c_i Y_i\right) = \sum_{i=1}^{n} c_i E(Y_i) = \mu \sum_{i=1}^{n} c_i \tag{3.7}$$

である．すなわち，$\sum c_i = 1$ のとき $\tilde{\mu}$ は μ の不偏推定量になっている．上記の推定量 $\hat{\mu}$, $\tilde{\mu}_A$ はこれを満たしているが，$\tilde{\mu}_B$ は満たしていない．したがって，$\hat{\mu}$ と $\tilde{\mu}_A$ だけが不偏性をもつのである．

3.1.4 有効性

次に有効性を調べてみよう．有効性とは推定量の分散の大きさに関するものである．

$$V(\hat{\mu}) = \frac{1}{9}V(Y_1) + \frac{1}{9}V(Y_2) + \frac{1}{9}V(Y_3) = \frac{1}{3}\sigma^2 (=0.333\sigma^2)$$

$$V(\tilde{\mu}_A) = \frac{1}{16}V(Y_1) + \frac{1}{16}V(Y_2) + \frac{1}{4}V(Y_3) = \frac{3}{8}\sigma^2 (=0.375\sigma^2)$$

$$V(\tilde{\mu}_B) = \frac{1}{16}V(Y_1) + \frac{1}{16}V(Y_2) + \frac{9}{16}V(Y_3) = \frac{11}{16}\sigma^2 (=0.688\sigma^2)$$

推定量 $\hat{\mu}$, $\tilde{\mu}_A$ はどちらも不偏推定量であるが，$V(\hat{\mu}) < V(\tilde{\mu}_A)$ より $\hat{\mu}$ は $\tilde{\mu}_A$ よりも相対的に有効な推定量であることがわかる（図 3.1）．

一般に，理論観測値 $\{Y_1, Y_2, \cdots, Y_n\}$ が互いに独立で同一の確率分布に従うとき，任意の不偏推定量である (3.6) 式の分散は

$$V(\tilde{\mu}) = V\left(\sum_i c_i Y_i\right) = \sum c_i^2 V(Y_i) = \sigma^2 \sum c_i^2 \tag{3.8}$$

である．ここで $\sum c_i = 1$ となる定数を $c_i = a_i + 1/n$ とおくと，(3.8) 式は $V(\tilde{\mu}) =$

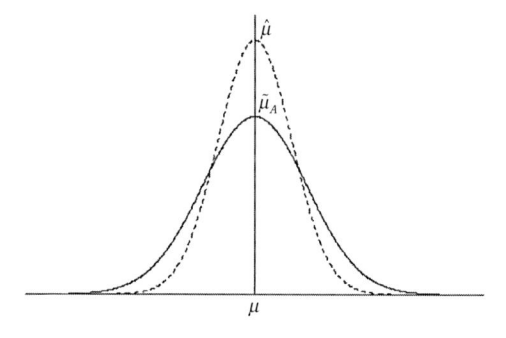

図 3.1 推定量の有効性

$\sigma^2(\sum a_i^2 + (2/n)\sum a_i + 1/n)$ のように書き換えることができる．このとき，$\tilde{\mu}$ は不偏推定量であるから，$\sum c_i = \sum(a_i + 1/n) = 1$ より，必ず $\sum a_i = 0$ である．したがって，次の関係式が得られる．

$$V(\tilde{\mu}) = \sigma^2 \sum a_i^2 + \frac{\sigma^2}{n} \geq \frac{\sigma^2}{n}$$

$\sum a_i^2 \geq 0$ であるから，$V(\sum Y_i/n) = \sigma^2/n$ は任意の不偏推定量 $\tilde{\mu}$ の分散の下限になっていることがわかる．すなわち，$c_i = 1/n$ とおいた不偏推定量（すなわち標本平均）はあらゆる不偏推定量のなかで最小の分散をもつ推定量であることがわかる．

不偏推定量の有効性を比較するために，コンピュータの擬似乱数を利用した実験を行ってみる．確率モデル

$$Y_i = \mu + u_i \quad (i = 1, 2, 3, 4, 5)$$

について $\mu = 1, u_i \sim N(0, 1)$ を仮定する．発生させた $n = 5$ のデータを利用して，次の2つの推定量を計算する．

$$\tilde{\mu}_C = \frac{1}{5}Y_1 + \frac{1}{5}Y_2 + \frac{1}{5}Y_3 + \frac{1}{5}Y_4 + \frac{1}{5}Y_5 \tag{3.9}$$

$$\tilde{\mu}_D = \frac{1}{10}Y_1 + \frac{1}{10}Y_2 + \frac{1}{10}Y_3 + \frac{1}{10}Y_4 + \frac{3}{5}Y_5 \tag{3.10}$$

$\tilde{\mu}_C, \tilde{\mu}_D$ はどちらも $\{Y_i\}$ の線形結合式になっており，その係数の和もちょうど1である．したがって，$\tilde{\mu}_C, \tilde{\mu}_D$ はともに不偏推定量である．(3.9), (3.10)式の期待値および分散は，$E(\tilde{\mu}_C) = 1, V(\tilde{\mu}_C) = 0.2, E(\tilde{\mu}_D) = 1, V(\tilde{\mu}_D) = 0.4$ となる．$n = 5$ のデータを2000回繰り返し発生させると，推定値も $\tilde{\mu}_C^{(1)}, \tilde{\mu}_C^{(2)}, \cdots, \tilde{\mu}_C^{(2000)}, \tilde{\mu}_D^{(1)}, \tilde{\mu}_D^{(2)}, \cdots, \tilde{\mu}_D^{(2000)}$ のように2000個得られる．表3.2はこの実験結果を示している．2000個の推定値の平均はどちらもほぼ真の値に近い値が出ているが，分散は $\tilde{\mu}_C$ の方が小さいことがわかる．図3.2は推定値の分布をヒストグラムで示している．どちらも，ほぼ1を中心に分布しているが，(3.10)式の推定値の方がばらつきは大きいことがわかる．

表3.2 (3.9), (3.10)式における2000個の推定値の比較

	平均	分散	最小値	25%	メディアン	75%	最大値
$\tilde{\mu}_C$	1.008	0.200	−0.437	0.722	0.999	1.308	2.707
$\tilde{\mu}_D$	1.001	0.416	−1.141	0.573	1.014	1.416	3.823

図 3.2 (3.9), (3.10)式の推定値の分布

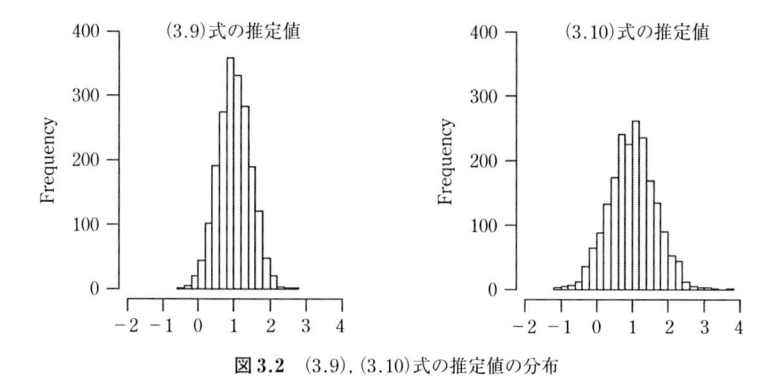

3.1.5 一 致 性

　計量経済学において複雑な推定量が不偏性をもつことはまれであり，標本サイズが大きくなるとき推定量がパラメータに一致するかどうかが推定量選択の判断基準になる．たとえば，標本平均(3.3)は(3.1)式を利用して

$$\hat{\mu} = \mu + \frac{1}{n}\sum u_i \tag{3.11}$$

と書ける．(3.11)式の確率極限をとると $\text{plim}(1/n) = 0$ であるから，$\text{plim}\,\hat{\mu} = \mu$ となり真の値に収束する．したがって推定量としての標本平均は一致推定量である．ただし，(3.9)式のような推定量は n を含んでいないため，μ に収束することはない．

　パラメータ θ のある推定量 $\hat{\theta}$ について標本サイズ n が大きくなるとき，$E(\hat{\theta}) \to \theta$ かつ $V(\hat{\theta}) \to \theta$ ならば $\text{plim}\,\hat{\theta} = \theta$ である．この条件は一致推定量の十分条件になっている．標本平均(3.3)の分散は $V(\hat{\mu}) = \sigma^2/n$ であるから，標本サイズ n が大きくなると分散は 0 に近づくことがわかる．すなわち一致性が得られる．

3.2 自己回帰モデル

3.2.1 攪乱項の系列相関

　時間の順序に従って並べられたデータのことを時系列データと呼ぶ．いま，時系列のインデックスを $i = 1, 2, \cdots, n$ と書くとき，

$$Y_i = \mu + u_i, u_i = \lambda u_{i-1} + \varepsilon_i, \varepsilon_i \sim \text{i.i.d.}(0, \sigma_\varepsilon^2) \quad (i = 1, 2, \cdots, n), |\lambda| < 1 \tag{3.12}$$

は当該期の攪乱項が1期前の攪乱項に依存したモデルになっている．このとき，攪乱項は1階の自己回帰過程に従っているという．λ を自己回帰パラメータと呼ぶ．ここで，1期前の攪乱項に逐次的な代入を行うと

$$
\begin{aligned}
u_i &= \lambda(\lambda u_{i-2} + \varepsilon_{i-1}) + \varepsilon_i \\
&= \lambda(\lambda(\lambda u_{i-3} + \varepsilon_{i-2}) + \varepsilon_{i-1}) + \varepsilon_i \\
&= \lambda(\lambda(\lambda(\lambda u_{i-4} + \varepsilon_{i-3}) + \varepsilon_{i-2}) + \varepsilon_{i-1}) + \varepsilon_i \\
&\vdots \\
&= \lambda^N u_{i-N} + \sum_{j=0}^{N-1} \lambda^j \varepsilon_{i-j}
\end{aligned}
$$

であり，N が十分に大きいとき，$|\lambda| < 1$ なので $\lambda^N u_{i-N} \to 0$ であるから，$u_i = \sum_{j=0}^{\infty} \lambda^j \varepsilon_{i-j}$ と書ける．すなわち，期待値，分散，共分散は

$$
E(u_i) = 0, \quad V(u_i) = \frac{\sigma_\varepsilon^2}{1-\lambda^2}, \quad \text{Cov}(u_i, u_{i-1}) = \frac{\lambda \sigma_\varepsilon^2}{1-\lambda^2}
$$

である．このとき，(u_i, u_{i-1}) の相関係数は

$$
\frac{\text{Cov}(u_i, u_{i-1})}{\sqrt{V(u_i)}\sqrt{V(u_{i-1})}} = \lambda
$$

となる．同様な計算により，(u_i, u_{i-S}) の相関係数は λ^S になる．したがって，自己回帰パラメータは攪乱項における系列相関の程度を示している．近い時点ほど相関は強くなることがわかる．

(3.12)式の μ を OLS 推定すると，(3.3)式または(3.11)式と同じ推定量が得られるが，期待値と分散をとると

$$
E(\hat{\mu}) = \mu + \frac{1}{n}\sum E(u_i) = \mu
$$

$$
V(\hat{\mu}) = \frac{1}{n^2}\left[\sum_i V(u_i) + \sum_{i\neq j}\sum_{j\neq i} \text{Cov}(u_i, u_j)\right]
$$

であるから，不偏性は問題ないが，λ の大きさによっては，系列相関がないときに比べて有効性が失われる可能性が出てくる．また，攪乱項に系列相関があるとは知らずに，残差分散を $\sum \hat{u}_i^2 / n - 1$ より推定すると，真の値を過少推定してしまう．

3.2.2 ラグ付き内生変数

1期前の被説明変数によって当該期を説明するモデルは次のように書ける．

$$Y_i = \rho Y_{i-1} + u_i \quad (i = 1, 2, \cdots, n) \tag{3.13}$$

は1期前の内生変数（ラグ付き内生変数）が説明変数となったモデルになっている．ρ もまた自己回帰パラメータと呼ばれている．いま，攪乱項 $(u_1, u_2, \cdots, u_n)$ ～i.i.d.$(0, \sigma^2)$ について，$E(u_i) = 0$，$E(u_i^2) = \sigma^2$，$E(u_i u_j) = 0$ を仮定しよう．1期前の内生変数について $L_i = Y_{i-1}$ と記号を定義して，(3.13)式を Y_i を L_i に回帰させた定数項なしの回帰モデルと考える．

$$Y_i = \rho L_i + u_i \tag{3.14}$$

(3.14)式に OLS 法を適用すると，ρ の推定値は

$$\hat{\rho} = \sum L_i y_i \bigg/ \sum L_i^2 = \rho + \sum L_i u_i \bigg/ \sum L_i^2 \tag{3.15}$$

となる．ここで，$L_i = \rho Y_{i-2} + u_{i-1}$ より(3.15)式の右辺第2項は分母も分子も確率変数を含んだ式であるから，$\hat{\rho}$ の期待値はきわめて複雑な形になる．$E\left(\sum L_i u_i / \sum L_i^2\right) = 0$ のようなトリヴィアルなケースを除けば，バイアスをもった推定量になる．標本サイズ n が大きくなるとき，$\sum L_i^2 / n$ が有限で，$\sum L_i u_i / n \to 0$ の場合を除けば，$\hat{\rho}$ が漸近的にも一致性をもつことはない．

3.2.3 空間的自己回帰

上述の議論は，主に時系列データを利用した回帰分析において特に注意を払う必要がある．一般にクロスセクションデータを利用した回帰分析では，時間的なラグによる影響や相関を想定しないからである．したがって，ダービン－ワトソン統計量のような系列相関を検出する検定は，データの並べ方に意味のないクロスセクションデータで利用されることはない．

しかしながら，クロスセクションデータにおいても，空間的な近隣性があるため，攪乱項に系列相関が生じてしまう推定上の問題点が Moran（1948；1950），Cliff and Ord（1972；1973；1981）などによって指摘された．空間データを利用した計量経済学上の問題点やモデルの推定方法は第4章において詳細を述べる．

3.3 一般化加法モデル

回帰モデルにおいてパラメトリックな関数型を定めずに，データ間の非線形な関係を予測する手法として，ノンパラメトリック法またはセミパラメトリック法による推定は不動産市場分析でも頻繁に利用される．ここでは，よりデータに則

した品質との対応関係を予測するために，GAMによる推定について簡単な解説を行う．

GAMは柔軟性のあるいくつかの項の和として次のように表現される．

$$E(Y_i \mid X_{1i}, \cdots, X_{pi}) = \alpha + f_1(X_{1i}) + \cdots + f_p(X_{pi})$$

ここで，$X_{1i}, \cdots, X_{pi}$ はあらかじめ値の定まったこのモデルの予測変数（共変量）である．関数 $f_1, \cdots, f_p$ は予測変数の変換を行う関数であり，平滑化（smoothing）のアルゴリズムを適用することによってその値を定める平滑関数である．一般化線形モデル（genaralized linear model，GLM）は予測変数の線形結合式で示されるが，GAMの特徴はこれをさらに柔軟な関数で置き換えている点にある．したがって関数 f_j はノンパラメトリックな項でもある．また，左辺が単に応答変数の Y_i であれば加法モデル（additive model）になる．このとき，すべての j について s_j が X_j のパラメトリックな関数で，パラメータに関して線形（たとえば $s_j(X_j) = \beta_j X_j$）であれば，この加法モデルは通常の線形回帰モデルになる．このように，GLMの右辺をノンパラメトリック関数による加法モデルで表現したものがGAMによる定式化である．

GAMの推定方法は次のようになる．一般的な推定モデルを

$$g(\mu) = \sum_{k=1}^{K} \beta_k Z_k + \sum_{j=1}^{p} s_j(X_j) + u \tag{3.16}$$

とおく．ここで，$g(\mu)$ はリンク関数，$\mu = E(Y)$ であり，Y はある指数分布族に従う応答変数であるとする．Z_k はパラメトリックな因子であり，β_k は対応するパラメータである．モデルのフィッティングを行うために，(3.16)式のペナルティー付き残差平方和（penalized residual sum of squares）を最小化する関数 $\hat{s}_j$ を数値的に求める．$\hat{s}_j$ を求めるためには平滑化のための平滑度パラメータを一般化交差確認法（generalized cross validation，GCV）により決定し，収束演算を行う（Hastie and Tibshirani, 1990；Hastie, et al., 2001；Wood, 2006などを参照せよ）．

3.4 地理的加重回帰モデル

一般に，ヘドニック回帰モデルで扱われる地理的な属性は「都心までの時間」や周辺環境に関するダミー変数で代用されることが多い．しかしながら，空間的に価格構造に格差が存在し，観察できない地理的差異がある場合には，これらの

3.4 地理的加重回帰モデル

代理変数だけでは不十分である．特に，ヘドニック価格関数の攪乱項とそのような観察できない地理的差異が相関している場合には，推定値にも悪影響を及ぼす．

観察できない地理的不均一性がある場合に，対象となる空間で局所的に変化する不動産価格を推定するために，パラメトリックな手法とセミパラメトリックな手法が存在する．

代表的なパラメトリックな手法は，座標値（緯度・経度）を利用した高次元の多項式によって，当てはまりの柔軟性を高めることを目的としている（たとえば，Jackson, 1979 による座標値を利用したパラメトリックな多項式展開モデル，parametric polynomial expansion model）．しかしながら，座標値の2乗，3乗や多次元の交差項との間には高い共線関係が予想されるし，当てはまりの柔軟性を高めるために多項式の次元を高めることは，自由度を低下させることにつながる．そのため個々の推定値の信頼度に対する蓋然性が低下するおそれがある．

セミパラメトリックな手法は，観察できない地理的不均一性を座標値だけで平滑化し，観察できない地理的不均一性が推定値に及ぼす影響を排除することを目的としている（たとえば，局所回帰モデルや後述する GWR モデル）．これらの手法の利便性は，ヘドニック回帰モデルの一部分に対して先見的に関数型の想定をおかないことである．パラメトリックな手法で地理上の局所的な変化をとらえるためには，多数の地理的属性を導入する必要があるが，局所的な推定を行うセミパラメトリック推定は座標値のみで補正を行う．ただし，ノンパラメトリックな手法は変数が増えれば増えるほど，推定作業に膨大な時間を要するようになる．

線形回帰モデルのパラメータは地理データ全体の傾向を示すものである（global parameter）．これに対して GWR モデルでは局所的な座標点に応じた各パラメータ（local parameter）を計測する．たとえば，座標 (u, v) におけるパラメータは $\beta(u, v)$ と書くことができる．GWR モデルは

$$Y_i = \beta_0(u_i, v_i) + \sum_k \beta_k(u_i, v_i) X_{ik} + \varepsilon_i$$

である．GWR 推定量をベクトルで表現すると

$$\hat{\boldsymbol{\beta}}(u_i, v_i) = [\boldsymbol{X'W}(u_i, v_i)\boldsymbol{X}]^{-1} \boldsymbol{XW}(u_i, v_i)\boldsymbol{Y} \qquad (3.17)$$

である．ここで $\boldsymbol{W}(u_i, v_i)$ は観測点 i の地理的重み行列である．すなわち，各座標値に対応した推定値が得られる．

(3.17)式の GWR 推定量は各観測地点における重みを座標値から測定してい

る．ここで地理的重み行列の要素は

$$w_{ij} = \exp\left\{-\frac{1}{2}\left(\frac{d_{ij}}{b}\right)^2\right\}$$

のようにガウス型重み関数で定義するのが1つの方法である．d_{ij} は座標値から得られるユークリッド距離，b はバンド幅（bandwidth）であり，距離帯の幅を示している．最適なバンド幅を選ぶためにヘドニック価格関数の実績値と理論値の平方和を最小化する CV 値（cross validation score）を求める．GWR の詳細な理論と応用は Fotheringham, et al.（2002）に詳しい．

4

空間計量経済学の基礎

　本章では，近年，不動産市場分析でも頻繁に用いられる空間計量経済学の基礎についての解説とシミュレーション実験を行う．4.1節では，計量経済学における空間データの特徴付けについて解説する．4.2節では，空間自己回帰モデルにおける最小二乗（OLS）推定量の性質を検討する．4.3節では，空間的自己相関を検出するための手法を紹介し，回帰モデルをどのように選択すべきかを論じる．4.4節では最尤法を利用した空間自己回帰モデルの推定方法を，4.5節では2段階最小二乗（two stage least squares, 2SLS）法と積率法（method of moments）を応用した推定方法をそれぞれ解説する．なお，シミュレーション実験ではTSP 5.0を利用した．

4.1　空間相互依存と空間重み行列

4.1.1　空間相互依存

　地理，地域，あるいは都市といったテーマでなんらかの実証的な分析を行う場合，データは空間的に対応付けられた観測値として得られる．たとえば，それは，都道府県，市区町村のような行政区域や，緯度・経度等の座標で示される点に対応付けられるだろう．空間的依存とは，そのような「点」や「面」で生じたことがらと他の「点」や「面」で生じたことがらとの間に，なんらかの関数的関係が存在することを意味する．

人やモノが行き来する社会では，このような現象はごく当たり前に観察できるだろう．たとえば，隣接（contiguity）した地域間では，それぞれの地域で流通する商品の種類に強い類似性が生じるが，離れた地域間では類似性は弱くなる．また，地域間産業連関表は投入物の地域間移出入を端的に示したものであるが，それにより生産や消費の地域的規模だけでなく，空間的近接性が地域間の投入パターンに強い影響を与えていることが知られている．移動や輸送の機会費用の大きさは，地域的な相関の程度を決める重要な要因である．

「点」や「面」で生じるデータを空間データと定義しよう．ある空間データはその空間を特徴付ける別のデータによって説明できる場合がある．たとえば，ある地域のエアコン普及率は，その地域の気温や湿度が主要な原因になっているかもしれない．また，ある地域の交通事故数は，その地域の高齢者数に依存して決まっているかもしれない．ただし，分析者はすべてのデータを観察できるとは限らない．空間データがどのように生じたかについて確率モデルを利用して考える場合，（分析者が）観察できない空間的情報はすべて攪乱項に押し込めていることになる．したがって，観察できない効果が空間的に互いに相関している場合には，時系列データにおける系列相関と同等の注意を払う必要がある．

4.1.2 空間重み行列

a. 隣接性の概念

回帰モデルを利用して空間的な相互依存の程度を測る場合には，内生変数がすべての地域において同時に決定される状況を考えなければならない．図4.1は番号で識別された5つの地区とその境界を示した地図である．いま，各地区で発生したあるデータ $\{y_i\}$ は隣り合った地区の影響を受けているものと仮定しよう．2

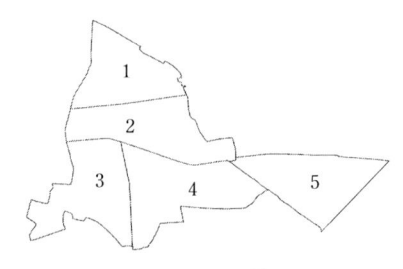

図 4.1 地区と境界

4.1 空間相互依存と空間重み行列

表 4.1 隣接の状況

地区番号	隣接数	隣接地区			
1	(1)	2			
2	(4)	1	3	4	5
3	(2)	2	4		
4	(3)	2	3	5	
5	(2)	2	4		

つの地区間で境界線を共有しているとき，それらは地区間で隣接しているものと定義する．図 4.1 の地図に基づいた隣接の状況を表 4.1 にまとめた．たとえば，地区 1 は地区 2 とだけ隣接しており，隣接地区の数は 1 である．また，地区 2 は 1, 3, 4, 5 のすべての地区と隣接しており，隣接地区の数は 4 である．

例として，隣り合った地区の影響を受けていることを次の方程式で示す．

$$\begin{aligned}
y_1 &= f(X_1) + \rho y_2 \\
y_2 &= f(X_2) + \rho(y_1 + y_3 + y_4 + y_5) \\
y_3 &= f(X_3) + \rho(y_2 + y_4) \\
y_4 &= f(X_4) + \rho(y_2 + y_3 + y_5) \\
y_5 &= f(X_5) + \rho(y_2 + y_4)
\end{aligned} \quad (4.1)$$

ここで，$\{X_i\}$ は各地区固有の外生変数であり，$f(X_i)$ はその関数であることを示している．また，ρ は地区間のスピルオーバーの強さを測るパラメータである．(4.1)式は，当該地区のデータ $\{y_i\}$ が各地区固有の要因だけでなく，隣接しているすべての地区の影響も受けていることを示している．時系列データを使ったタイムラグのあるモデルに比べ，方程式の表現方法は完全に境界線のとり方に依存している点で特徴がある．

隣接しているか否かを次の (0, 1) からなる 2 値変数に置き換える．

$$C_{ij} = \begin{cases} 1 & j \text{ 地区と境界を共有しているとき} \\ 0 & \text{それ以外} \end{cases} \quad (i, j = 1, 2, \cdots, 5) \quad (4.2)$$

隣接の状況が表 4.1 であるとき，$[C_{ij}]$ を要素とする次の対称な行列を示すことができる．

$$C = \begin{pmatrix} 0 & 1 & 0 & 0 & 0 \\ 1 & 0 & 1 & 1 & 1 \\ 0 & 1 & 0 & 1 & 0 \\ 0 & 1 & 1 & 0 & 1 \\ 0 & 1 & 0 & 1 & 0 \end{pmatrix} \quad (4.3)$$

(4.3)式のように隣接しているか否かを (0, 1) からなる2値変数に置き換えた行列を空間重み行列 (spatial weight matrix) と呼ぶ．(4.3)式を利用して，(4.1)式を行列表現で置き換えると，$y = f(X) + \rho C y$ となる．この内生変数 y に解が存在すれば，すなわち $(I - \rho C)$ の逆行列が存在すれば，$y = (I - \rho C)^{-1} f(X)$ から y を決定することができる (I は単位行列である)．

通常，空間重み行列 C は行和が1になるように標準化 (row-standardized) されることが多い．

$$W = \begin{pmatrix} 0 & 1 & 0 & 0 & 0 \\ 0.25 & 0 & 0.25 & 0.25 & 0.25 \\ 0 & 0.5 & 0 & 0.5 & 0 \\ 0 & 0.33 & 0.33 & 0 & 0.33 \\ 0 & 0.5 & 0 & 0.5 & 0 \end{pmatrix}$$

これを標準化された空間重み行列 (row-standardized spatial weight matrix) と呼ぶ．ただし，W の要素は

$$w_{ij} = C_{ij} \Big/ \sum_j C_{ij} \quad (4.4)$$

である．これを利用すると $y = f(X) + \rho W y$ であるから，(4.1)式は次のように書き換えることができる．

$$y_1 = f(X_1) + \rho y_2$$
$$y_2 = f(X_2) + \rho (0.25 y_1 + 0.25 y_3 + 0.25 y_4 + 0.25 y_5)$$
$$y_3 = f(X_3) + \rho (0.5 y_2 + 0.5 y_4)$$
$$y_4 = f(X_4) + \rho (0.33 y_2 + 0.33 y_3 + 0.33 y_5)$$
$$y_5 = f(X_5) + \rho (0.5 y_2 + 0.5 y_4)$$

各データは隣接した地区のデータの加重和の大きさに依存して決まっており，$y = (I - \rho W)^{-1} f(X)$ より y が決定される．たとえば，$\rho = 0.5$ と仮定して逆行列を計算すると

$$\begin{pmatrix} y_1 \\ y_2 \\ y_3 \\ y_4 \\ y_5 \end{pmatrix} = \begin{pmatrix} 1.08 & 0.61 & 0.10 & 0.12 & 0.10 \\ 0.15 & 1.21 & 0.19 & 0.25 & 0.19 \\ 0.05 & 0.39 & 1.11 & 0.35 & 0.11 \\ 0.04 & 0.33 & 0.23 & 1.16 & 0.23 \\ 0.05 & 0.39 & 0.11 & 0.35 & 1.11 \end{pmatrix} \begin{pmatrix} f(X_1) \\ f(X_2) \\ f(X_3) \\ f(X_4) \\ f(X_5) \end{pmatrix}$$

が得られる(小数点下3桁を四捨五入している).このとき,$(I-\rho W)^{-1}$の行和はちょうど2になる.行和の値は,ρが1に近づくほど大きくなり,ρが0に近づくほど小さくなる.$\rho=0$のとき,$(I-\rho W)^{-1}$は単位行列になる.この方程式システムは,各地区の外生変数の影響が自地区や他地区にどのように波及しているのかを,与えられた空間的な重みのもとで示している.

$f(X)$の係数行列である$(I-\rho W)^{-1}$は,隣接していない地区の影響も反映している.たとえば,地区1は地区2とだけ隣接しているが,地区2は地区1,3,4,5と隣接している.地区1に隣接していない地区3,4,5の外生変数の影響が出るのは,地区2におけるそれらの地区との相互依存関係を反映しているからである.

b. 距離ベースの重み

もし,地区の重心を示す座標(緯度・経度等)が定義されていれば,空間重み行列を「点と点」との距離(distance)から定義することもできる.たとえば,図4.1の5地区間の直線距離が表4.2のように得られたものとしよう.ここでは,各地区の重心における座標間の直線距離を計算している.地区ij間の距離をD_{ij}とし,近接性の指標として距離の逆数$1/D_{ij}$を利用する.そのうえで次の式を利用して,(4.4)式と同様に行和が1となるように標準化する.ただし,対角線上の要素はすべて0とおく.

$$w_{ij} = \begin{cases} \dfrac{1/D_{ij}}{\sum_j (1/D_{ij})} & i \neq j \\ 0 & i = j \end{cases}$$

表4.2 地区間の直線距離D(km)

	[1]	[2]	[3]	[4]	[5]
[1]	0	0.349	0.701	0.721	1.096
[2]	0.349	0	0.464	0.372	0.829
[3]	0.701	0.464	0	0.435	1.073
[4]	0.721	0.372	0.435	0	0.638
[5]	1.096	0.829	1.073	0.638	0

標準化された空間重み行列は

$$W = \begin{pmatrix} 0 & 0.435 & 0.216 & 0.211 & 0.138 \\ 0.321 & 0 & 0.242 & 0.302 & 0.135 \\ 0.209 & 0.316 & 0 & 0.337 & 0.137 \\ 0.175 & 0.339 & 0.289 & 0 & 0.197 \\ 0.198 & 0.261 & 0.202 & 0.339 & 0 \end{pmatrix}$$

となる．距離の逆数をベースにしているので，最も距離的に近い地区のウェイトが大きくなる．

近接性の指標として，$1/D_{ij}^{\delta}$ や $\exp\{-\delta D_{ij}\}$ などのかたちを利用して距離の減衰率 δ を先見的に決めておく方法もある（たとえば，重力モデルのように $\delta=2$ とおく）．ただし，回帰モデルにおける δ は，パラメータに関して非線形になることから，ρ と同時に推定する場合には識別できない．

閾値となる距離帯を設定しておき，(4.3)式のような0-1の2値変数からなる重みを作ることもできる．表4.2の距離行列のケースで，たとえば，$0 < D_{ij} < 0.5$ ならば1，それ以外は0となるように隣接性を定義する．対角線上の要素を0とすると，隣接行列は

$$C = \begin{pmatrix} 0 & 1 & 0 & 0 & 0 \\ 1 & 0 & 1 & 1 & 0 \\ 0 & 1 & 0 & 1 & 0 \\ 0 & 1 & 1 & 0 & 0 \\ 0 & 0 & 0 & 0 & 0 \end{pmatrix}$$

となる．この場合，地区5はどの地区とも隣接していない（距離的に）孤立した地区として扱われる．

c. 正方格子の区画

地域が行政区域ではなく，メッシュのような格子状で定義されている場合の空間重み行列を定義しよう．ここでは，1辺の長さが等しい正方格子（regular grid）を例に考える．図4.2は25の正方格子の区画とその区画番号を示している．区画が格子状のときには，チェスの駒の動きにたとえて，次の3種類の隣接性が定義される．

①ルーク（rook）型　　　　：縦と横（東西南北）の4方位
②ビショップ（bishop）型　：斜め（北東・北西・南東・南西）の4方位

4.2 空間自己回帰モデル

21	22	23	24	25
16	17	18	19	20
11	12	13	14	15
6	7	8	9	10
1	2	3	4	5

図 4.2 正方格子状の区画

③クィーン（queen）型 ：ルークとビショップの8方位

たとえば，図4.2の13番目の区画について，ルーク型ならば $\{8, 12, 14, 18\}$，ビショップ型ならば $\{7, 9, 17, 19\}$，クィーン型ならば $\{7, 8, 9, 12, 14, 17, 18, 19\}$ が，それぞれ隣接区画になる．

d. 空間重み行列データの作成

空間重み行列は空間計量経済学を特徴付けている重要な概念の1つである．地理データを計量経済モデルに落とし込むためのツールとして，地図データを直接読み込んで統計解析が行えるソフトウェアがあると便利である．いくつかのソフトウェアがあるが，Luc Anselin 博士（イリノイ大学地理学部）の Spatial Analysis Laboratory の開発による GeoDa (https://www.geoda.uiuc.edu/) や統計解析ソフト R (http://cran.r-project.org/) は有用である．R を利用する場合は，spdep および maptools パッケージを追加しておく必要がある．また，shape ファイル形式の地図データが必要である．

4.2 空間自己回帰モデル

4.2.1 空間ラグモデル

空間的なラグ付き内生変数を説明変数とする回帰モデルと攪乱項に空間的自己相関がある回帰モデルの性質を検討する．特に，パラメータ推定に OLS 法を適用した場合，推定量はどのような性質をもつのかを調べる．

y のデータ発生過程（data generating process, DGP）を次の回帰モデルで定義する．

$$y = \rho Wy + u \qquad (4.5)$$

ここで，y, u は $n \times 1$ のベクトルであり，$u \sim$ i.i.d.$(0, \sigma^2 I)$ を仮定する．W は前節で定義した $n \times n$ の（標準化された）空間重み行列，Wy は空間ラグ変数，ρ は空間ラグのスカラー係数（自己回帰パラメータ）である．空間的なラグ付き内生変数を説明変数とする回帰モデルを空間ラグモデル（spatial lag model）と呼ぶ．特に，ラグ付き内生変数だけを説明変数とする場合には純粋な空間自己回帰モデル（pure spatial lag model）と呼ぶ．いま，空間ラグ変数を $L = Wy$ なるベクトル L で置き換え，y を L に回帰させた定数項なしの線形回帰モデルであると考える．このとき，ρ の OLS 推定量 $\hat{\rho}_O$ は

$$\hat{\rho}_O = (L'L)^{-1} L'y = \rho + (L'L)^{-1} L'u \qquad (4.6)$$

である．時系列データの場合と同様に，$E[(L'L)^{-1} L'u] = 0$ のようなトリヴィアルなケース以外で不偏性が満たされることはない．もし，plim $n^{-1}(L'u) = 0$ が満たされれば一致性をもつ．しかしながら，(4.5)式より $y = (I - \rho W)^{-1} u$ であるから，

$$\text{plim } n^{-1}(L'u) = \text{plim } n^{-1}[u'(I - \rho W)^{-1} W'u]$$

となり，$\rho = 0$ でもない限り確率極限は 0 にならない．結論として空間ラグモデルの OLS 推定量は，一致性がないばかりかバイアスすらもつ可能性がある．

4.2.2 空間エラーモデル

次に攪乱項に空間的自己相関があるケースを考える．

$$y = \mu i + u, \quad u = \lambda Wu + \varepsilon \qquad (4.7)$$

ここで，$i = [1 \cdots 1 \cdots 1]'$ なる $n \times 1$ のベクトル，$\varepsilon \sim$ i.i.d.$(0, \sigma^2 I)$ を仮定する．μ および λ はパラメータ（スカラー値）である．第 3 章の自己回帰モデルでは 1 期前の誤差との相関が明示的に導入されているが，(4.7)式の誤差は空間的な自己相関をもつ空間エラーモデル（spatial error model）になっている．いま，攪乱項に空間的自己相関があるにもかかわらず，μ を OLS 法で推定すると次の推定量が得られる．

$$\begin{aligned} \hat{\mu}_O &= (i'i)^{-1} i'y \left(= \sum y_i / n \right) \\ &= (i'i)^{-1} i'(\mu i + u) \\ &= \mu + (i'i)^{-1} i'(I - \lambda W)^{-1} \varepsilon \end{aligned}$$

ここで (4.7) 式より $u = (I - \lambda W)^{-1} \varepsilon$ である．この推定量の期待値および分散は

4.2 空間自己回帰モデル

次のようになる.

$$E(\hat{\mu}_O) = \mu + (i'i)^{-1}i'(I-\lambda W)^{-1}E(\varepsilon) = \mu$$

$$\begin{aligned}V(\hat{\mu}_O) &= E\left[\{(i'i)^{-1}i'(I-\lambda W)^{-1}\varepsilon\}\{(i'i)^{-1}i'(I-\lambda W)^{-1}\varepsilon\}'\right]\\ &= (i'i)^{-1}i'(I-\lambda W)^{-1}E(\varepsilon\varepsilon')\left[(I-\lambda W)^{-1}\right]'i(i'i)^{-1}\\ &= \sigma^2(i'i)^{-1}i'(I-\lambda W)^{-1}\left[(I-\lambda W)^{-1}\right]'i(i'i)^{-1}\end{aligned} \quad (4.8)$$

OLS 推定量は不偏性をもつが,攪乱項の自己相関がない場合に比べて,同等の有効性があるかどうかはわからない.なお,攪乱項の自己相関がない場合は($\lambda=0$),推定量が標本平均であったことから,その分散は $\sigma^2(i'i)^{-1} = \sigma^2/n$ になる.

4.2.3 空間自己回帰モデルのシミュレーション実験
a. 空間ラグモデルの実験

空間ラグおよび空間エラーモデルに関してコンピュータの擬似乱数を利用した実験で OLS 推定値の性質を確認してみよう.

はじめに,空間ラグモデルによる実験を行う.表 4.3 に示された実験の前提条件に従い攪乱項 u^* を 1000 回作るとき,DGP は $y^* = (I-0.5W)^{-1}u^*$ である.このような $n=49$ の y^* を 1000 組コンピュータで作成し,y^* を Wy^* に回帰させた定数項なしのモデルを OLS 法で推定する.(4.6)式よりその推定値は次のようになる.

$$\hat{\rho}_O^* = 0.5 + (L'L)^{-1}L'u^*$$

ここで,$L=Wy^*$ である.1000 個の推定値を集計すると表 4.4 の結果が得られ

表 4.3 空間ラグモデル DGP の前提条件

サンプルサイズ	$n=49$(一辺 7 地区の 49 の正方格子)
空間重み行列	ルーク型(標準化)
空間ラグモデル	$y = \rho Wy + u$
攪乱項	$u \sim N(0, I)$(標準正規分布,$\sigma^2=1$)
真の値	$\rho = 0.5$
繰り返し回数	1000 回

表 4.4 空間ラグモデルの実験結果

	平均	標準誤差	分散	最小値	最大値
$\hat{\rho}_O^*$	0.81270	0.21827	0.047644	-0.27688	1.27403
$(L'L)^{-1}L'u^*$	0.31270	0.21827	0.047644	-0.77688	0.77403

(a) 真の値と OLS 推定値（OLSE） (b) ρ の OLS 推定値の分布

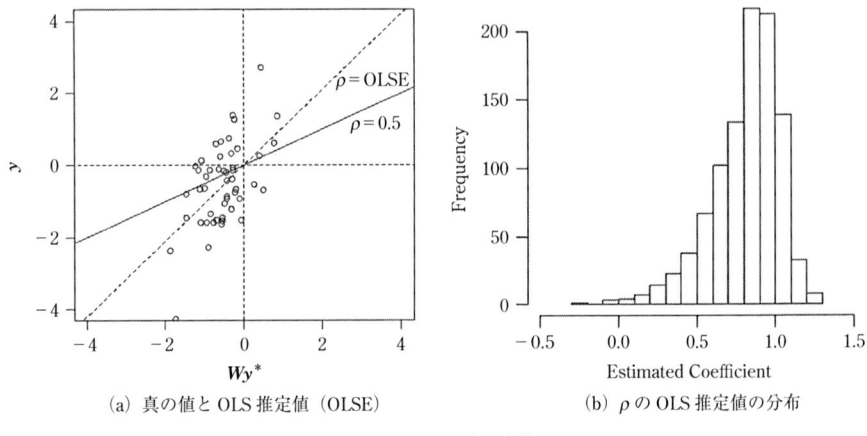

図 4.3　最小二乗推定値

る．ρ の 1000 個の OLS 推定値は平均で 0.81270 であるから，真の値 0.5 よりも大きな値である．このバイアスは空間ラグ変数と攪乱項の相関によって生まれたものと解釈できる．すなわち，$(L'L)^{-1}L'u^*$ は真の値からの乖離を示している．図 4.3 の (a) は発生させた 1000 組のデータのうち 1 組だけを利用して，y^* と Wy^* の散布図を描いたものである．$\rho=0.5$ である真の回帰直線の傾きに比べて，OLS 法で推定された回帰直線（図の破線）は大きな傾きをもっていることが示されている．図 4.3 の (b) は 1000 個の OLS 推定値の分布をヒストグラムで示しており，大きなバイアスが生じていることが確認できる．

b. 空間エラーモデルの実験

次に空間エラーモデルによる実験を行う．表 4.5 に示された実験の前提条件に従い攪乱項 u^* を 1000 回作るとき，DGP は $y^* = 1i + (I - 0.8W)^{-1}\varepsilon^*$ である．回帰モデル $y = \mu i + u$ における μ の OLS 推定量は y^* の標本平均であるから，$\hat{\mu}_O^* = (i'i)^{-1}i'y^*$ より推定値が計算できる．

表 4.5　空間エラーモデル DGP の前提条件

サンプルサイズ	$n = 49$（一辺 7 地区の 49 の正方格子）
空間重み行列	ルーク型（標準化）
空間ラグモデル	$y = \mu i + u$, $u = \lambda W u + \varepsilon$
攪乱項	$\varepsilon \sim N(0, I)$（標準正規分布，$\sigma^2 = 1$）
真の値	$\mu = 1$, $\lambda = 0.8$
繰り返し回数	1000 回

表 4.6　空間エラーモデルの実験結果

理論上の値	$\hat{\mu}_O$	
$\lambda = 0$	$E(\hat{\mu}_O) = 1$	$V(\hat{\mu}_O) = 0.0204$
$\lambda = 0.8$	$E(\hat{\mu}_O) = 1$	$V(\hat{\mu}_O) = 0.5173$
実験による値		
$\lambda = 0.8$	平均：0.981	分散：0.5048

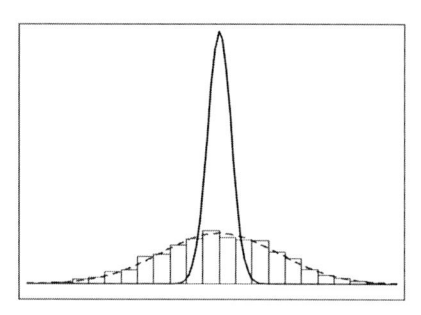

図 4.4　λ の OLS 推定値の分布
実線は $\lambda = 0$，破線は $\lambda = 0.8$ のときの理論上の推定量の分布を示している．ヒストグラムは実験で得られた 1000 個の推定値の分布である．

もし，$\lambda = 0$ ならば，$E(\hat{\mu}_O) = 1$，$V(\hat{\mu}_O) = 1/49 (= 0.0204)$ で最小分散線形不偏推定量となる（かつ $\hat{\mu}_O \sim N(1, 1/49)$ である）．しかしながら，(4.8)式より，$\lambda = 0.8$ のときは，不偏性は満たされるが，$V(\hat{\mu}_O^*) = (i'i)^{-1} i'(I - 0.8W)^{-1}[(I - 0.8W)^{-1}]'i (i'i)^{-1}$ なる値をとる．

表 4.6 は理論上の値と実験による値をまとめている．実験による μ の 1000 個の OLS 推定値は平均で 0.981 であるから真の値に近いが，分散は理論で予想されたようにきわめて大きな値になっている．図 4.4 は，$\lambda = 0$ および $\lambda = 0.8$ を仮定したときの正規分布と実験によって得られた 1000 個の $\hat{\mu}_O^*$ のヒストグラムを示している．空間的自己相関があるとは知らずに，OLS 法を適用すると推定量の有効性は著しく失われてしまうことがわかる．

4.3　検定とモデル選択

4.3.1　Moran's I 統計量

空間的自己相関を検定するための古典的な統計量は Moran's I である（Moran,

1948；1950)．これを線形回帰モデルに適応させた検定は Cliff and Ord（1972；1973；1981）によって一般化された．

Moran's I は回帰の残差を利用して定義する．線形回帰モデル $y=X\beta+u$ の OLS 残差ベクトルを e とおく．W を（行和が 1 となるように）標準化された空間重み行列と定義するとき，Moran's I は次の式で定義できる．

$$I = e'We/e'e \tag{4.9}$$

検定すべき帰無仮説は「空間的自己相関がない」である．しかしながら，対立仮説が明確に存在するわけではなく，単に空間的自己相関の存在の可能性を示唆するだけである．(4.9)式の I は明らかに，e を We に回帰させたモデルではなく，We を e に回帰させたモデルの係数推定量になっている．

Moran's I は標準化（統計量から期待値を引き，標準偏差で割る作業）することで，漸近的に標準正規分布 $N(0,1)$ に従う．

$$Z_I = \frac{I-E(I)}{V(I)^{1/2}} \sim N(0,1) \tag{4.10}$$

ここで，

$$E(I) = \mathrm{tr}(MW)/n-K$$

$$V(I) = \frac{\mathrm{tr}(MWMW') + \mathrm{tr}(MW)^2 + \{\mathrm{tr}(MW)^2\}}{(n-K)(n-K+2)} - \{E(I)\}^2$$

である．ただし，$M = I_n - X(X'X)^{-1}X'$，$\mathrm{tr}(\bullet)$ は行列のトレース（対角和），K は説明変数の数である．

4.3.2 Moran's I による空間的自己相関の検出

空間エラーモデルないし空間ラグモデルによる DGP を想定した場合，計算される Moran's I がどの程度棄却されるのかを実験で確かめてみよう．すなわち，標準正規分布を利用した検定において，(4.10)式が空間的自己相関をどの程度検出するのかを調べてみる．

はじめに，DGP を次の空間エラーモデルに特定化し，サンプルサイズ $n=49$ のデータ y を 1000 個作る．

$$y = X\beta + u, \quad u = \lambda Wu + \varepsilon, \quad \varepsilon \sim N(0, \sigma^2 I)$$

ここで，説明変数ベクトル X は定数項 $X_1 = [1\ 1\ \cdots\ 1]'$，$1\sim49$ の連番の変数 $X_2 = [1\ 2\ \cdots\ 49]'$ であり，対応する真の係数は $\beta_1 = 1$，$\beta_2 = 1$ とおく．攪乱項 u は

4.3 検定とモデル選択

自己回帰過程をもつとする．λの値を $[-0.9, 0.9]$ の間でグリッドして，自己回帰パラメータの大きさに応じたデータを作る．Wは2.3節の実験と同じく，正方格子の49区画から作成したルーク型の空間重み行列である．εは平均0，均一分散 $\sigma^2 = 1$ の正規分布に従う確率変数であるものとする．$u = (I - \lambda W)^{-1} \varepsilon$ より，ε^*を正規乱数で与えると，DGPは次のようになる．

$$y^* = \begin{bmatrix} X_1, X_2 \end{bmatrix} \begin{bmatrix} 1 \\ 1 \end{bmatrix} + (I - \lambda W)^{-1} \varepsilon^*$$

発生させたデータ y^* を利用して，線形回帰モデル

$$y_i^* = b_1 + b_2 X_{2i} + u_i \quad (i = 1, 2, \cdots, 49)$$

をOLSで推定し，その残差より(4.10)式のZ_Iを計算する．

以上の計算を1000回繰り返し，1000個のZ_Iの分布を調べると，図4.5, 4.6が得られた．図4.5は$\lambda = [0.1, 0.3, 0.5, 0.7, 0.9]$のときの，図4.6は$\lambda = [-0.1, -0.3, -0.5, -0.7, -0.9]$のときの$Z_I$の分布（密度曲線）を示している．$Z_I$は標準正規分布に従うので，有意水準を定めて検定を行うことができる．

たとえば，両側で10%の有意水準をとると，$|Z_I| > 1.645$であれば，棄却域に入る．すなわち，空間的自己相関がないという帰無仮説は棄却される．λの値によってZ_Iがとりうる範囲は異なる．各λについて1000個のZ_Iを計算しているので，このうち棄却域に入った割合を計測することができる．

図4.7はDGPを空間エラーモデルで特定化した場合，設定された真のλに

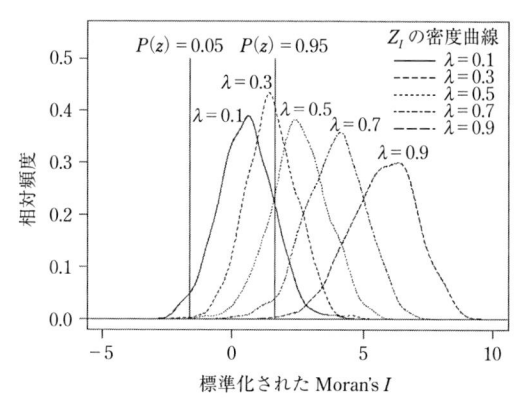

図4.5 標準化されたMoran's I統計量の分布1
（DGP：空間エラーモデル，サンプルサイズ $n = 49$）

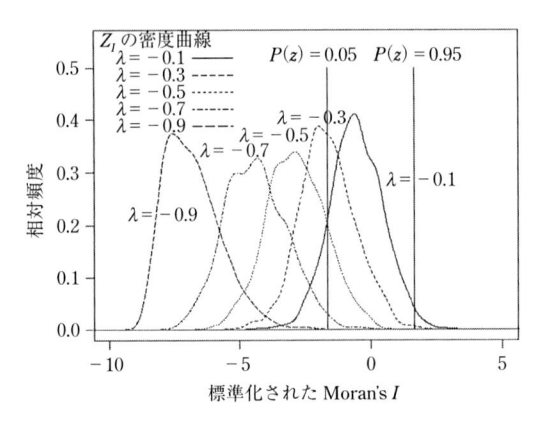

図 4.6 標準化された Moran's I 統計量の分布 2
(DGP：空間エラーモデル，サンプルサイズ $n=49$)

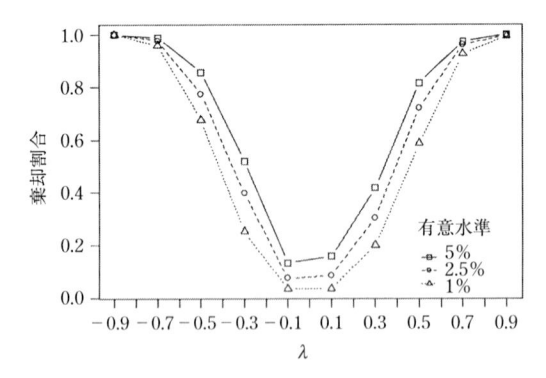

図 4.7 Moran's I 検定で棄却される割合
(DGP：空間エラーモデル，サンプルサイズ $n=49$)

よって，棄却域に入る割合がどのように異なるのかを示している．$|\lambda|=0.9$，$|\lambda|=0.7$ のときには，ほとんどが棄却される．$|\lambda|=0.1$ のときには，棄却割合が非常に小さく，多くは空間的自己相関を検出することに失敗している．このことから，自己回帰パラメータの大きさと Moran's I の大きさの間には一定の相関があることがわかる．

次に，DGP を空間ラグモデルに特定化した場合の実験を同様に行ってみよう．
$$y = \rho Wy + X\beta + u, \quad u \sim N(0, \sigma^2 I)$$
サンプルサイズ，説明変数，真のパラメータ，空間重み行列は空間エラーモデ

ルと同一のものである（純粋な空間ラグモデルに新しい説明変数 X を加えた回帰モデルになっている）．u^* を正規乱数で与えるとき，DGP は次のようになる．

$$y^* = (I - \rho W)^{-1} \left(\begin{bmatrix} X_1 & X_2 \end{bmatrix} \begin{bmatrix} 1 \\ 1 \end{bmatrix} + u^* \right)$$

発生させたデータ y^* を利用して，線形回帰モデルを推定し，その OLS 残差より (4.10)式の Z_I を同じように計算する．

1000 回の繰り返し実験の結果を図 4.8, 4.9 にまとめた．空間エラーモデルのときと同様に，ρ の値によって Z_I の密度曲線は異なる．図 4.10 において，設定された真の ρ の値によって，棄却に入る割合がどのように違っているのかを示している．$|\rho| = 0.9$, $|\rho| = 0.7$ のときには，ほとんどが棄却されてしまう．$|\rho| = 0.1$ のときには，棄却割合が非常に小さく，多くは空間的自己相関を検出することに失敗している．ρ の値によって，Moran's I が大きく異なる傾向は空間エラーモデルとほぼ同じである．

以上のように，空間エラーモデルないし空間ラグモデルで特定化した場合，自己回帰パラメータが大きいほど，自己相関をはっきりと検知できるようになることが Moran's I 検定によってわかる．しかしながら，Moran's I 検定は対立仮説が明瞭ではないため，帰無仮説を棄却するとき，どのようなモデルを選択すればよいのかは不明である．次項で解説するラグランジュ乗数検定はモデル選択の基準として広く利用されている．

4.3.3　ラグランジュ乗数検定

ワルド検定や尤度比検定は，検定統計量を計算するために対立仮説である制約なしのモデル（空間的自己相関があるモデル）を推定しておく必要がある．これに対して，ラグランジュ乗数（ラオスコア）検定は，対立仮説を推定することなく実行できる．すなわち，帰無仮説に従って，空間的自己相関のない通常の線形回帰モデルを推定するだけで検定を実行することができる．

空間エラーモデルが次のように与えられているとしよう．

$$y = X\beta + u, \quad u = \lambda W u + \varepsilon \tag{4.11}$$

攪乱項の自己回帰過程を無視して，OLS 推定を行うと，推定量 $\hat{\beta} = (X'X)^{-1}X'y$ が得られる．このとき，残差ベクトルが $e = y - X\hat{\beta}$ で定義できる．もし，(4.11)式において $\lambda = 0$ が主張できるのであれば，$\hat{\beta}$ は望ましい推定量である．

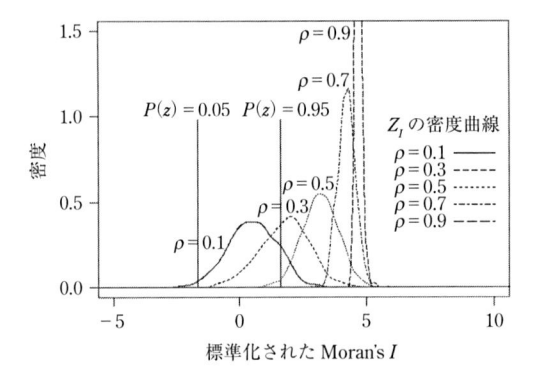

図 4.8 標準化された Moran's I 統計量の分布 3
（DGP：空間エラーモデル，サンプルサイズ $n=49$）

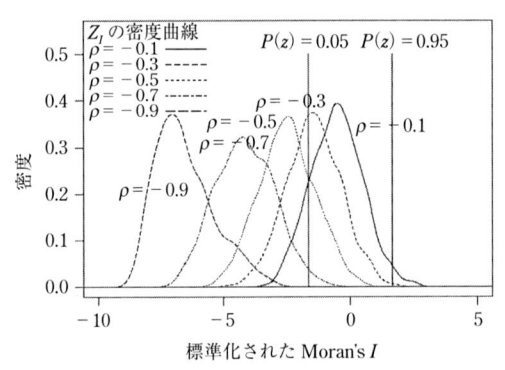

図 4.9 標準化された Moran's I 統計量の分布 4
（DGP：空間エラーモデル，サンプルサイズ $n=49$）

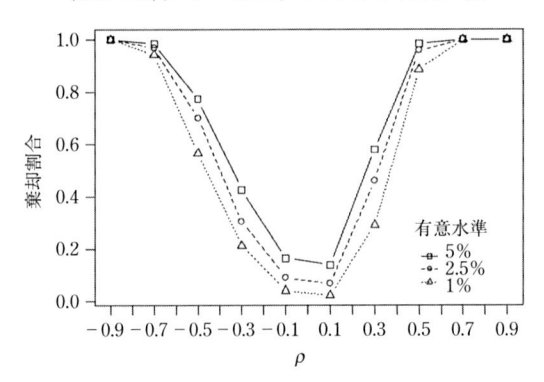

図 4.10 Moran's I 検定で棄却される割合
（DGP：空間エラーモデル，サンプルサイズ $n=49$）

攪乱項に空間的自己相関があるかどうかを検定するための帰無仮説および対立仮説を

$$H_0: \lambda = 0, \quad H_1: \lambda \neq 0$$

とおく．Burridge（1980）によると H_0 のラグランジュ乗数検定統計量は

$$LM_\lambda = \frac{\left(e'We/(e'e/n)\right)^2}{\mathrm{tr}(W^2+W'W)} \underset{\mathrm{asy}}{\sim} \chi^2(1) \quad (4.12)$$

となる．ここで，$\mathrm{tr}(\bullet)$ は行列のトレース（対角和）である．(4.12)式は (4.9) 式の Moran's I 統計量を 2 乗したものに比例していることがわかる．この統計量は漸近的に自由度 1 の χ^2 分布に従う．Anselin and Rey（1991）や Anselin and Florax（1995）によるシミュレーション実験によると，中規模ないし大規模標本では検出力に関して Moran's I とほぼ同程度のパフォーマンスが得られることが示されている．

ラグ付き内生変数を含む空間ラグモデルのためのラグランジュ乗数検定は Anselin（1988b）で示された．空間ラグモデルを以下のように定義しよう．

$$y = \rho Wy + X\beta + u \quad (4.13)$$

ここで，$Z = (Wy, X)$ および $\theta = (\rho, \beta')'$ とおくと，(4.13)式は $y = Z\theta + u$ と書き換えることができる．θ の OLS 推定量は $\hat{\theta} = \theta + (Z'Z)^{-1}Z'u$ である．説明変数に内生変数 Wy を含んでいるので，この場合もバイアスをもたらすだけでなく一致性すらない．

被説明変数の空間ラグによる自己回帰の有無を調べるために帰無仮説および対立仮説を

$$H_0: \rho = 0, \quad H_1: \rho \neq 0$$

とおく．Anselin（1988b）は，H_0 のもとでのラグランジュ乗数検定統計量を次のように示した．

$$LM_\rho = \frac{\left(e'Wy/(e'e/n)\right)^2}{D} \underset{\mathrm{asy}}{\sim} \chi^2(1) \quad (4.14)$$

ここで，

$$D = \frac{n}{e'e}\left[(WX\beta)'(I - X(X'X)^{-1}X')(WX\beta)\right] + \mathrm{tr}(W^2+W'W)$$

である．

$\rho \neq 0$ という仮定のもとで $\lambda = 0$ を，あるいは $\lambda \neq 0$ という仮定のもとで $\rho = 0$ を

検定する必要がある場合もある．このような状況での自己回帰パラメータに関する頑健な検定（robust test）も OLS 推定をベースにしたラグランジュ乗数検定として提案されている（Anselin, et al., 1996）．$\rho \neq 0$ のもとでラグ付き内生変数を含む仮説検定 $H_0: \lambda = 0$, $H_1: \lambda \neq 0$ に対するロバストな検定統計量は

$$LM_\lambda^* = \frac{\left[e'We/(e'e/n) - \mathrm{tr}(W^2+W'W)D^{-1}e'Wy/(e'e/n)\right]^2}{\mathrm{tr}(W^2+W'W)\left[1-\mathrm{tr}(W^2+W'W)D\right]^{-1}} \underset{\mathrm{asy}}{\sim} \chi^2(1) \quad (4.15)$$

となる．逆に，$\lambda \neq 0$ のもとで攪乱項に自己回帰過程がある場合の仮説検定 $H_0: \rho = 0$, $H_1: \rho \neq 0$ に対するロバストな検定統計量は

$$LM_\rho^* = \frac{\left[e'Wy/(e'e/n) - e'We/(e'e/n)\right]^2}{D - \mathrm{tr}(W^2+W'W)} \underset{\mathrm{asy}}{\sim} \chi^2(1) \quad (4.16)$$

となる．

4.3.4 モデル選択

Moran's I による検定は特定の対立仮説をもっているわけではなく，空間的自己相関の可能性を示唆するだけにとどまるが，ラグランジュ乗数検定は対立仮説が明確である．すなわち，ラグランジュ乗数検定を通じてモデル選択を行うことができる．シミュレーション実験を利用したモデル特定化の戦略が，いくつかの文献で試みられている（Anselin, 1986；Anselin and Griffith, 1988；Anselin, 1990；Florax and Folmer, 1992；Florax, et al., 2003）．

ここでは，4 つの検定統計量 LM_λ, LM_ρ, LM_λ^*, LM_ρ^* を利用したモデル選択の方法について述べる．これらの検定統計量は線形回帰モデルの OLS 残差だけを利用して計算できる点で簡便であり，すべて自由度 1 の χ^2 分布に従うことから比較も容易である．LM_λ, LM_λ^* は対立仮説として空間エラーモデル(4.11)を，LM_ρ, LM_ρ^* は対立仮説として空間ラグモデル(4.13)をもつ．

モデル選択の基本的な方針は次のようになる．たとえば，線形回帰モデルを推定し，残差より LM_λ, LM_ρ を計算する．このとき，①LM_λ が有意で LM_ρ が有意でない場合や，②LM_ρ が有意で LM_λ が有意でない場合は，対立仮説を推定モデルとして選択すればよい．LM_λ と LM_ρ がどちらも有意で，帰無仮説 $\lambda = 0$ および $\rho = 0$ が両方とも棄却される場合には，互いに $\rho \neq 0$ あるいは $\lambda \neq 0$ であることを考慮して，ロバストな LM_λ^*, LM_ρ^* を計算し検定を行う．通常の検定統計量 LM_λ,

4.3 検定とモデル選択

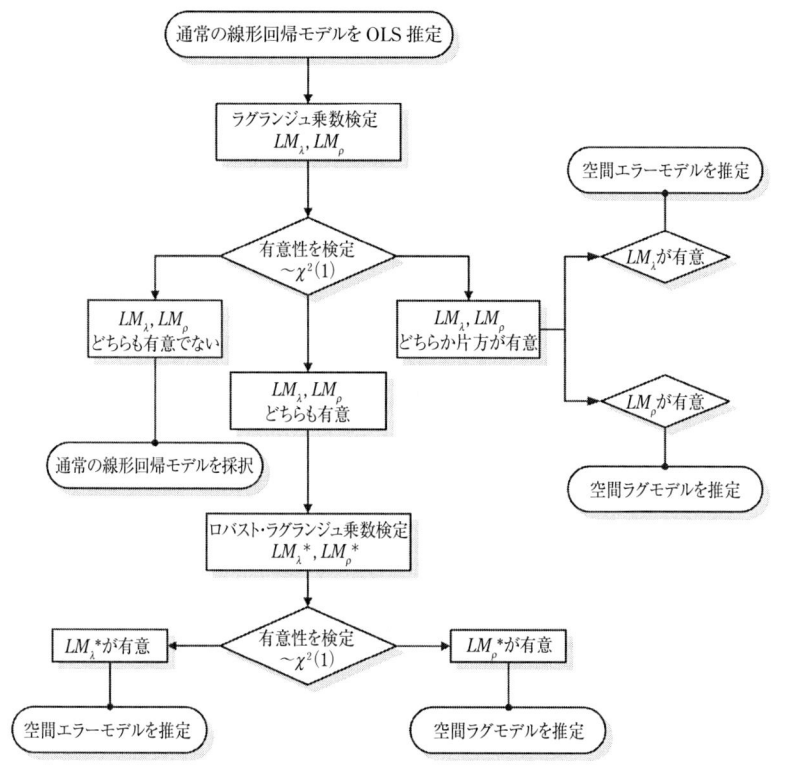

図 4.11 モデル選択のフローチャート
Anselin（2005）p.199 より作成．

LM_ρ とロバストな LM_λ^*, LM_ρ^* はこのように使い分けることができる．

図 4.11 はラグランジュ乗数検定をベースにしたモデル選択のフローチャートを示している．LM_λ と LM_ρ がどちらも有意でなく，双方の帰無仮説が棄却された場合には，空間自己回帰過程を考慮せず，線形回帰モデルを最終的な推定モデルとする．どちらか片方が有意である場合には，有意である方の帰無仮説を棄却して，対立仮説のモデルを推定する．すなわち，$\lambda = 0$ が棄却されるときは空間エラーモデルを，$\rho = 0$ が棄却されるときは空間ラグモデルを選択する．どちらも有意である場合には，ロバストな LM_λ^* と LM_ρ^* より検定を行う．この場合も有意である方の帰無仮説を棄却して空間モデルを推定する．もし，どちらの統計量も有意であるとき，検定統計量の大きさを選択基準にすることがあるが（たとえ

ば Florax, et al., 2003)，より高次の自己回帰が期待される場合には後述する一般モデルを推定する必要もある．

　これらのラグランジュ乗数テストは，空間重み行列を定義し，線形回帰モデルの OLS 推定を実行するだけで検定できる点で，きわめて簡便である．OLS 残差ベースの検定以外では，Saavedra（2003）が一般化積率法（generalized method of moments, GMM）をベースにしたワルド検定，尤度比検定，ラグランジュ乗数検定の統計量を定式化して，検定のパフォーマンスをシミュレーション実験している．実験結果によると，小標本でのこれらの検定は，空間的自己相関に関してロバストな LM_ρ^* と同程度以上の検出力をもつことが示されている．

4.3.5　空間的共通因子制約

　(4.11)式の空間エラーモデルにおいて，攪乱項は $u = (I - \lambda W)^{-1} \varepsilon$ であるから，$y = X\beta + (I - \lambda W)^{-1}\varepsilon$ の左側から $(I - \lambda W)$ を乗じると $(I - \lambda W)y = (I - \lambda W)X\beta + \varepsilon$ が得られる．すなわち，

$$y = \lambda Wy + X\beta - \lambda WX\beta + \varepsilon \tag{4.17}$$

である．(4.17)式の右辺は空間的なラグ付き内生変数に加えて，説明変数の空間ラグを含んでいる．もし，(4.17)式が真であるなら，(4.17)式は，

$$\lambda \times \beta = -\lambda\beta \tag{4.18}$$

なる非線形制約が課された回帰モデルであるとみなすことができる．この制約を空間的共通因子制約（spatial common factor restriction）と呼ぶ．(4.18)式の制約が満たされない場合は，制約のないモデルとして次の空間ダービンモデル（spatial durbin model）を考えることができる．

$$y = \lambda Wy + X\beta + WX\gamma + \varepsilon \tag{4.19}$$

　(4.18)式を帰無仮説とするとき，制約付きモデル(4.11)と制約なしモデル(4.19)の両方を推定し，尤度比を利用した検定を行うことができる．検定統計量は，

$$LR = -2(\log L_C - \log L_U) \sim \chi^2 \tag{4.20}$$

となる．ここで，L_C は制約付きモデルの最大尤度，L_U は制約なしモデルの最大尤度である．β が $K \times 1$ のとき，LR は自由度 $K-1$ の χ^2 分布に従う．

　以上のことを，$K=3$ のケースで例示しよう．(4.17)式は空間エラーモデルとまったく同じ DGP をもつので，制約付きモデルは攪乱項に空間的な自己回帰過程のある次の式になる．

$$y_i = \beta_0 + \beta_1 X_{1i} + \beta_2 X_{2i} + u_i, \quad u_i = \sum_{j=1}^{n} w_{ij} u_j + \varepsilon_i \quad (i = 1, 2, \cdots, n) \quad (4.21)$$

ここで w_{ij} は空間重み行列の要素である．4.4 節で示される最尤法を利用した (4.21) 式の推定結果より計算できる最大尤度を L_C とおく．

制約なしモデルは説明変数の空間ラグを含む空間ラグモデルを推定すればよい．

$$y_i = \rho \sum_{j=1}^{n} w_{ij} y_j + \beta_0 + \beta_1 X_{1i} + \beta_2 X_{2i} + \gamma_1 \sum_{j=1}^{n} w_{ij} X_{1j} + \gamma_2 \sum_{j=1}^{n} w_{ij} X_{2j} + \varepsilon_i \quad (i = 1, 2, \cdots, n) \quad (4.22)$$

最尤法を利用した (4.22) 式の推定結果より計算できる最大尤度を L_U とおけば，(4.18) 式を帰無仮説とする検定統計量 $LR = -2(\log L_C - \log L_U)$ は自由度 2 の χ^2 分布に従う．もし LR が棄却域に入るのであれば，(4.18) 式を棄却し (4.22) 式をモデルとして選択する必要がある．

4.4　最尤法による推定

4.4.1　一般モデルの最尤推定量

本項では空間計量経済学における一般的な推定モデルを提示する．ある一時点における空間情報が明示的なクロスセクションデータが利用可能であるような状況を想定し，最尤法により空間自己回帰パラメータを推定する方法を示そう．出発点となる一般モデルを次のように表現する．

$$y = \rho W_1 y + X\beta + u \quad (4.23)$$

$$u = \lambda W_2 u + v$$
$$v \sim N(0, \sigma^2 I) \quad (4.24)$$

ここで，y, u は $n \times 1$ のベクトル，W_1, W_2 はそれぞれ $n \times n$ の空間重み行列であり，空間ラグ付き内生変数と攪乱項に対する重みが異なることを想定している．X は $n \times K$ の非確率変数行列であり，β はこれに対応する $K \times 1$ のパラメータのベクトルである．ρ, λ は自己回帰係数である．攪乱項 v は同時独立な正規分布であり，均一分散，共分散 0 を仮定する（正規性の条件）．I は $n \times n$ の単位行列である．以上の推定モデルの未知パラメータをベクトル $\theta = (\rho, \lambda, \beta', \sigma^2)$ で表す．

単純化のために $A = (I - \rho W_1), B = (I - \lambda W_2)$ を定義する．これを利用すると

(4.23), (4.24)式は次のように書き換えることができる.

$$Ay = X\beta + u \tag{4.25}$$

$$Bu = v \tag{4.26}$$

したがって, (4.24)式の攪乱項は(4.25), (4.26)式を利用すると

$$v = f(y, X, \theta) = B(Ay - X\beta) \tag{4.27}$$

である. (4.27)式はパラメータに関して非線形である. 仮定より v は正規分布に従うので, 最尤法を用いる場合, y の確率密度関数 $\phi(y)$ は

$$\phi(y) = \det\left|\frac{\partial v}{\partial y}\right| (2\pi\sigma^2)^{-1/2} \exp[v'v/2\sigma^2] \tag{4.28}$$

で与えられる. ここで, $\det|\partial v/\partial y|$ は v から y への変換を行ったヤコビ行列式であり,

$$\det\left|\frac{\partial v}{\partial y}\right| = |B||A| \tag{4.29}$$

である. また, $v'v = (y'A' - \beta'X')B'B(Ay - X\beta)$ である. したがって, (4.28), (4.29)式を利用して次の対数尤度関数が得られる.

$$\ln L = -\frac{n}{2}\left[\ln(2\pi) + \ln\sigma^2\right] + \ln|B| + \ln|A| - \frac{v'v}{2\sigma^2} \tag{4.30}$$

(4.30)式の対数尤度関数を $K+2$ 個のパラメータ (ρ, λ, β') について微分して 0 とおくと, 次の 1 階の条件が得られる.

$$\frac{\partial \ln L}{\partial \beta} = 0 \Leftrightarrow X'B'B(Ay - X\beta) = 0$$

$$\frac{\partial \ln L}{\partial \rho} = 0 \Leftrightarrow -\mathrm{tr}(A^{-1}W_1) + (y'A' - \beta'X')B'BW_1 y = 0$$

$$\frac{\partial \ln L}{\partial \lambda} = 0 \Leftrightarrow -\mathrm{tr}(B^{-1}W_2) + (y'A' - \beta'X')W_2(Ay - X\beta) = 0$$

この式は $K+2$ 本の高度に非線形な連立方程式になっている. 代数的に解が得られないので, (ρ, λ, β') の最尤推定量は数値的に解く必要がある.

最尤推定量は大標本において望ましい漸近的性質をもっていることが知られている. 攪乱項が正規性の条件を満たすとき, 最尤推定量は, ①一致性, ②漸近的に正規分布に従う, ③漸近的効率性の性質をもつ.

4.4.2 空間ラグモデルの最尤推定

一般モデルにおいて,$\lambda=0$ を仮定したモデルを空間ラグモデル(spatial lag model)と呼ぶ.

$$y = \rho Wy + X\beta + v$$
$$v \sim N(0, \sigma^2 I) \tag{4.31}$$

このとき,モデル(4.31)に対応した対数尤度関数は

$$\ln L = -\frac{n}{2}\left[\ln(2\pi) + \ln\sigma^2\right] + \ln|A| - \frac{1}{2\sigma^2}v'v$$

となる.β の最尤推定量は

$$\hat{\beta}_{ML} = (X'X)^{-1}X'y - \hat{\rho}_{ML}(X'X)^{-1}X'Wy \tag{4.32}$$

より得られる.ここで,線形回帰モデル $y = Xb_O + u$ および $Wy = Xb_L + u$ の OLS 推定量は,それぞれ $\hat{b}_O = (X'X)^{-1}X'y$, $\hat{b}_L = (X'X)^{-1}X'Wy$ であるから,(4.32)式は

$$\hat{\beta}_{ML} = \hat{b}_O - \hat{\rho}_{ML}\hat{b}_L \tag{4.33}$$

と書き換えることができる.残差を $e_{ML} = y - \hat{\rho}_{ML}Wy - X\hat{\beta}_{ML}$ と定義するとき,攪乱項の分散 σ^2 の最尤推定量は,$\hat{\sigma}^2 = e'_{ML}e_{ML}/n$ である.ここで線形回帰モデル $y = Xb_O + u$ および $Wy = Xb_L + u$ の OLS 残差をそれぞれ $e_O = y - X\hat{b}_O$, $e_L = Wy - X\hat{b}_L$ と書くと,(4.33)式を利用して

$$\begin{aligned}e_{ML} &= y - \hat{\rho}_{ML}Wy - X\hat{\beta}_{ML} \\ &= y - \hat{\rho}_{ML}Wy - X(\hat{b}_O - \hat{\rho}_{ML}\hat{b}_L) \\ &= e_O - \hat{\rho}_{ML}e_L\end{aligned}$$

が得られる.したがって,攪乱項の分散の推定量は

$$\hat{\sigma}^2 = (1/n)(e_O - \hat{\rho}_{ML}e_L)'(e_O - \hat{\rho}_{ML}e_L) \tag{4.34}$$

となる.

(4.34)式を対数尤度関数に代入すると,次の集中化対数尤度関数が得られる.

$$\ln L_C = c - \frac{n}{2}\ln\left[\frac{(e_O - \hat{\rho}_{ML}e_L)'(e_O - \hat{\rho}_{ML}e_L)}{n}\right] + \ln|I - \hat{\rho}_{ML}W| \tag{4.35}$$

ここで,c は数値定数である.(4.35)式は攪乱項の分散の推定量が与えられるとき,$\hat{\rho}_{ML}$ の関数になっており,対数尤度の最大化によって推定量 $\hat{\rho}_{ML}$ を数値的に解くことができる.

以上の計算手順をまとめると,空間ラグモデルにおける最尤推定の手順は次のようになる.

① $y = Xb_O + u$ および $Wy = Xb_L + u$ を OLS で推定し，推定値 $\hat{b}_O, \hat{b}_L$ と残差 e_O, e_L を求める．
② 残差 e_O, e_L を所与として(4.35)式を $\hat{\rho}_{ML}$ について収束演算する．
③ $\hat{\rho}_{ML}$ を利用して(4.33)式 $\hat{\beta}_{ML} = \hat{b}_O - \hat{\rho}_{ML}\hat{b}_L$ を求める．
④ $\hat{\rho}_{ML}$ を利用して(4.34)式 $\hat{\sigma}^2$ を求める．

なお，(4.35)式の計算では $\ln|I-\rho W| = \sum_i \ln(1-\rho\omega_i)$ を利用して計算を行う (Ord, 1975)．ただし，ω_i は W の固有値である．

4.4.3 空間エラーモデルの最尤推定

一般モデルにおいて，$\rho = 0$ を仮定したモデルを空間エラーモデル（spatial error model）と呼び，次のように定義する．

$$y = X\beta + u \tag{4.36}$$

$$u = \lambda Wu + v$$
$$v \sim N(0, \sigma^2 I) \tag{4.37}$$

このとき，対数尤度関数は

$$\ln L = -\frac{n}{2}\left[\ln(2\pi) + \ln\sigma^2\right] + \ln|B| - \frac{1}{2\sigma^2}v'v$$

ただし，$v'v = (y' - \beta'X')B'B(y - X\beta)$ である．β および σ^2 はこの対数尤度関数において未知であるから，$\partial v'v/\partial \beta = 0$ より，一般化最小二乗（generalized least squares, GLS）推定量を求める．

$$\hat{\beta}_G = (X'B'BX)^{-1}X'B'By \tag{4.38}$$

残差を $e_G = B(y - X\hat{\beta}_G)$ と定義すると，攪乱項の分散の推定量は

$$\hat{\sigma}^2 = (1/n)e_G'B'Be_G \tag{4.39}$$

となる．$\hat{\beta}_G$ および $\hat{\sigma}^2$ はどちらも λ の関数であり，集中化対数尤度関数も λ の非線形関数になる．

$$\ln L_C = c - \frac{n}{2}\ln\left[\frac{e_G'B'Be_G}{n}\right] + \ln|I - \hat{\lambda}_{ML}W| \tag{4.40}$$

したがって，$\hat{\beta}_G, \hat{\sigma}^2$ および $\hat{\lambda}_{ML}$ を同時に（数値的に）解く必要があるため，空間ラグモデルよりも複雑になっている．推定手順を列挙すると次のようになる．

① 回帰モデル $y = Xb_O + u$ の OLS 推定量 $\hat{b}_O$ を求める．
② OLS 残差 $e_O = y - X\hat{b}_O$ を求める．

③e_O を所与として，(4.40)式 $\ln L_C$ を最大化する $\hat{\lambda}_{ML}$ を求める．
④$\hat{\lambda}_{ML}$ を所与として，実行可能な GLS 推定を行い，(4.38)式 $\hat{\beta}_G$ を求める．
⑤得られた $\hat{\beta}_G$ を利用して，GLS 残差 $e_G = (I - \hat{\lambda}W)(y - X\hat{\beta}_G)$ を求める．
⑥③〜⑤の手順を収束するまで繰り返す．収束した場合⑦を行う．
⑦$e_G, \hat{\lambda}_{ML}$ を所与として，(4.39)式を計算し $\hat{\sigma}^2$ を求める．

4.5　2段階最小二乗法と積率法

4.5.1　空間ラグモデルの操作変数

a.　2段階最小二乗法

通常の線形回帰モデル $y = X\beta + u$ において，説明変数 X と攪乱項 u との間に相関がある場合には，OLS 推定量 $\hat{\beta}_O = \beta + (X'X)^{-1}X'u$ はバイアスをもつ．また，確率極限

$$\text{plim}\,\hat{\beta}_O = \beta + \text{plim}(X'X/n)^{-1}\text{plim}(X'u/n)$$

について $\text{plim}(X'u/n) \neq 0$ であるから一致性もない．説明変数が内生変数であるような同時方程式システムにおいても同様の問題が生じる．

このような問題を回避するために，パラメータの一致推定量を得る方法は最尤法以外では操作変数法（instrumental variables method）がある．操作変数は攪乱項と相関がなく，説明変数と相関をもつ変数のことである．同時方程式モデルであれば，システム内のすべての外生変数に内生変数を回帰させることで操作変数を作り出すことができる．

2段階最小二乗（2SLS）法は次の2段階の計算を行う．
- 方程式内や方程式外の外生変数を利用して，内生変数の理論値を計算し，
- 内生変数をその理論値で置き換えた方程式を OLS 法で推定する．

2SLS 推定量には一致性があり，漸近的な正規性が得られる．しかしながら，もし攪乱項に正規分布を仮定するのであれば，最尤法に比べて相対的に有効な推定量ではないことが知られており，有効性の程度も操作変数の選択に依存している．ただし，2SLS は攪乱項の正規性を必要とせず，非正規性に対して頑健であるという長所がある．

空間ラグモデル $y = \rho Wy + X\beta + u$ もまた，ラグ付きの内生変数を含む回帰モデルであるから，内生性の問題が生じる．説明変数と攪乱項との間に相関がなく，

$E(X'u) = 0$ であったとしても同時決定バイアスが生じる.

誘導型 $y = (I - \rho W)^{-1} X\beta + (I - \rho W)^{-1} u$ の条件付き期待値は
$$E[y \mid X] = (I - \rho W)^{-1} X\beta \tag{4.41}$$
である.ここで,レオンティエフ逆行列のレオンティエフ展開を利用すると $(I - \rho W)^{-1} \cong I + \rho W + \rho^2 W^2 + \cdots$ が得られるので,(4.41)式の右辺は,
$$(I - \rho W)^{-1} X\beta \cong X\beta + \rho W X\beta + \rho^2 W^2 X\beta + \cdots$$
と書き換えることができる.すなわち,被説明変数の条件付き期待値は X や WX の線形近似式になっている.Kelejian and Prucha (1998) は内生変数 Wy に対する操作変数 Q として,$[X, WX]$ や $[X, WX, W^2 X]$ を利用する方法を提案している.この手法は Amemiya (1974) を空間データに応用したものになっている.

行列 $Z = [Wy, X]$ および $\theta = [\rho, \beta']'$ を定義すると,空間ラグモデルは $y = Z\theta + u$ と書ける.操作変数 Q を利用して 2SLS 法により θ を推定すると,次の推定量(空間的 2 段階最小二乗推定量とも呼ぶ)が得られる.
$$\hat{\theta}_{2SLS} = [Z'Q(Q'Q)^{-1} Q'Z]^{-1} Z'Q(Q'Q)^{-1} Q'y \tag{4.42}$$
残差は $e = y - Z\hat{\theta}_{2SLS}$ と定義できるので,誤差分散の推定量は $\hat{\sigma}^2 = e'e/n - K - 1$ となる.したがって,推定量の漸近分散は
$$V(\hat{\theta}_{2SLS}) = \hat{\sigma}^2 [Z'Q(Q'Q)^{-1} Q'Z]^{-1} \tag{4.43}$$
より計算できる.

b. 空間ラグモデルの ML 推定量と 2SLS 推定量の比較

実験によって最尤推定量と 2SLS 推定量の比較を行ってみよう.ここでは,DGP を次の定数項と 2 つの説明変数をもった空間ラグモデルに特定化する.
$$y_i = \rho \sum_{j=1}^{n} w_{ij} y_j + \beta_0 + \beta_1 X_{1i} + \beta_2 X_{2i} + u_i, \quad u_i \sim \text{i.i.d. } N(0, \sigma^2) \tag{4.44}$$

ここで,真のパラメータは $\rho = 0.6, \beta_0 = \beta_1 = \beta_2 = 1.0$ とする.説明変数 X_1, X_2 はどちらも区間 $[0, 1]$ の一様分布から生成した乱数とする.攪乱項の分散は $\sigma^2 = 0.5$ と設定した.サンプルサイズを $n = 49, 225, 529, 961$ の 4 種類に定めた.地理空間は正方格子からなる縦と横の区画数が等しい地域を想定し,ルーク型の隣接重み行列より W を作成する.以上より,データは $y = (I - \rho W)^{-1} (X\beta + u)$ より生成される.生成する(実験の繰り返し)回数は 1000 とした.発生させたデータを利用して,(4.44)式のパラメータ $[\rho, \beta_0, \beta_1, \beta_2]$ を最尤法(ML),2 段階最小二乗法(2SLS)および最小二乗法(OLS)の各手法で推定する.2SLS の操作変

表 4.7 ρ の推定値比較 (ML, 2SLS, OLS)
真のパラメータ：$\rho = 0.6$

(a) ML

n	Mean	S.D.	Bias	%|Bias/ρ|	RMSE
49	0.550	0.133	−0.050	8.3	0.142
225	0.588	0.061	−0.012	1.9	0.062
529	0.595	0.038	−0.005	0.8	0.038
961	0.596	0.028	−0.004	0.6	0.028

(b) 2SLS

n	Mean	S.D.	Bias	%|Bias/ρ|	RMSE
49	0.637	0.335	0.037	6.2	0.337
225	0.601	0.105	0.001	0.1	0.105
529	0.596	0.072	−0.004	0.6	0.073
961	0.597	0.058	−0.003	0.4	0.058

(c) OLS

n	Mean	S.D.	Bias	%|Bias/ρ|	RMSE
49	0.816	0.167	0.216	36.1	0.273
225	0.835	0.069	0.235	39.2	0.245
529	0.820	0.042	0.220	36.7	0.224
961	0.823	0.031	0.223	37.2	0.225

数には $[X, WX, W^2X]$ を利用した.

表 4.7 は ρ (TRUE = 0.6) の 1000 個の推定値について, 平均 (Mean), 標準偏差 (S.D.), Bias (偏り＝平均−真の値), Bias と真の値との乖離率 (%|Bias/ρ|), 平均平方誤差の平方根 (root mean squared error, RMSE) を報告している. RMSE = $[(S.D.)^2 + (Mean - True)^2]^{1/2}$ より計算する.

(a) ML による実験結果をみると, サンプルサイズが増えると, 推定値の平均は真の値 $\rho = 0.6$ に近づいており, バイアスも小さくなっていくことがわかる. サンプルサイズ $n = 49$ のとき, 推定値は真の値から 8.3% だけ乖離している (%|Bias/ρ|) が, $n = 961$ のときには, これが 0.6% にまで縮小する.

(b) 2SLS の場合も, サンプルサイズが増えるとき, 推定値の平均が真の値に近づき, バイアスも小さくなっていることが示されている. サンプルサイズ $n = 49$ のとき, 推定値は真の値から 6.2% だけ乖離しているが (%|Bias/ρ|), $n = 961$ のときには, これが 0.4% にまで縮小する. ただし, RMSE について ML の結果と比較すると, 明らかにばらつきが大きいことがわかる. 2SLS は ML と同様, 一致性をもつが, 有効性の点で必ずしも優れているわけではないことがわかる.

(c) OLS による実験結果をみると, 平均は真の値から大きくはずれており, サンプルサイズが大きくなったとしても改善されないことがわかる. サンプルサ

表 4.8 β_2 の推定値比較（ML, 2SLS, OLS）
真のパラメータ：$\beta_2 = 1.0$

n	Mean	S.D.	Bias	%|Bias/β_2|	RMSE
(a) ML					
49	0.996	0.308	−0.004	0.4	0.308
225	1.004	0.121	0.004	0.4	0.121
529	1.000	0.076	0.000	0.0	0.076
961	1.001	0.056	0.001	0.1	0.056
(b) 2SLS					
49	0.978	0.258	−0.022	2.2	0.259
225	0.991	0.115	−0.009	0.9	0.116
529	1.000	0.071	0.000	0.0	0.071
961	1.000	0.058	0.000	0.0	0.058
(c) OLS					
49	0.962	0.307	−0.038	3.8	0.309
225	0.950	0.120	−0.050	5.0	0.130
529	0.955	0.075	−0.045	4.5	0.088
961	0.935	0.055	−0.065	6.5	0.085

イズ $n = 49$ のとき，推定値は真の値から36.1%乖離しており，$n = 961$ のときにも37.2%乖離している．したがってOLS推定量は不偏性がないだけでなく一致性もないことがわかる．

表4.8は β_2 の推定値を比較している．（a）MLおよび（b）2SLSはサンプルサイズが大きくなると，Biasと真の値の比率とRMSEが縮小する傾向にあり，一致性があることが確認できる．ρ の推定の場合と比べると，サンプルサイズが小さいときには，Biasと真の値の比率は2SLSで大きいが，ある程度のサンプルサイズの大きさのもとでは，Biasと真の値の比率およびRMSEに違いがみられないことがわかる．（c）OLSは負のバイアスをもつ傾向があり，やはりサンプルサイズが大きくなったとしても改善されない．

4.5.2 空間エラーモデルの積率推定

a. 積率法

積率法とは，標本積率の期待値が母集団の積率に一致するという性質を利用して，分布の未知パラメータを推定する方法である．たとえば，平均 μ，分散 σ^2 のある母集団分布における確率変数 x の k 次の原点まわり積率を $\mu'_k = E(x^k)$ とおく．この分布から得られるランダム標本 $x_1, x_2, \cdots, x_n$ を利用すると，k 次の標本積率は $m'_k = (1/n)\sum_{i=1}^{n} x_i^k$ より計算できる．$x_1, x_2, \cdots, x_n$ はランダム標本であるから，

$E(x_i) = \mu'_1, V(x_i) = \sigma^2$ である．このとき，標本積率の期待値と分散は

$$E(m'_k) = \left(\frac{1}{n}\right) E\left[\sum_{i=1}^{n} x_i^k\right] = \mu'_k = E(x_i^k)$$

$$V(m'_k) = \left(\frac{1}{n}\right) V\left[\sum_{i=1}^{n} x_i^k\right]$$

$$= \left(\frac{1}{n}\right)^2 \sum_{i=1}^{n} \left[E(x_i^{2k}) - E(x_i^k)^2\right] = \left(\frac{1}{n}\right)(\mu'_{2k} - \mu'^2_k)$$

となる．このとき $\lim V(m'_k) = 0$ であるから，十分に小さな値 ξ に対して，チェビシェフの不等式

$$0 \leq P(|m'_k - \mu'_k| \geq \xi) \leq V(m'_k)/\xi^2$$

が成立することから，$\text{plim } m'_k = \mu'_k$ が得られる．すなわち標本積率は一致性のある推定量になっている．

積率法では，$k=1$ のとき $E(x) = \mu$ であり，μ の推定のために $\bar{x} = (1/n)\sum x_i$ を利用する．この点は OLS 法と共通している．積率法におけるパラメータ推定とは，ランダム標本 $x_1, x_2, \cdots, x_n$ を利用して，$E(x - \mu) = 0$ に対応させた条件式 $(1/n)\sum(x_i - \mu) = 0$ を μ について解くことと定義できる．このとき，$E(x - \mu) = 0$ を積率条件 (moment condition) と呼ぶ．積率条件は，未知パラメータからなる関数の期待値で示された方程式である．これを $g(x, \mu) = x - \mu$ なる関数で表すと，積率条件は $E[g(x, \mu)] = 0$ であり，ランダム標本 $x_1, x_2, \cdots, x_n$ で対応させた式が $(1/n)\sum_{i=1}^{n} g(x_i, \mu) = 0$ である．

$x_i \sim \text{i.i.d.}(\mu, \sigma^2)(i = 1, 2, \cdots, n)$ の場合，パラメータ (μ, σ^2) に対するモーメント条件は

$$E\left[g_i(x_i, \mu, \sigma^2)\right] = \begin{bmatrix} x_i - \mu \\ x_i^2 - (\sigma^2 + \mu^2) \end{bmatrix} = \boldsymbol{0} \quad (i = 1, 2, \cdots, n)$$

であり，ランダム標本で対応させると

$$\frac{1}{n}\sum g_i(x_i, \mu, \sigma^2) = \begin{bmatrix} m'_1 - \mu \\ m'_2 - (\sigma^2 + \mu^2) \end{bmatrix} = \boldsymbol{0}$$

となる．すなわち，積率推定量 (method of moment estimator) は

$$\begin{bmatrix} \hat{\mu}_M \\ \hat{\sigma}_M \end{bmatrix} = \begin{bmatrix} m'_1 \\ m'_2 - (m'_1)^2 \end{bmatrix}$$

となる．

b. 自己回帰パラメータの積率推定 (Kelejian and Prucha, 1999)

Kelejian and Prucha (1999) は積率法を利用した空間ラグモデルの推定方法である積率推定 (generalized moment estimation, GM 推定) を提案している. いま, 空間ラグモデルにおける攪乱項 $u=\lambda Wu+\varepsilon$ について $\varepsilon \sim$ i.i.d. $(0, \sigma^2 I)$ を仮定しよう. ただし, 分散は $0<\sigma^2<b, b<\infty$ とする. $u=\lambda Wu+\varepsilon$ における ε の積率条件は次の 3 式で与えられる.

$$E[\varepsilon'\varepsilon/n] = \sigma^2 \tag{4.45}$$

$$E[\varepsilon'W'W\varepsilon/n] = \sigma^2(1/n)\mathrm{tr}(W'W) \tag{4.46}$$

$$E[\varepsilon'W\varepsilon/n] = 0 \tag{4.47}$$

ここで, (4.45)～(4.47)式の期待値の中身は $\varepsilon=u-\lambda Wu$ より, 次のように書き換えることができる.

$$\varepsilon'\varepsilon = u'u - 2\lambda u'Wu + \lambda^2 u'W'Wu$$

$$\varepsilon'W'W\varepsilon = u'W'Wu - 2\lambda u'W'WWu + \lambda^2 u'W'W'WWu$$

$$\varepsilon'W\varepsilon = u'Wu - 2\lambda u'W'Wu + \lambda^2 u'W'W'Wu$$

これらの式を n で除して期待値をとったものが(4.45)～(4.47)式の右辺に等しいのであるから, パラメータ $[\lambda\ \lambda^2\ \sigma^2]'$ に関する連立方程式として, 次のように書き直すことができる.

$$\underbrace{\begin{bmatrix} \dfrac{2}{n}E(u'Wu) & \dfrac{-1}{n}E(u'W'Wu) & 1 \\ \dfrac{2}{n}E(u'W'W'Wu) & \dfrac{-1}{n}E(u'W'W'WWu) & \dfrac{1}{n}\mathrm{tr}(W'W) \\ \dfrac{1}{n}E(u'W'Wu+u'WWu) & \dfrac{-1}{n}E(u'W'WWu) & 0 \end{bmatrix}}_{3\times 3} \underbrace{\begin{bmatrix} \lambda \\ \lambda^2 \\ \sigma^2 \end{bmatrix}}_{3\times 1} - \underbrace{\begin{bmatrix} \dfrac{1}{n}u'u \\ \dfrac{1}{n}u'W'Wu \\ \dfrac{1}{n}u'Wu \end{bmatrix}}_{3\times 1} = \mathbf{0}$$

これを u の理論値 e で置き換えると積率条件の標本対応

$$G[\lambda\ \lambda^2\ \sigma^2]' - h = g(\lambda, \sigma^2) \tag{4.48}$$

が得られる. ここで,

$$G = \begin{bmatrix} \dfrac{2}{n}e'We & \dfrac{-1}{n}e'W'We & 1 \\ \dfrac{2}{n}e'W'W'We & \dfrac{-1}{n}e'W'W'WWe & \dfrac{1}{n}\mathrm{tr}(W'W) \\ \dfrac{1}{n}e'W'We+e'WWe & \dfrac{-1}{n}e'W'We & 0 \end{bmatrix}, \quad h = \begin{bmatrix} \dfrac{1}{n}e'e \\ \dfrac{1}{n}e'W'We \\ \dfrac{1}{n}e'We \end{bmatrix}$$

である.3本の方程式には2つの未知パラメータ (λ, σ^2) が含まれている.空間ラグモデルは線形回帰モデルなので,e は OLS 残差を利用する.(λ, σ^2) の積率推定量は(4.48)式に非線形最小二乗 (nonlinear least squares method,NLS) 法を適用することによって次のように得られる.

$$(\hat{\lambda}_{NLS}, \hat{\sigma}^2_{NLS}) = \arg\min\left\{g(\lambda, \sigma^2)'g(\lambda, \sigma^2) : \lambda \in [-a, a], \sigma^2 \in [0, b]\right\} \quad (4.49)$$

この推定量を利用すると,線形回帰モデルのパラメータ β についての実行可能な一般化最小二乗推定量 (feasible generalized least squares estimator,FGLS estimator) が計算できる.$\tilde{B} = (I - \hat{\lambda}_{NLS}W)$ とおくと,FGLS 推定量は

$$\hat{\beta}_F = (X'\tilde{B}'\tilde{B}X)^{-1}X'\tilde{B}'\tilde{B}y \quad (4.50)$$

となる.λ の推定量が一致推定量ならば,FGLS 推定量は GLS 推定量と漸近的に同じ分布をもち一致性を満たす.このとき,(4.50)式の漸近分散は $V(\hat{\beta}_F) = \hat{\sigma}^2_F(X'\tilde{B}'\tilde{B}X)^{-1}$ であり,$\hat{\sigma}^2$ の推定量が一致推定量であれば,$V(\hat{\beta}_F)$ もまた一致性をもつ (Kelejian and Prucha, 1999,定理 2).

空間エラーモデルに対する別の推定アプローチとして,Conley (1999) による GMM があげられる.GMM 自体は計量経済学では標準的な回帰分析の手法であるが,Conley の GMM も標本積率から推定量を計算し,一致性を得る.ただし,データが正方格子から発生していることを仮定している.

c. 空間エラーモデルにおける最尤推定と GM 推定の比較

実験によって最尤推定と GM 推定の比較を行ってみよう.DGP は次のように特定化される.

$$y_i = \beta_0 + \beta_1 X_{1i} + \beta_2 X_{2i} + u_i \quad (4.51)$$
$$u_i = \lambda\sum_i w_{ij}u_j + \varepsilon_i, \quad \varepsilon_i \sim N(0, \sigma^2)$$

ここで真のパラメータは $\beta_0 = \beta_1 = \beta_2 = 1.0, \lambda = 0.6$ とする.説明変数 X_1, X_2 はどちらも区間 $[0, 1]$ の一様分布から生成した乱数とする.撹乱項の分散は $\sigma^2 = 1.0$ と設定し,正規分布から乱数発生させる.サンプルサイズを $n = 49, 225, 529, 961$ の 4 種類に定めた.地理空間は正方格子からなる縦と横の区画数が等しい地域を想定し,ルーク型の隣接重み行列より W を作成する.以上より,データは $y = X\beta + (I - \lambda W)^{-1}\varepsilon$ より生成される.生成する(実験の繰り返し)回数は 1000 とした.発生させたデータを利用して,(4.51)式におけるパラメータ $[\lambda, \beta_0, \beta_1, \beta_2]$ の最尤推定(ML),積率推定をベースとする λ の非線形最小二乗推定(NLS)お

および $\beta_0, \beta_1, \beta_2$ の FGLS 推定を行う．

表 4.9 は λ の推定値である $\hat{\lambda}_{NLS}, \hat{\lambda}_{ML}$ を 1000 個計測した結果を示している．Bias（= 1000 個の平均 − 真の値）を真の値で除し，100% を乗じた値の絶対値が %|Bias/λ| である．すなわち，平均的にみて推定値が真の値から何% 乖離しているのかを示している．RMSE（= {1000 個の分散 + Bias^2}$^{1/2}$）は平均平方誤差の平方根である．サンプルサイズが小さい場合，乖離率は NLS でも ML でも高いが，サイズが大きくなるにつれてどちらも縮小する．RMSE は ML の方が NLS よりも若干小さい値であるが，どちらもサイズが大きくなるにつれて小さくなり，一致性をもつことが予想できる．

表 4.10 は β_2 の OLS，FGLS および最尤推定値を 1000 個計測した結果を示している．RMSE をみると，どのサンプルサイズにおいても FGLS と ML は OLS よりも小さい値であり，有効性が改善されていることがわかる．またサンプルサイズが大きくなるに従って，RMSE の値は小さくなっていることが確認できる．サンプルサイズが小さい場合，FGLS は ML よりも有効性の点で劣るが，ある程度のサイズが確保できれば大きな違いは出てこない傾向があることが予想される．

4.5.3　一般化空間的 2 段階最小二乗法

4.4 節において，一般モデルを最尤法で推定する方法を示した．しかしながら，

表 4.9　空間エラーモデル λ の推定値比較（NLS, ML）
真のパラメータ $\lambda = 0.6$

	%|Bias/λ|		RMSE	
n	NLS	ML	NLS	ML
49	10.9	9.9	0.173	0.160
225	1.9	2.8	0.071	0.069
529	0.7	1.0	0.047	0.042
961	0.4	0.7	0.034	0.033

表 4.10　空間エラーモデル β_2 の推定値比較（OLS, FGLS, ML）
真のパラメータ $\beta_2 = 1.0$

	%|Bias/β_2|			RMSE		
n	OLS	FGLS	ML	OLS	FGLS	ML
49	1.3	1.3	1.1	0.715	0.585	0.248
225	1.6	1.4	0.8	0.274	0.221	0.224
529	0.3	0.2	0.2	0.175	0.142	0.153
961	0.0	0.0	0.2	0.137	0.111	0.101

最尤法は推定量の一致性をもたらすが,サンプルサイズが大きくなるに従って計算作業に多大な負荷を与えることになる.また,攪乱項が正規分布に従うという強い仮定が必要になるため,データによっては不適切な定式化になる可能性がある.

以上の問題点があるため,Kelejian and Prucha(1998)は 2SLS 法と前項の積率推定を利用した一般化空間的 2 段階最小二乗(generalized spatial two-stage least squares, GS2SLS)法を提案している.一般モデルは次のように書き換えることができる.

$$y = Z\theta + u$$
$$u = \lambda W u + \varepsilon \qquad (4.52)$$
$$\varepsilon \sim \text{i.i.d.}(0, \sigma^2 I)$$

ここで,$Z = (Wy, X)$ および $\theta = (\rho, \beta')'$ である.GS2SLS の基本的な方針は,$y^* = (I - \lambda W)y$ および $Z^* = (I - \lambda W)Z$ なるコクラン-オーカット型の変換を(4.52)式に適用した回帰モデル

$$y^* = Z^* \theta + \varepsilon$$

を推定することである.ここで,y^* と Z^* は未知パラメータ λ に依存しており,λ の推定に積率法が適用される.

GS2SLS による推定は以下のように 3 ステップに分けられる.

a. ステップ 1

(4.52)式における攪乱項の自己相関を考慮せず,$y = Z\theta + u$ における θ を 2SLS 法で推定する.ここで,$Z = (Wy, X)$ において Wy が内生変数である.操作変数を $Q = [X, WX, W^2X]$ としたときの回帰モデル $Wy = Q\gamma + \omega$ の推定量は $\hat{\gamma} = (Q'Q)^{-1}QWy$ であるので,Wy の理論値 $\hat{W}y$ は $\hat{W}y = PWy$ である.ただし,$P = Q(Q'Q)^{-1}Q'$ である.$\hat{Z} = (\hat{W}y, X)$ と定義すると,$y = \hat{Z}\theta + u$ における θ を推定することで,2SLS 推定量が次のように得られる.

$$\tilde{\theta} = (\hat{Z}'\hat{Z})^{-1}\hat{Z}'y \qquad (4.53)$$

(4.53)式は(4.42)式の $\hat{\theta}_{2SLS}$ とまったく同じであり,一致推定量である.

b. ステップ 2

次に攪乱項の自己回帰パラメータを積率法で推定する.$[\lambda\ \lambda^2\ \sigma^2]'$ に関する積率条件を標本で対応させた連立方程式は(4.48)式で与えられたとおりである.u の理論値は(4.52)式を利用して,$e = y - Z\tilde{\theta}$ より計算できるので,(4.49)式にお

ける非線形最小二乗推定を実行して，$(\tilde{\lambda}_{NLS}, \tilde{\sigma}^2_{NLS})$ が得られる．$(\tilde{\lambda}_{NLS}, \tilde{\sigma}^2_{NLS})$ は (λ, σ^2) の一致推定量である（Kelejian and Prucha, 1998, 定理 2）．

c. ステップ 3

$(\tilde{\lambda}_{NLS}, \tilde{\sigma}^2_{NLS})$ を利用して (4.52) 式にコクラン-オーカット型の変換を適用する．$y^*(\lambda) = (I - \lambda W)y$ および $Z^*(\lambda) = (I - \lambda W)Z$ と定義して，次の回帰モデルを再び 2SLS 法で推定する．

$$y^*(\lambda) = Z^*(\lambda)\theta + \varepsilon$$

したがって，$(\tilde{\lambda}_{NLS}, \tilde{\sigma}^2_{NLS})$ を与えた実行可能（feasible）な 2SLS 推定量は

$$\hat{\theta}_F = [\hat{Z}^*(\tilde{\lambda}_{NLS})' \hat{Z}^*(\tilde{\lambda}_{NLS})]^{-1} \hat{Z}^*(\tilde{\lambda}_{NLS})' y^*(\tilde{\lambda}_{NLS})$$

である．残差は $\hat{\varepsilon} = y^*(\tilde{\lambda}_{NLS}) - Z^*(\tilde{\lambda}_{NLS})\hat{\theta}_F$ であるから，誤差分散は $\hat{\sigma}^2 = \hat{\varepsilon}'\hat{\varepsilon}/n$ より推定できる．したがって $\hat{\theta}_F$ の分散の推定量は

$$\hat{V}(\hat{\theta}_F) = \hat{\sigma}^2 [\hat{Z}^*(\tilde{\lambda}_{NLS})' \hat{Z}^*(\tilde{\lambda}_{NLS})]^{-1}$$

となる．

4.5.4 2 段階最小二乗法の改善

Kelejian and Prucha (1998) の GS2SLS 法は，最尤法に比べて計算がきわめて簡便である．また，OLS では得られない一致性をもたらし，有効性を改善する．さらに，攪乱項に正規性を仮定しないところも長所である．

GS2SLS 法の欠点は有効性の程度が操作変数に依存しており，最尤法に比べて効率的でないことである．Lee (2003) は GS2SLS で利用される操作変数 $[X\ WX]$ が漸近的に最適でないことを示している．その上で漸近的に最適となる操作変数として，WX の代わりに $W(I - \rho W)^{-1} X\beta$ を利用することを提案している（best spatial two stage least squares, BS2SLS）．

$(I - \rho W)^{-1} X\beta$ は空間ラグモデルにおける被説明変数の条件付き期待値であり，$[X\ WX]$ もしくは $[X\ WX\ W^2 X]$ は，これをレオンティエフ展開で近似したときの線形結合要素になっている．これに対して，Lee (2003) の操作変数は

$$\tilde{H} = (I - \tilde{\lambda}_{NLS} W)[X\ W(I - \hat{\rho}_{2SLS} W)^{-1} X \hat{\beta}_{2SLS}]$$

を利用する．ここで，$\tilde{\lambda}_{NLS}$ は非線形最小二乗法による積率推定量（4.5.3 項 b. のステップ 2 に対応），$\hat{\rho}_{2SLS}$，$\hat{\beta}_{2SLS}$ は 2SLS 推定量である（4.5.3 項 a. のステップ 1 に対応）．BS2SLS 推定量はこれを利用して

$$\hat{\theta}_B = [\tilde{H}' Z(\hat{\lambda}_{NLS})]^{-1} \tilde{H}' y(\hat{\lambda}_{NLS})$$

より得られる.

　さらに，Lee（2007）は空間的な 2SLS アプローチが空間的な GMM の特殊ケースであることを明らかにし，空間ラグモデルを GMM で推定する方法，および最適な操作変数を提案している（best optimum GMM）．シミュレーション実験によると，ラグ付き内生変数の自己回帰係数の GMM 推定値は，小標本において最尤法に劣るものの，GS2SLS 推定値よりも優れている．また，245 ないし 490 のサンプルサイズでは有効性に関して最尤法とほとんど違いがみられない．

　2SLS がいわゆる制限情報下のモデル推定であるのに対して，完全に閉じた連立方程式モデルにおける取り扱いは Kelejian and Prucha（2004）において空間的 3 段階最小二乗法（generalized three-stage least aquares, GS3SLS）として提示された．この場合の連立方程式は，各方程式の内生変数が別の方程式の説明変数として現れるケースである．GS3SLS はモデルを構成する各方程式に対して，4.5.3 項で示された GS2SLS を適用し，第四のステップにおいて完全情報下での同時推定を行う．

5

住宅価格関数の推定

　本章は，東京都区部の中古マンション市場を対象として，ヘドニック価格関数の推定例を示したものである．ここでは，東京都区部中古マンション市場を対象として，第3章で示された推定モデルの適用を行う．まずは，最も基本的なモデルを最小二乗（OLS）法で推定する．これを出発点として，非線形構造を明示的に扱い，パラメトリックな推計とあわせてセミパラメトリックのモデルの適用を行う．さらに，空間的な異質性を考慮するために地理的加重回帰（GWR）モデルを適用し，推計を行う．本章は，清水（2004）第7章，清水・唐渡（2007）をまとめたものである．

5.1　住宅価格の構造推定

　住宅市場は，「同質の財が存在しない」といった特殊性を有しているために，品質と価格の対応関係は，各種価格形成要因との価格ベクトルとして表現されることとなる．そのため，住宅の価格構造を調べるために，ヘドニックアプローチが適用される．

　本章においては，第2,3章で示されたヘドニックアプローチの経済理論的な基礎および計量経済的な枠組みを用いて，ヘドニック価格関数の推定例を紹介する．

　事例として，東京都区部の中古マンション価格市場を対象とする．不動産市場には，賃貸市場と資産市場がある．賃貸市場では賃料価格を，資産市場では不動

産価格を用いて分析を行う．さらに，住宅市場のほかにオフィス市場，商業施設市場，リゾート市場などの利用用途に応じた市場が存在する．その用途ごとに価格形成構造は異なる．また，都市構造が異なれば，地域ごとに価格形成構造も異なることとなる．層別化された市場ごとに価格形成要因を抽出し，ヘドニック価格関数を推定することとなる．

住宅市場を対象とした分析においては，特に広域な空間を対象として，また，多くのデータを用いて分析を行う場合には，さまざまな選好をもった供給者および消費者が市場に存在していることを想定すべきである．しかし，多くの経済モデルでは，均質（homogeneous）な市場参加者を想定していることが多い．そのため統計モデルにおいても，ほとんどの場合において線形モデルとして推定されている．しかし，住宅価格の主要な価格形成要因である「専有面積」，「建築後年数」，「最寄り駅までの時間」や「都心までの時間」といった諸指標と単位価格との間の関係が線形関係であるとは考えにくい．

たとえば，「専有面積」においては，比較的規模が小さい住戸は投資目的で購入されたり，単身世帯が購入したりするであろうし，その次の規模の住戸には，いわゆる DINKS（Double Income No Kids）世帯などの小規模な世帯が購入するであろう．さらに，一定規模以上の住戸はファミリー世帯層が購入する．これらの世帯が同様の選好をもっているとは想定しづらく，規模に関しては単純な線形関係にあるとは考えにくいであろう（Asami and Ohtaki, 2000；Thorsnes and McMillen, 1998）．

「建築後年数」については，時間が経過するとともに価格が減価していくことは容易に予想される．これは時間の経過によって物理的な劣化が進むとともに，特に近年においてはマンションの技術進歩が著しいために，経済的な劣化の影響を受けるためである．さらに，比較的新しい設備を好む消費者とそうでない消費者とで，または高所得世帯と低所得世帯といった所得制約によって付け値が異なることが予想される．「建築後年数」の減価曲線は，特に住宅ローンの担保評価としてきわめて重要な指標であるため，その変数だけに着目した先行研究も存在している（Clapp and Giaccotto, 1998）．

「最寄り駅までの時間」は，比較的鉄道駅に近い地域は商業集積が進み，また交通利便性が高いものの，公園が少なかったり自然環境が劣っていたりする場合が多い．そのため，比較的駅に近い地域は高い利便性を好む単身世帯や DINKS

などの世帯が立地する確率が高く,駅から離れた地域は,子育てをしている世帯などのファミリー世帯が多い.この問題についても,「専有面積」の問題と同様の構造をもつものと考えられる.

また,「都心までの時間」についても同様である.都心を中心として市場価格が逓減していくことは想定されるものの,距離帯または地域に応じて異なる選好をもった世帯が立地することが予想される.それらの選好が異なる世帯間での値付けが連続的かつ線形で変化していくとも想定しにくい.

このような問題は,計量経済学的には市場構造の変化の問題,または非線形推計の問題として扱うことができる.その場合には,非線形構造の問題としてとらえ,ノンパラメトリックなモデルとして推定する方法も提案されている(Clapp, 2003).

また,このような問題は,地域ごとに異質な選好をもった主体が立地しているものとして,価格構造が同一と考えられる地域単位で市場を分割したうえで関数推定したり(Bourassa and Peng, 2003;Goodman and Thibodeau, 2003),地理的要因を加味した地理的加重回帰モデルを適用したりする試みもなされている.

そこで,5.2節においては本章で推定する推計モデルを整理し,本書で用いるデータの特徴を示す.5.3節においては非線形性を明示化したモデルの推定を行い,5.4節では空間的な異質性を考慮したモデルの推定例を紹介する.

この問題は,伝統的にはヘドニック価格関数の推定における関数型の選択の問題となる(Box and Cox, 1964;Cropper and McConnel, 1988;Halvorson and Pollakowski, 1981;Rasmussen and Zuehlke, 1990;Wooldridge, 1992).

5.2 中古マンション価格と品質の因果性

5.2.1 ヘドニックアプローチによる住宅価格関数

ここでは,東京都区部を対象とした中古マンション市場のヘドニック価格関数の推定例を紹介する.最も単純なモデルを基本モデルとして,次のように設定した.

$$\log RP/FS = a_0 + \sum_h a_{1h} \log X_h + \sum_i a_{2i} \log Z_i + \sum_j a_{3j} \cdot LD_j \\ + \sum_k a_{4k} \cdot RD_k + \sum_l a_{5l} \cdot TD_l + \varepsilon \quad (5.1)$$

5.2 中古マンション価格と品質の因果性

RP ：中古マンション価格（円）
X_h ：主要変数群
    FS ：専有面積（m^2）
    Age ：建築後年数（月）
    TS ：最寄り駅までの時間（分）
    TT ：都心までの時間（分）
Z_i ：その他の変数群
    BS ：バルコニー面積（m^2）
    NU ：総戸数
    BC ：その他の建物属性
    RT ：市場滞留時間（週）
LD_j ：地域（区）ダミー（$j = 0 \cdots J$）
RD_k ：沿線ダミー（$k = 0 \cdots J$）
TD_l ：時間ダミー（$l = 0 \cdots K$）

中古マンション価格を説明するモデルとしては，「専有面積」，「建築後年数」，「最寄り駅までの時間」，「都心までの時間」といった住宅価格形成要因のなかでも共通に重要な影響をもつと考えられる変数のほかに，「バルコニー面積」，「総戸数」などの情報誌などによって入手可能な情報をモデルに取り入れた．これらは，立地または建物に帰属する情報である．

さらに，情報誌に登場してから成約にいたるまでの時間である「市場滞留時間」を投入した．これは付け値が高すぎたり，需要に対して供給が過剰になり市場がだぶついたりすると滞留時間が長くなり，$\partial(RP/FS)/\partial RT > 0$ として推定される．また，市場滞留時間は，市場が薄い（thin market）場合においても長くなる傾向がある．その場合には，必ずしも $\partial(RP/FS)/\partial RT > 0$ とはならず，成約価格のばらつきが大きくなる傾向にある．この指標は立地や建物に帰属しない指標であり，市場の状態を表す指標である．

また，地域特性として「沿線ダミー」を，市場の時間的な変化を「時間ダミー」により考慮する．

このような説明変数の設定は，分析対象とする不動産の個別市場（オフィス，住宅，商業施設など）や地域によって異なり，また，時代によっても変化してくることに留意する必要がある．

5.2.2 住宅価格の非線形性
a. 連続量ダミーモデルによる品質の構造格差の推定モデル

(5.1)式の基本モデルにおいては，主要変数と価格との関係が線形関係であることを想定していた．しかし，「専有面積」，「建築後年数」，「最寄り駅までの時間」，「都心までの時間」といった各変数と単位価格との関係が，線形関係（対数線形を含む）であることは経験的に想定しづらく，特定の点で屈折している可能性がある．

具体的には，「最寄り駅までの時間」ではバス圏に入る距離帯，「建築後年数」では建築基準法の改正や大規模修繕のタイミングなどにより，構造が変化する可能性がある．それは，前述のように異なる市場参加者が混在することから，付け値曲線が異なる問題であるとも考えられる．このような問題は，統計モデルとしては，「構造変化問題」となる．

しかし，各変数がどのような点において構造が変化しているのかといったことは不明であり，外生的に構造変化点を与えて推定することはできない．このような問題に対応する推計法としては，ノンパラメトリックモデルによる推計方法がある．たとえば，Bin (2004)，Clapp (2003)，Gencay and Yong (1996)，Thorsnes and McMillen (1998) などでは，特定の変数をターゲットとしてセミパラメトリック法による推計を行っている．

構造変化を加味するためには，(5.1)式においてパラメトリックな変数として推定した主要4変数をダミー変数化することで，探索的に単位価格との対応関係を推定することができる．ダミー変数を作成するにあたり，各変数単位でバンド幅 (β) をどのように設定したらよいのかといった問題がある．バンド幅 (β) の設定においては，各変数単位で，消費者がどの程度のバンド幅単位で意思決定をしているのかを検討する必要がある．このように，主要4変数に関してダミー変数を作成し推計するモデルを連続量ダミーモデル（以下，DmMと呼ぶ）といい，次のようなモデルとして推定する．

$$\log RP/FS = a_0 + \sum_i a_{1i} \log Z_i + \sum_j a_{2j} \cdot LD_j + \sum_k a_{3k} \cdot RD_k + \sum_l a_{4l} \cdot TD_l + \sum_\rho a_{5\rho} \cdot Dm(FS_\rho)$$
$$+ \sum_\sigma a_{6\sigma} \cdot Dm(Age_\sigma) + \sum_\zeta a_{7\zeta} \cdot Dm(TS_\zeta) + \sum_\tau a_{8\tau} \cdot Dm(TT_\tau) + \varepsilon$$

(5.2)

b. 構造格差を加味したモデル構築 ―スイッチング回帰モデル―

　DmM においては，基本的には主要変数がダミー変数として設定されており，ノンパラメトリックなモデルとして推定される．このモデルでは，各変数に関して設定されたバンド幅（β）単位で，逐次構造が変化することを想定している．しかし，実際の市場ではすべてのバンド幅単位で構造が変化しているとは想定しづらい．また，推計上でも，誤差の構造が逐次変化することを想定するため，推計結果の解釈はむずかしくなる．つまり，DmM はどのような非線形構造をもつ対象にも適用可能であり，おおよその価格変化の様子を観察することにはきわめて優れているものの，連続して変化していくダミー変数の推定統計量の誤差が一様ではないため，ダミーごとに誤差を制御して分析していかなければならない．

　ここではモデルをより単純化して，2つの構造変化点が存在しており，3つの付け値曲線が存在しているものとする．たとえば，立地主体の属性に着目すれば，①単身世帯が居住するワンルームタイプ，②小規模世帯（たとえば夫婦2人）が中心に居住するコンパクトタイプ，そして，③ファミリー世帯が中心に居住する比較的規模の大きなタイプの3つの住戸タイプが予想される．また，そのような主体の相違によっては，単身世帯や小規模世帯では利便性が高い地域を選択する確率が高く，ファミリー世帯では比較的住環境を重視する傾向が強い．そのため，「最寄り駅までの時間」においても，利便性を重視する世帯が立地する地域，駅までは徒歩圏であるものの比較的住環境が整っている地域，徒歩圏から最寄り駅までの移動にバスまたは車の利用が必要になる地域と分割されるものと考えられる．

　このように考えると，大きく分けて3つの異なる選好をもった主体が混在していると考えてもいいであろう．

　このように3つの市場に分割する場合には，非線形性を有すると考えられる変数群に対して2つの構造変化点が存在することになる．ただし，どこで市場構造が変化しているかは未知である（Jushan and Perron, 1998）．そこで，(5.1) 式を修正し「専有面積」，「建築後年数」，「最寄り駅までの時間」，「都心までの時間」のそれぞれの変数について，非線形性を有すると考えられた変数に対して探索的に推計を行う．具体的には，各主要変数 X_h に対して l, m それぞれの点において市場分断されているものとして，次の2つのダミー変数を導入する．

$Dm_{(l_k \leq X_h < m_h)}$: if $l_h \leq X_h \leq m_h$ then 1, oters 0
$Dm_{(m_h \leq X_h)}$: if $m_h \leq X_h$ then 1, oters 0
$l < m$

このようなダミー変数を導入することで，次のようなモデルとして推定する．

$$\log RP/FS = a_0 + \sum_h a_{1h} \log X_h + \sum_i a_{2i} \log Z_i + \sum_j a_{3j} \cdot LD_j + \sum_k a_{4k} \cdot RD_k + \sum_l a_{5l} \cdot TD_l \\ + a_6 Dm_{(l_k \leq X_h \leq m_h)} + a_7 Dm_{(m_h \leq X_h)} + a_8 (\log X_h)(Dm_{(l_k \leq X_h < m_h)}) \\ + a_9 (\log X_h)(Dm_{(m_h \leq X_h)}) + \varepsilon \qquad (5.3)$$

このモデルは，l, m 点で回帰モデルがスイッチされることを想定したスイッチング回帰モデル（swiching regression model, 以下，SWRと呼ぶ）となる（SWRの詳細は，Shimizu and Nishimura, 2007 を参照）．

c. 一般化加法モデル

連続量ダミーモデル（DmM）は探索的に非線形性の形状を推計し，SWRは価格形成構造において3つの付け値の主体が存在するものと仮定し，非線形性が推計できる．しかしDmMでは，バンド幅（β）の設定に恣意性が残るとともに単位価格と品質との関係を非連続的なものとして扱っている．SWRは，付け値が異なるセグメントが自明であるときには付け値構造が異なる点を探索的に抽出し，非線形的なモデルとして近似できるという点では有力な手法であるが，付け値主体の数に対して強い仮定をおく必要がある．現在の日本の住宅市場を想定した場合，3つの主体に分類されるという仮定は合理的な区分であると考えられるが，今後，社会構造が多様化していく過程においては，より一般的なモデルとして推定することが求められる．

ここでは，よりデータに則した品質との対応関係を予測するために，一般化加法モデル（generalized additive models，以下，GAMと呼ぶ）を適用したモデル推定を行う．GAMの詳細は，3.3節を参照されたい．

5.2.3 住宅価格構造の空間的異質性

経済理論的には，複数の付け値をもった家計の存在を1つのモデルとして扱うことは市場価格関数を推定することと同じになる．そのような場合でも，市場価格関数が非線形構造をもつことは十分に考えられる．ヘドニック法における市場分断（market segmentation）の考え方は，均質な選好をもつ家計群ごとに市場

を分割してヘドニック価格関数を推定することにつながる（たとえば，Shimizu, et al., 2004）．このことは，家計によって属性に対する価格付けが異なることを意味している．

しかし，空間的な立地競争の結果として地域が形成されているとすれば，同質の選好を有する家計群がある特定の空間・地域を形成していると想定する方が適切である．そこで，空間的な異質性を考慮したヘドニック価格関数の推定を行う．

一般に，ヘドニック価格関数で扱われる地理的な属性は「都心までの時間」や周辺環境に関するダミー変数で代用されることが多い．しかしながら，空間的に価格構造に格差が存在し，観察できない地理的差異がある場合には，これらの代理変数だけでは不十分である．特にヘドニック価格関数の攪乱項とそのような観察できない地理的差異が相関している場合には，推定値にも悪影響を及ぼす．

住宅価格構造の空間的異質性を把握するためには，住宅市場における価格構造の空間格差を明らかにすると同時に，観察できない地理的異質性による推定値への影響を検討する．後者の問題については，パラメトリックな手法とセミパラメトリックな手法の比較を行う．

具体的な推計法としては，座標値によるパラメトリックな多項式展開モデル（parametric polynomial expansion model, PPEM）が，セミパラメトリックな手法としては，一般化加法モデル（GAM）による推定法がある．さらには，個々のパラメータが空間的に異なることを想定した地理的加重回帰モデル（GWR）による局所的な推定を行う方法が提案されている．地理的加重回帰モデルの詳細は，3.3節を参照されたい．

5.2.4 データ

本章および第6, 8章で用いる住宅関連データは，リクルート社の『週刊住宅情報』に掲載された情報を用いている．データの性質に関する詳細は，清水（2000），清水・唐渡（2007a）を参照されたい．

本章では，東京23区における2005年第1週から最終週までの1年間に抹消された中古マンションデータを用いた．収集されたデータは，9,682件であった．主要変数の記述統計量は，表5.1のとおりである．

まず「中古マンション価格」は，平均で3253万円，最小値で850万円，最大値で18800万円，標準偏差が1858とかなり大きなばらつきがある．ワンルーム

表 5.1 分析データの記述統計量

変数	平均	標準偏差	最小値	最大値
RP：中古マンション価格（万円）	3,253.89	1,858.83	850.00	18,800.00
FS：専有面積（m^2）	61.82	19.83	16.00	133.29
RP/FS	51.71	17.93	24.01	164.08
Age：建築後年数（年）	16.51	9.92	0.42	34.42
TS：最寄り駅までの時間（分）	7.45	4.19	1.00	26.00
TT：都心までの時間（分）	14.83	5.23	0.00	30.00
BS：バルコニー面積（m^2）	8.14	5.96	0.00	80.94
NU：総戸数	88.03	122.48	10.00	1149.00
RT：市場滞留時間（週）	9.33	8.37	1.00	64.00

2005/01 〜 2005/12
$n = 9682$

系の小規模な物件からいわゆる億ションまで含んでいるが，m^2 単位の単位価格ベースでみると平均で 51 万円/m^2 程度となっている．その分布は，右に裾を引いた分布であるものの単峰性の分布である．

「最寄り駅までの時間：TS」は，ここでは時間単位軸のデータの分布のみを観察するが，最低値が 1 分，最大値で 26 分，平均で 7.45 分ときわめて立地条件がよい物件が多いことがわかる．このことから，マンションという性格から利便性を重視して建設されていることが読み取れる．

「都心までの時間：TT」については，平均で 14.83 分，最大で 30 分である．「都心までの時間」は，最寄り駅から主要ターミナル駅 7 駅（東京・品川・渋谷・新宿・池袋・上野・大手町）までの平均昼間移動時間の最小値である．その分布をみてみると，0 分のところにサンプルが存在し，その次の水準が 10 分となり，右に裾を引いた分布となっている．つまり，主要ターミナル駅に存在するサンプルが 0 分として存在しており，その他のサンプルにおいては，最小値が 10 分となるという統計分布となっている．このような特殊な分布をもつことに留意しなければならない．

「専有面積：FS」については，最小値が 16.00 m^2，最大値で 133.29 m^2，平均で 61.82 m^2 と単身世帯用から大規模マンションまで含まれている．

「建築後年数：Age」については，平均で 16.51 年，最大で 34.42 年と比較的古いマンションが中心となっている．その分布に着目してみると，建築後年数 5 年以内の比較的新しい物件帯と建築後年数 20 年以降の古い物件帯に山があり，複

数の峰を有している．いわゆるバブル期にあたる 1980 年代後半から 1990 年代初頭にかけて供給された物件については，市場出現率または成約率が低いことが予想される．

5.3 住宅価格の非線形性の推定

5.3.1 基本モデルの推計

まず m^2 あたりの単位価格を対象として，最もナイーブなモデルとして推定したものが，下記のように推定された基本モデルである．自由度調整済み決定係数で 0.775 と比較的説明力の高いモデルとして推定されている（なお，詳細は表 5.2 参照）．

$\log RP/FS = 3.931 + 0.047 \cdot \log FS - 0.188 \cdot \log Age - 0.054 \cdot \log TS - 0.117 \cdot \log TT$
　　　　　$(155.26)(+8.98)$　　(-96.38)　　　(-21.51)　　　(-5.24)
$\quad + 0.012 \cdot \log BS + 0.020 \cdot \log NU - 0.006 \cdot RT - 0.034 \cdot FF + 0.054 \cdot HF - 0.012 FD$
　　　　(12.13)　　　　(15.33)　　　(-3.33)　　(-6.20)　　(5.37)　　(-3.23)
$\quad + 0.003 SD + \beta_{1h} \sum_h LD_h + \beta_{2i} \sum_i RD_i + \beta_{3j} \sum_j TD_j$
　　　(0.965)

自由度調整済み決定係数：0.775　　（ ）内は t 値
サンプル数：9682

基本モデルとしては，1 年間をプールしたデータであるために，時点ダミー（TD：time dummy）を強制投入することにより時点修正を行い，マンション固有の属性と沿線ダミー（RD：railway/subway dummy）によって中古マンション価格の構造が推定された．マンション固有の属性のなかでは，「専有面積」，「バルコニー面積」，「総戸数」については正で推定され，「建築後年数」，「最寄り駅までの時間」，「都心までの時間」は負で推定されている．

まず「専有面積」については，建築費は規模の増加に伴い逓減していくことが予想されるが，規模といわゆるグレードとの間に正の相関がある場合には，規模の増加により単位価格は増加していくことになる．また，バルコニー面積も同様であり，よりグレードの高いマンションになるほどバルコニー面積も広くなる傾向が想定されるため，規模に対して正で有意に推定されていると考えられる．総戸数については，各物件単位の価値というよりもマンション全体の価値を表す代理指標であり，たとえば総戸数が多くなるにつれて共有部分が充実する傾向にあ

表 5.2 基本モデルの推定結果

推定方法
  OLS
従属変数
  RP：中古マンション価格（m²）：(in log)
独立変数

Property Characteristics (in log)	Coefficient	t 値	沿線ダミー RD_j $(j=0,\cdots,J)$	Coefficient	t 値
定数項	3.931	155.275			
FS：専有面積	0.047	8.984	山の手	0.033	4.236
Age：建築後年数	-0.188	-96.379	銀座	0.158	11.460
WT：最寄り駅までの時間	-0.054	-21.510	丸の内	0.056	5.556
TT：都心までの時間	-0.017	-5.237	日比谷	0.085	9.039
BS：バルコニー面積	0.012	4.471	東西	0.040	4.727
NU：総戸数	0.020	10.190	有楽町	0.067	7.858
RT：市場滞留時間	-0.006	-3.331	南北	0.053	3.609
Property Characteristics (dummy variables)	Coefficient	t 値	三田	-0.029	-2.621
			大江戸	-0.265	-2.420
FF：1階ダミー	-0.034	-6.198	東京モノレール	-0.338	-10.244
HF：最上階ダミー	0.054	5.365	京急	-0.214	-15.225
FD：鉄筋鉄骨ダミー	-0.012	-3.226	京急航空	-0.265	-6.692
SD：南向きダミー	0.003	0.965	横須賀	-0.089	-6.782
地域ダミー LD_i $(i=0,\cdots,I)$	Coefficient	t 値	東急目蒲	0.036	1.712
			東急玉川	-0.091	-5.465
千代田	0.550	33.970	東急大井	-0.025	-1.649
中央	0.257	21.513	東急東横	0.076	5.800
港	0.602	64.850	田園都市	0.032	2.361
新宿	0.384	37.443	東急世田谷	-0.045	-1.621
文京	0.323	30.172	小田急	-0.053	-4.024
墨田	0.031	2.178	京王井の頭	0.040	2.455
江東	-0.021	-2.065	京王競馬場	-0.126	-10.416
品川	0.385	33.042	中央	0.065	5.680
目黒	0.499	36.090	西武園	-0.063	-5.655
大田	0.266	22.863	埼京	-0.073	-2.694
世田谷	0.430	32.067	東武伊勢崎	-0.111	-7.410
渋谷	0.619	57.615	京成押上	-0.122	-5.927
中野	0.296	21.462	ゆうかりが丘	-0.062	-2.885
杉並	0.291	22.555	総武	0.018	1.593
豊島	0.234	18.304	時間ダミー TD_i $(i=0,\cdots,I)$	Coefficient	t 値
北	0.089	5.653			
荒川	-0.080	-4.734	DM2005Q2	0.002	0.351
練馬	0.101	9.549	DM2005Q3	0.014	3.271
足立	-0.127	-9.546	DM2005Q4	0.022	5.037
葛飾	-0.110	-6.491			
江戸川	-0.067	-4.914			

自由度調整済み決定係数 = 0.775
サンプル数 = 9682

るため，その空間価値がマンションの単位価格に影響を与えていると考えられる．

また，近年におけるマンションの技術進歩は早く，経済的にも価値が低下することと大規模修繕などの支出が時間の経過とともに大きくなっていくことから，「建築後年数」が経過するにつれて価格が低下していく．加えて「最寄り駅までの時間」が遠くなるほどに通勤・通学の利便性が低下し，また，商業集積が小さくなることから生活利便性も低くなるために，価格が低下していくものと予想される．さらに，一般的に都心に向かって通勤する確率が高いために，「都心までの時間」が長くなると，単なる通勤費用だけでなく通勤者の機会費用も大きくなることから，価格が低下するものと考えられる．

このような不動産固有の要因だけでなく，行政市区または沿線によって，ここで推定された関数のなかでは考慮できない広義の住環境に格差が存在するために，各ダミー変数によってその格差が推計されたと考えられる．

以下の推計においては，基本モデルを出発点としてモデルを修正していく．具体的には，操作変数として改善を行う以外の変数については，基本モデルで採用されたすべての変数を強制投入する．

5.3.2 ノンパラメトリックモデルによる推定—連続量ダミーモデルによる推定—

（5.2）式に示したモデルに従い，連続的なダミー変数を用いてモデル推定を行う．ここで，各主要変数に対応するダミー変数を作成するにあたり，そのバンド幅（β）をどのように設定するのかが問題となる．たとえば「専有面積」については，消費者が $1\,m^2$ を単位として選好を変化させるとは想定しにくい．そのため，$\beta=5$ として設定した．「建築後年数」，「最寄り駅までの時間」は $\beta=1$ として設定しても問題がないと判断した．「都心までの時間」についても，$\beta=1$ として分析を行った．

$Dm(FS_\rho)$: $\rho = 15, 20, 25, 30, \cdots, 135$

$Dm(Age_\sigma)$: $\sigma = 1, 2, 3, 4, 5, \cdots, 35$

$Dm(TS_\zeta)$: $\zeta = 1, 2, 3, 4, 5, \cdots, 30$

$Dm(TT_\tau)$: $\tau = 1, 2, 3, 4, 5, \cdots, 30$

推定結果は，以下のとおりである．

$\log RP/FS = 3.962 + 0.007 \cdot \log Age + 0.032 \cdot \log NU - 0.007 \cdot RT - 0.044 \cdot FF + 0.055 \cdot HF$
        (171.77) (3.04)   (17.12)   (-4.61)   (-8.75)   (-6.01)

$$-0.015 \cdot FD + 0.007 \cdot SD + \beta_{1h}\sum_{h} LD_h + \beta_{2i}\sum_{i} RD_i + \beta_{3j}\sum_{j} TD_j + \beta_4 \sum_{\rho} Dm(FS_\rho)$$
$$(-4.26) \quad\quad (2.40)$$
$$+ \beta_5 \sum_{\sigma} Dm(Age_\sigma) + \beta_6 \sum_{\zeta} Dm(Ts_\zeta) + \beta_7 \sum_{\tau} Dm(TT_\tau)$$

自由度調整済み決定係数：0.817　（　）内は t 値
サンプル数：9682

　自由度調整済み決定係数は，基本モデルの 0.775 から 0.819 に大きく改善されている．また，基本モデルと比較して，各ダミー変数の符号関係や連続的なダミーを除く他のパラメトリックな変数に対する推定統計量においては，大きな変化はない．

5.3.3　構造格差を加味したモデルへの拡張—スイッチング回帰モデル—
a.　個別指標モデルの推計

　基本モデルとして構造推定された関数は，単位価格と各変数との関係は，単純な線形関係にあることを想定していた．しかし，各変数と単位価格との間の関係が，単純な線形関係にあるとは想定しにくい．そこで，前項で設定したダミー変数（DmM）を用いて，価格形成に大きな影響を与えている「専有面積」，「建築後年数」，「最寄り駅までの時間」，「都心までの時間」の4つの変数について単位価格との関係を推定した．その結果，「専有面積」，「建築後年数」，「最寄り駅までの時間」においては，特定の点で単位価格と各品質との間に屈折している点が存在していたり，「専有面積」においては符号が逆転していたりするケースも存在することが理解された．一方，「都心までの時間」においては，分析対象地域が交通網の発達している都心部ということもあり，また，ばらつきがそれほど大きくないために，時間の増加とともに単位価格は，一見，大きく変動をしているものの線形で下落していくことがわかった．

　このような結果をふまえて，単位価格と品質との関係において価格構造が変化している点が存在しているものと想定し，SWRモデルにより構造推定を行うこととした．ここでは，大きく2つの変化断面が存在するといった仮定のもとでその変化点の探索を行った．本来であれば主要変数 X_h ごとの l, m が設定されるが，同時に最適化を行うことは困難であることから，基本モデルを出発点として各変数単位で最適化を行った．モデルの評価においては AIC（Akaike's information criterion）を用いた．

5.3 住宅価格の非線形性の推定

(a) 専有面積   (b) 建築後年数

(c) 最寄り駅までの時間   (d) 都心までの時間

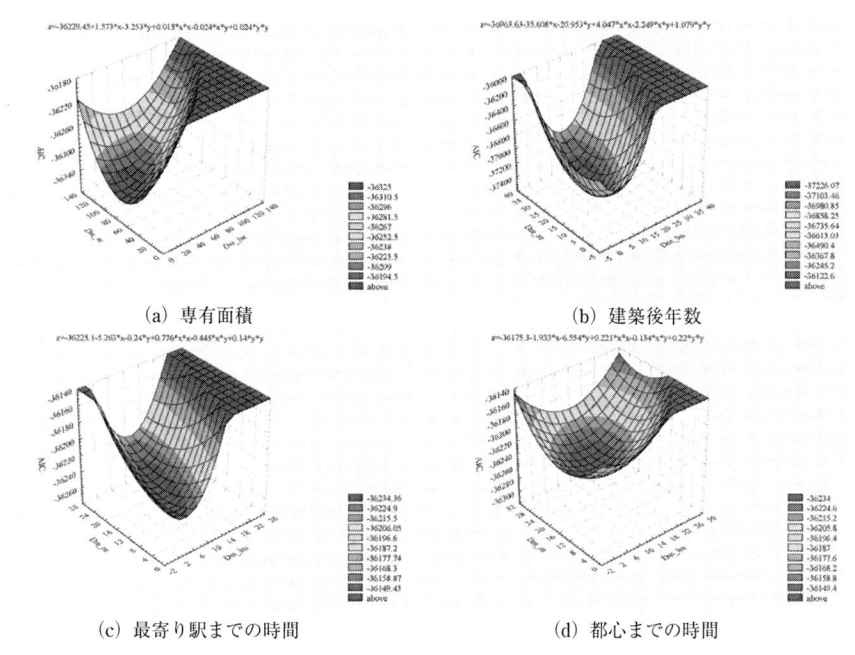

図 5.1 SWR の AIC/3 区分
＊横軸に l, m の組み合わせ，縦軸に AIC を示す．

また，そのようなモデルの推定を行った後に，検出された l, m において構造変化が発生しているのかどうかを確認するために，F 検定によって構造変化テストを行った．

(1)「専有面積」に関する推計結果

「専有面積」に関しては，DmM と整合性をとるために，5 m^2 単位で変化させていくものとした．$Dm_{(l_h \leq X_h < m_h)}$, $Dm_{(m_h \leq X_h)}$ における l, m の組み合わせは，$l \geq 15$, $m < 135$, $l < m$ となり，253 の組み合わせが存在することとなる．そこで，すべての組み合わせとなる 253 本の関数を推定し，AIC を比較した．推定した結果，$l = 40, m = 90$ で AIC が最小となり，自由度調整済み決定係数で 0.779 と説明力も改善されている．l, m の各組み合わせと AIC の変化を図 5.1 に示す．

(2)「建築後年数」に関する推計結果

「建築後年数」のデータの分布から，分析の範囲は 1 年以上 35 年未満の範囲である．つまり，$Dm_{(l_h \leq X_h < m_h)}$, $Dm_{(m_h \leq X_h)}$ における l, m の組み合わせは，$l \geq 2, m <$

35, $l < m$ となり，561 の組み合わせが存在することとなる．そこで，すべての組み合わせとなる 561 本の関数を推定し，AIC を比較した．推定した結果，$l = 12, m = 23$ で AIC が最小となり，基本モデルと比較して自由度調整済み決定係数で 0.801 と説明力も改善されている．l, m の各組み合わせと AIC の変化を図 5.1 に示す．

(3)「最寄り駅までの時間」に関する推計結果

「最寄り駅までの時間」のデータの分布から，分析の範囲は，1 分以上 30 分未満の範囲である．つまり，$Dm_{(l_h \leq X_h < m_h)}$, $Dm_{(m_h \leq X_h)}$ における l, m の組み合わせは，$l \geq 2, m < 30, l < m$ となり，300 の組み合わせが存在することとなる．そこで，すべての組み合わせとなる 300 本の関数を推定し，AIC を比較した．推定した結果，$l = 12, m = 17$ で AIC が最小となり，自由度調整済み決定係数で 0.777 と説明力も改善されている．l, m の各組み合わせと AIC の変化を図 5.1 に示す．

(4)「都心までの時間」に関する推計結果

「都心までの時間」のデータの分布から，分析の範囲は，0 分以上 30 分の範囲である．つまり，$Dm_{(l_h \leq X_h < m_h)}$, $Dm_{(m_h \leq X_h)}$ における l, m の組み合わせは，$l \geq 1, m < 30, l < m$ となり，1 分単位で考えると 406 の組み合わせが存在することとなる．すべての組み合わせとなる 406 本の関数を推定し，AIC を比較した．推定した結果，$l = 11, m = 15$ で AIC が最小となり，自由度調整済み決定係数で 0.777 と説明力も改善されている．l, m の各組み合わせと AIC の変化を図 5.1 に示す．

b． 構造変化テストによる確認

以上の推計において，想定しうる組み合わせのなかでの最適なモデルの選択が行われた．しかし，ここで抽出された断面で構造変化が起こっている保証はない．そこで構造変化テスト（F 検定）を行った．

具体的には，$Dm_{(l_h \leq X_h < m_h)}$, $Dm_{(m_h \leq X_h)}$ における l, m によって分割された 3 つの群に対して，F 検定を行った．第 I 群を $X_{(h \leq l)}$，第 II 群を $X_{(l < h \leq m)}$，第 III 群を $X_{(m < h)}$ として，各変数（FS, Age, TS, TT）に対して，第 I 群 vs. 第 II 群，第 II 群 vs. 第 III 群，第 I 群 vs. 第 III 群の 3 つのテストを実施した（表 5.3）．ここでは，特に第 I 群 vs. 第 II 群，第 II 群 vs. 第 III 群での構造変化の有無が重要となる．ここに構造変化が確認されれば，単位価格と各変数との間において非線形な関係が存在していることとなる．また，第 I 群 vs. 第 II 群，第 II 群 vs. 第 III 群の F 検定で構造変化が検出され，第 I 群 vs. 第 III 群での構造変化が確認されない場合は，$l < h \leq m$

5.3 住宅価格の非線形性の推定

表 5.3 構造変化テストによる検定結果（Prob＞0）

	I.$X_{(h \leq l)}$ vs. II.$X_{(l < h \leq m)}$	I.$X_{(h \leq l)}$ vs. III.$X_{(m < h)}$	II.$X_{(l < h \leq m)}$ vs. III.$X_{(m < h)}$
FS：専有面積（m²）	0.00003	0.00000	0.00000
Age：建築後年数（年）	0.00179	0.08101	0.05582
WT：最寄り駅までの時間（分）	0.00000	0.00001	0.01115
TT：都心までの時間（分）	0.22236	0.00000	0.00000

表 5.4 構造格差に関する推定パラメータ

Dummy Effect

$Dummy$：X_h	$Dm_{(lh \leq Xh < mh)}$		$Dm_{(mh \leq Xh)}$	
	Coefficient	t 値	Coefficient	t 値
Dm：FS（$l=40, m=90$）	−0.387	−5.149	−1.374	−6.058
Dm：Age（$l=12, m=23$）	0.579	11.733	0.109	1.521
Dm：TS（$l=12, m=17$）	0.216	2.130	0.773	2.682
Dm：TT（$l=12, m=17$）	—	—	0.458	10.901

Cross Term Effect

CrossTerm：X_h	$Dm_{(lh \leq Xh < mh)}$		$Dm_{(mh \leq Xh)}$	
	Coefficient	t 値	Coefficient	t 値
Dm：FS（$l=40, m=90$）	0.110	5.188	0.339	6.711
Dm：Age（$l=12, m=23$）	−0.241	−14.059	−0.106	−4.831
Dm：TS（$l=12, m=17$）	−0.099	−2.522	−0.296	−2.993
Dm：TT（$l=12, m=17$）	—	—	−0.163	−11.236

の間のみ構造が異なっていたことを意味する．

構造変化テストの結果をみてみると，「専有面積（FS）」，「建築後年数（Age）」，「最寄り駅までの時間（TS）」においては，先に検出されたl, mそれぞれの2つの断面において，10%の有意水準で構造変化が発生していることがわかった．「都心までの時間（TT）」においては，第Ⅰ群 vs. 第Ⅱ群では構造変化が認められなかったものの，第Ⅱ群 vs. 第Ⅲ群では構造変化が存在していることがわかった．また，第Ⅰ群 vs. 第Ⅲ群との間にも構造変化が認められることから，$m(=15分)$以上のところのみで構造が変化していることがわかった．

c. 構造変化を加味したモデル推計

個別指標モデルにおいては，「専有面積」，「建築後年数」，「最寄り駅までの時間」，「都心までの時間」のそれぞれの個別変数に対して，2つの構造変化断面を探索的に推計した．評価指標として AIC で測定したときの最適な構造変化断面を抽出し，F 検定による構造変化テストを行ったところ，「専有面積」，「建築後年数」，「最寄り駅までの距離」では2つの構造変化点が検出されたが，「都心ま

での時間」においては，構造変化点は1つであることがわかった．

ここで構造変化点を探索した「専有面積」，「建築後年数」，「最寄り駅までの時間」，「都心までの時間」のそれぞれの変数が独立であれば，独立に決定された l, m を同時に投入してヘドニック価格関数を推定しても，最適化は維持される．そこで，個別モデルによって抽出された構造変化断面を加味して，(5.3)式に基づきモデル推計を行った．推計結果を以下に示す．また，定数項ダミーとして推定された推定統計量とクロス項として推定された推定統計量を表5.4に示す．

$$\log RP/FS = 4.242 - 0.094 \cdot \log FS - 0.086 \cdot \log Age - 0.046 \cdot \log TS - 0.009 \cdot \log TT$$
$$(63.25)(-4.89) \quad (-24.87) \quad (-16.93) \quad (-2.78)$$
$$+ 0.086 \cdot \log BS + 0.031 \cdot \log NU - 0.007 \cdot RT - 0.042 \cdot FF + 0.052 \cdot HF - 0.015 FD$$
$$(3.64) \quad (16.89) \quad (-4.44) \quad (-8.28) \quad (5.58) \quad (-4.50)$$
$$+ 0.007 SD + \beta_{1h} \sum_h LD_h + \beta_{2i} \sum_i RD_i + \beta_{3j} \sum_j TD_j + \beta_5 Dm_{(l_h \le X_h < m_h)} + \beta_6 Dm_{(m_h \le X_h)}$$
$$(2.28)$$
$$+ \beta_7 (\log X_h)(Dm_{(l_h \le X_h < m_h)}) + \beta_8 (\log X_h)(Dm_{(m_h \le X_h)})$$

自由度調整済み決定係数：0.812　　（　）内は t 値
サンプル数：9682

推定されたモデルをみると，自由度調整済み決定係数で0.812と基本モデルの0.775から大きく改善されている．また，DmMとも同じ程度の説明力となっている．構造格差に関する推定パラメータは総じて有意に推定された．

5.3.4　一般化加法モデル（GAM）での推計

つづいて，GAM推定を行う．ここでは，パラメトリックな項と平滑化を行うノンパラメトリックな項をどちらも含むセミパラメトリック回帰モデルとして次のモデルを設定する．

$$\log(RP/FS) = \alpha + s_{FS}(FS) + s_{AGE}(AGE) + s_{TS}(TS) + s_{TT}(TT) + \beta'X + u \quad (5.4)$$

$s_{FS}(FS)$，$s_{AGE}(AGE)$，$s_{TS}(TS)$，$s_{TT}(TT)$ はノンパラメトリックにモデル化されており，平滑化の対象となる．$\beta'X$ の項はパラメトリックな項である．

比較のために通常の線形回帰モデルを

$$\log(RP/FS) = \alpha + \gamma_{FS}FS + \gamma_{AGE}AGE + \gamma_{TS}TS + \gamma_{TT}TT + \beta'X + u \quad (5.5)$$

とおく．これは，先に推定した「基本モデル」となる．なお，GAM推定にはR言語（ver. 2.31）とパッケージライブラリ gam と mgcv を利用した．

推計結果は，以下のとおりである．

5.3 住宅価格の非線形性の推定

表 5.5 推定された Somoothing Parameter

	Estimated d.f	F-statistics	p-value
s(FS)	7.573	33.41	0
s(Age)	8.518	1366.12	0
s_{TS}(TS)	7.779	96.77	0
s_{TT}(TT)	8.983	26.72	0

GCV score 0.019

Deviance explained：81.60%

サンプル数 = 9682

GCVscore は一般化交差確認法による誤差の指標，Deviance explained は理論値の実績値に対する当てはまり具合の指標である．

$$\log RP/FS = 3.475 + 0.008 \cdot \log BS + 0.032 \cdot \log NU - 0.007 \cdot RT - 0.043 \cdot FF$$
$$(299.29)(3.20) \quad (17.48) \quad (-4.54) \quad (-8.41)$$
$$+ 0.054 \cdot HF - 0.016 \cdot FD + 0.008 \cdot SD + \hat{\beta}_{1k}\sum_h LD_k + \hat{\beta}_{2i}\sum_i RD_i + \hat{\beta}_{3j}\sum_j TD_j$$
$$(5.89) \quad (-4.73) \quad (2.53)$$
$$+ s_{FS}(FS) + s_{AGE}(AGE) + s_{TS}(TS) + s_{TT}(TT)$$

自由度調整済み決定係数：0.810　　（　）内は t 値

サンプル数：9682

　自由度調整済み決定係数で 0.810 と DmM や SWR と同程度の説明力である．基本モデルと比較すると，DmM，SWR，GAM ともに同じ程度に説明力が改善されることがわかる．

　また，GAM による平滑関数の推定パフォーマンスは表 5.5 で示した．基本モデルと比較すると平滑化したパラメータ以外の係数に大きな違いはみられない．ノンパラメトリック推定のため，GCV 基準で求めた平滑項の自由度は整数ではない．F 値は平滑化を行わなかった場合に比べて効果に差があるかないかを検定する統計量であり，この場合，平滑化によってモデルに有意な差が生まれていることがわかる．また，基本モデルとの比較を表 5.8 に示す．

5.3.5 「専有面積」，「建築後年数」，「最寄り駅までの時間」，「都心までの時間」と中古マンション価格との関係

　以上の一連の推計結果から，各変数に関しての推計された形状を比較することで，次のことが理解された．

a. 「専有面積」と単位価格との関係

専有面積と単位価格との間には,強い非線形関係が存在している(図5.2, 5.3). 20 m² 前後の狭い物件では面積 (m²) あたりの単位価格に対する限界効果が高いが,徐々に低下していく.しかしながら,面積が 80 m² を超えるようになると急激に限界効果が高くなることがわかった.このような傾向は,基本モデルを除く DmM, SWR, GAM ともに同じ傾向を示しており,この構造は安定しているといってもよいであろう.基本モデルでは単調な増加関数として推定されてしまい,非線形性を考慮しないと価格付けを誤ってしまうことがわかる.なお,GAM による平滑項の理論値は合計が 0 になるように基準化されている.

このような傾向をもつ理由としては,市場の性質と厚みの影響によるものと考えられる.まず,20 m² 前後の単身用のマンションは投資対象として購入される

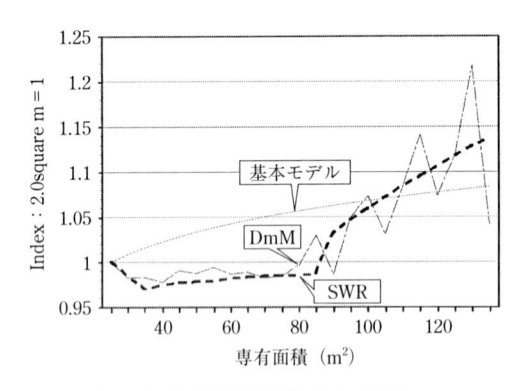

図 5.2 専有面積と単位価格との関係 1

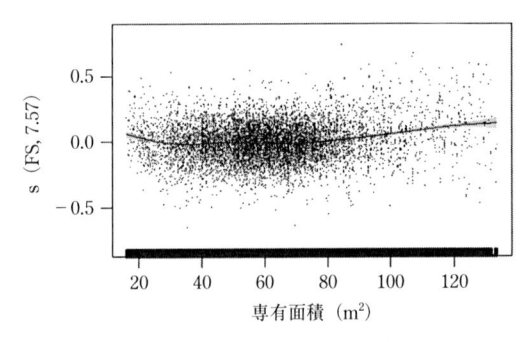

図 5.3 専有面積と単位価格との関係 2:GAM

ことが多く,規模が大きくなるにつれて購入者と生活者が一致する確率が高くなる.投資目的の場合には,自己利用として購入されるよりも相対的に高い価格がつく傾向がある.さらに,建設費においても,相対的に建設費が高いキッチン・トイレなどの設備の費用が単位あたりの価格を高くする傾向にあり,面積が小さいほど単位あたりの建設コストが高くなる傾向にある.これらの理由のために,面積が小さいマンションにおいて単位価格が高くなる傾向にあるものと考えられる.

このような状況に加えて,市場の厚みも大きな影響をもつことが考えられる.日本のマンション供給における住戸の規模は年々大きくなってきたが,80 m^2 前後で頭打ちとなっている.分析データの面積の平均は 61.82 m^2 であり,おおよそ 55 ～ 80 m^2 のファミリー向けマンションでの流通量が多く,面積が大きくなるにつれて市場が薄くなっていく (thin market).そのため,面積の増加に伴い 90 m^2 以上の専有面積をもつ住戸にプレミアが出てくるものと予想される.

b. 「建築後年数」と単位価格との関係

つづいて,「建築後年数」との関係に着目すると,単純な線形構造として推定した基本モデルの推定値による価格低減と DmM, SWR, GAM の 3 つのモデルとの間で,平均値(16.51 年)から離れるにつれて大きな乖離が出てくることがわかった(図 5.4, 5.5).DmM, SWR, GAM をみてみると,特に建築後 12 年あたりの点で価格勾配が強くなり,23 年以降でその傾きが小さくなることがわかる.

その理由としては,まず建築後 10 年を過ぎると大規模修繕工事が余儀なくされる.さらに,その 10 年後にあたる建築後 20 年頃にも同様に大規模修繕工事が必要とされる.特に,建築後 10 年目から 20 年目にかけての減価が大きく,その後においては建物価格の価値が少なくなり,土地価格分の比重が大きくなることから減価率が小さくなっていくものと予想される.

c. 「最寄り駅までの時間」と単位価格との関係

「最寄り駅までの時間」との関係においては,12 分を超えたところで価格勾配がわずかではあるが大きくなり,さらに 17 分を超えたところで急激に下落することがわかる.

このような傾向は,DmM, SWR, GAM ともに同様の傾向を示している(図 5.6, 5.7).そのため,線形モデルとして推計した場合には,最寄り駅から離れるにつれて価格差が大きくなっていくことがわかる.まず,マンションに立地する

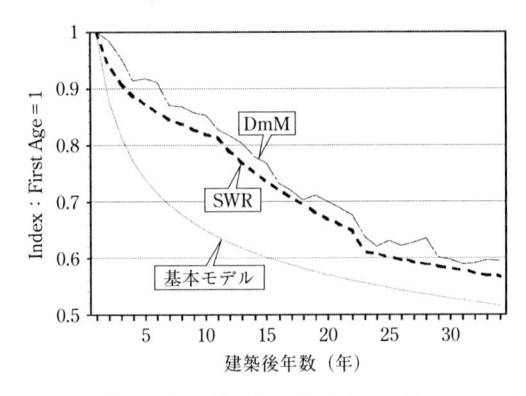

図 5.4 建築後年数と単位価格との関係 1

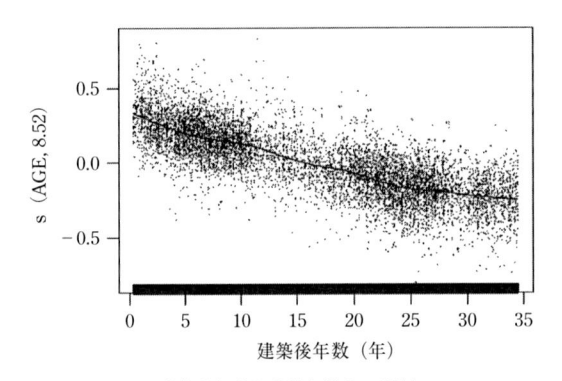

図 5.5 建築後年数と単位価格との関係 2：GAM

主体においては，交通利便性に対して高い選好を顕示しており，10分を超えたところで価格が下落する．ここでは徒歩時間のみを分析対象としていることから，徒歩圏としては，10分を超えた付近に限界点があることがわかる．さらに，17分を超えた付近で価格下落がさらに強くなっている．これは徒歩圏としての限界点であり，自転車，バスまたは車などの代替的な交通手段によって最寄り駅までアクセスすることになるものと考えられる．

d.　「都心までの時間」と単位価格との関係

「都心までの時間」との関係においては，構造変化点が1つしかなく15分を超えたところで急激に下落することがわかる．この傾向は，DmM（$\beta=1$ or $\beta=5$）およびSWRで同様な傾向が検出されている（図5.8, 5.9）．つまり，都市中心と

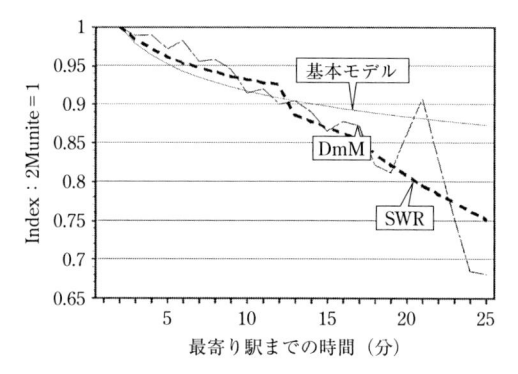

図 5.6 最寄り駅までの時間と単位価格との関係

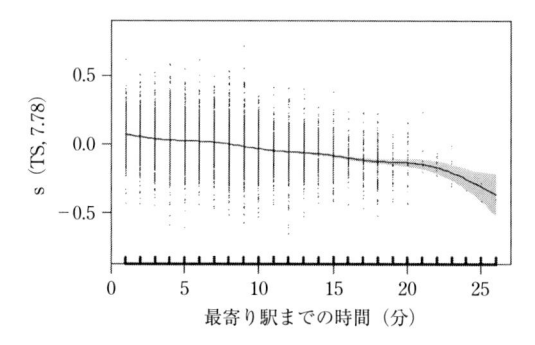

図 5.7 最寄り駅までの時間と単位価格との関係 2：GAM

して設定した 7 つの駅から 10 分程度の範囲内においては，価格水準はほとんど変わらないものの，15 分程度を境として価格が下落していく様子がわかる．線形モデルを除いて DmM，SWR，GAM ともに 10 分程度のところまで微増しているように推定されている．これは増加というよりも水準がほとんど変わらないため，推定誤差が大きく作用しているものであり，水準が変わらないと判断した方がよいであろう．そして，10 分または 15 分を超えたところから下落していくという構造にある．

そのため，線形モデルとして推定してしまった場合は，緩やかに下落していくように推定されるため，都心から離れるほどに大きな誤差が生じることがわかる．また，GAM においては 10 分程度のサンプルに大きく引きずられてしまい，当初上昇し，その後，大きく下落したうえで，10 分を経過した頃から 15 分にか

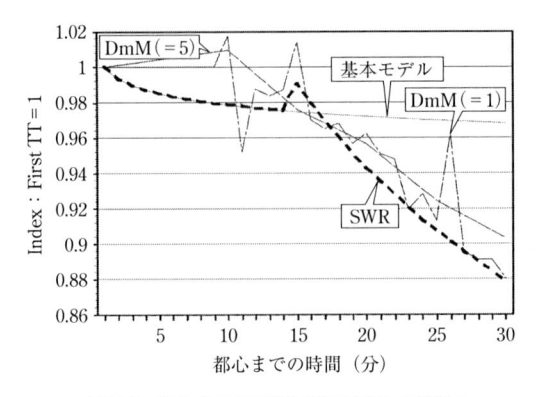

図 5.8 都心までの時間と単位価格との関係 1

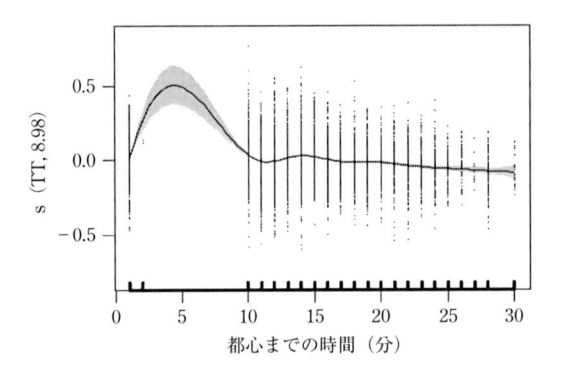

図 5.9 都心までの時間と単位価格との関係 2：GAM

けて上昇し，その後下落するという形状で推定されている．GAM はデータの分布が非連続の場合に，推定誤差が発生する確率を示唆するものと考える．

5.4 中古マンション価格構造の空間的異質性の推定

5.4.1 区別中古マンション価格データの分布

本項では，空間的異質性を明示化したヘドニック価格関数の推定を行う．データを 2005 年第 1 四半期に取引されたデータ（サンプルサイズ 2625）に限定して，分析を行う．

表 5.7 は中古マンションの価格（RP）[万円]，専有面積（FS）[m^2]，専有面積

5.4 中古マンション価格構造の空間的異質性の推定

表5.6 基本モデルとGAMの推定パラメータの比較

推定方法			推定方法	
OLS			GAM	

従属変数
　RP：中古マンション価格（in log）
独立変数

Property Characteristics（in log）	Coefficient	t 値	Coefficient	t 値
定数項	3.931	155.275	3.475	299.292
FS：専有面積	0.047	8.984	—	—
Age：建築後年数	−0.188	−96.379	—	—
WT：最寄り駅までの時間	−0.054	−21.510	—	—
TT：都心までの時間	−0.017	−5.237	—	—
BS：バルコニー面積	0.012	4.471	0.008	3.198
NU：総戸数	0.020	10.190	0.032	17.477
RT：市場滞留時間	−0.006	−3.331	−0.007	−4.536
Property Characteristics（dummy variables）	Coefficient	t 値	Coefficient	t 値
FF：1階ダミー	−0.034	−6.198	−0.043	−8.412
HF：最上階ダミー	0.054	5.365	0.054	5.892
FD：鉄筋鉄骨ダミー	−0.012	−3.226	−0.016	−4.733
SD：南向きダミー	0.003	0.965	0.008	2.525
地域ダミー RD_i $(i=0,\cdots,I)$	Yes		Yes	
沿線ダミー LD_j $(j=0,\cdots,J)$	Yes		Yes	
時間ダミー TD_i $(i=0,\cdots,I)$	Coefficient	t 値	Coefficient	t 値
DM2005Q2	0.002	0.351	−0.001	−0.358
DM2005Q3	0.014	3.271	0.014	3.584
DM2005Q4	0.022	5.037	0.022	5.394
自由度調整済み決定係数 =	0.775		0.810	
サンプル数 =	9682		9682	

あたり価格（RP/FS）[万円]，建築後年数（AGE）[年]，最寄り駅までの時間（TS）[分]，都心までの時間（TT）[分] を23区別に集計した平均を示している．中古マンション価格（RP）は，全体平均は3129万円であるが，最も価格が高い千代田区の5152万円に対して，最も価格が低いのは葛飾区であり1953万円で2.6倍以上の格差がある．また，専有面積あたり価格（RP/FS）も最大と最小で2倍以上の差がある．専有面積（FS）の平均は，最大の区で72.9 m^2 に対して最小の区では52.7 m^2 であり，それほど大きな格差はない．しかし，建築後年数（AGE）においては，古くからマンションが供給されていたことが予想される地域（たとえば渋谷区で21.2年）と比較的近年においてマンション供給が行われたことが

表 5.7 各区の平均 (2005 年第 1 四半期)

	RP	FS	RP/FS	AGE	TS	TT	サンプル数
千代田区	5152.8	72.9	69	19.8	2.9	12	29
中央区	3224.7	56.3	56.1	15.8	5.3	12.4	81
港区	4377.2	59.8	69.5	18.6	7.1	11.9	222
新宿区	3223.8	55.8	56.5	18.1	7.5	12	198
文京区	2993.5	56.6	51	19.6	5.9	13.6	113
台東区	2385	55.8	42.3	13.9	6.5	14.6	50
墨田区	2243.6	57.9	38.1	14.7	6.4	14.5	73
江東区	2692.9	69.1	38.4	15.4	8.4	16.4	217
品川区	3438.5	62.9	53.7	16.1	6.7	15	134
目黒区	4010.5	62.3	63.5	15.5	9	15.7	97
大田区	3172.1	65.1	47.5	15.4	6.8	18.2	179
世田谷区	3385.7	62.3	53.7	16.9	8.9	16.2	295
渋谷区	3591.8	55.5	63.9	21.2	7.4	10.3	177
中野区	2821	55.7	51	17	5.8	16.9	68
杉並区	2914.7	56.9	50.6	18.1	7.4	14	168
豊島区	2529.3	52.7	47.5	17.2	6.7	10.1	58
北区	2453	58.1	42.4	13.7	6.7	12	30
荒川区	2583.6	67.2	38.3	10.6	10.6	14.8	28
板橋区	2277	62	36.7	16.2	7	19.6	99
練馬区	2604.6	61.9	41.4	14.8	8.7	16.8	138
足立区	2107.9	63.3	33	11.1	10.2	19.2	69
葛飾区	1953.5	60.3	32	12.9	8.7	18.1	48
江戸川区	2551.9	68.9	36.6	13.6	9	17.9	54
23 区	3129.3	60.7	50.8	16.6	7.5	14.8	2625
最大	5152.8	72.9	69.5	21.2	10.6	19.6	
最小	1953.5	52.7	32	10.6	2.9	10.1	

予想される地域（荒川区で 10.6 年）との間に 10 年の格差がある．また，最寄り駅までの時間（TS）は千代田区ではきわめて小さく，利用可能な鉄道・地下鉄が多数ある利便性の高いエリアであることがわかる．反対に足立区や荒川区では 10 分以上の地点が平均となっている．都心までの時間（TT）についても最大で 19.6 分，最小で 10.1 分と格差がある．

5.4.2 東京都 23 区別の中古マンション価格構造差

前節と同じく (5.1) 式に基づく基本モデルの推定結果は次のとおりである．

$$\log RP/FS = 4.571 + 0.010 \cdot \log FS - 0.018 \cdot Age - 0.010 \cdot TS - 0.005 \cdot TT + 0.001 \cdot BS$$
$$(88.86)\ (1.00) \qquad\qquad (-53.41) \quad (-13.90) \quad (-7.30) \qquad (2.43)$$

5.4 中古マンション価格構造の空間的異質性の推定

$$+0.000 \cdot NU - 0.000 \cdot RT - 0.042 \cdot FF + 0.033 \cdot HF - 0.003 FD + 0.010 SD$$
$$(7.44) \quad (-0.51) \quad (-3.81) \quad (1.75) \quad (-0.38) \quad (1.55)$$
$$+ \beta_{1h} \sum_h LD_h + \beta_{2i} \sum_i RD_i + \beta_{3j} \sum_j TD_j$$

自由度調整済み決定係数：0.761　　（　）内は t 値
サンプル数：2625

　表5.8は基本モデルにおける区ダミーをはずし，区別に推定した結果である．定数項，FS（専有面積），AGE（建築後年数），TS（最寄り駅までの時間），TT（都心までの時間）の係数推定値をまとめている．まず FS は，基本モデルでは正で推定されたが，区別に回帰係数をみてみると11の区において負で推定されており，ばらつきも大きいことがわかる．AGE についてはすべての区で負として推定されており，安定的な結果が得られている．基本モデルでは -0.0179 で推

表5.8　区別ヘドニック価格関数の推定結果（被説明変数 $= \log RP/FS$）

	定数項	FS	AGE	TS	TT	サンプル数	adj. R^2
千代田区	2.7299	0.171	−0.0183	0.0073	0.081	29	0.598
中央区	4.3362	0.0115	−0.0206	−0.0001	−0.0148	81	0.651
港区	4.0294	0.1092	−0.017	−0.0062	0.0078	222	0.585
新宿区	4.188	0.0559	−0.0186	−0.0087	−0.0044	198	0.682
文京区	4.1479	0.0155	−0.0184	0.0064	−0.0028	113	0.656
台東区	4.3726	−0.0658	−0.0141	−0.0152	−0.0123	50	0.593
墨田区	4.4031	−0.061	−0.0185	−0.0092	−0.0198	73	0.464
江東区	4.1207	0.0206	−0.0174	−0.0168	−0.0122	217	0.716
品川区	4.5988	0.0164	−0.0189	−0.0159	−0.0204	134	0.643
目黒区	4.1729	0.0486	−0.0165	−0.005	−0.0014	97	0.678
大田区	3.9026	0.0471	−0.0171	−0.0119	0.0044	179	0.525
世田谷区	4.3698	−0.0218	−0.0162	−0.014	0.0038	295	0.595
渋谷区	4.7032	−0.0286	−0.0215	0.0008	−0.0061	177	0.588
中野区	4.6088	−0.1507	−0.0176	−0.0138	0.0131	68	0.633
杉並区	4.6025	−0.0602	−0.0192	−0.0056	−0.0075	168	0.751
豊島区	4.2211	−0.0193	−0.0169	−0.0026	−0.0046	58	0.344
北区	3.8939	0.0046	−0.0134	−0.0142	0.0076	30	0.669
荒川区	4.587	−0.183	−0.0256	−0.0077	−0.0058	28	0.637
板橋区	4.7802	−0.2079	−0.019	−0.0026	−0.0066	99	0.634
練馬区	4.2882	−0.0602	−0.0176	−0.0091	−0.0006	138	0.613
足立区	3.0026	0.282	−0.0224	−0.0187	−0.0111	69	0.672
葛飾区	3.4641	0.0805	−0.0134	−0.0181	−0.0055	48	0.511
江戸川区	4.422	−0.0964	−0.0218	−0.0113	−0.0067	54	0.624
基本モデル	4.571	0.0101	−0.0179	−0.0105	−0.0049	2625	0.761

灰色の部分は基本モデルと符号が違うことを示している．

定され，区別の結果でも大きな差はないものの，ある程度の格差が存在する．TS も総じて負で安定的な結果として推定されているが，TT については基本モデルでは -0.0049 と経済理論と整合的な結果が得られているが，区別にみると 6 つの区で符号が逆転していることがわかる．

総じて，基本モデルで推定された結果と区別に推計された結果の平均値と近似した結果として推計されている．つまり，東京 23 区全体を対象としたヘドニック価格関数は，空間的に異なる構造をもつ関数の束として推定されていることがわかる．

5.5 地理的属性を加味したヘドニック価格関数の推定

5.5.1 最小二乗残差の検定

市場分断を行ってヘドニック価格関数を推定した場合には，各行政区単位で大きく構造格差が存在していることが示された．しかし，市場分断（market segmentation）を行う場合には，われわれは，市場分断の基準をアプリオリにもっているわけではない．つまり，①どのような基準に基づき，②いくつの市場に分割したらよいのかといった問題が残る．さらに，市場分断を行った場合には分割された市場間は完全に独立であると扱われることとなるが，たとえば隣接する行政区の間で構造が突然に変化しているということは想定しにくい．

そのような問題を解決する方法としては，連続的に変化する地理的属性を考慮してヘドニック価格関数を推定する試みが行われている．

まず，住宅の属性価格が局所的に変化しているかどうかを調べるために，最小二乗残差の 2 乗値を $\hat{\varepsilon}_i^2$ と定義し，これを座標（緯度・経度）(u, v) の 2 次式および 3 次式に回帰させる．

また，前節で分析した主要変数を明示化し，基本モデルを次のように書く．

$$\log(RP/FS) = \alpha + \beta_{FS}FS + \beta_{AGE}AGE + \beta_{TS}TS + \beta_{TT}TT + \beta'X + \varepsilon \quad (5.6)$$

この回帰式の最小二乗残差を経度と緯度による座標 (u, v) の 2 次式および 3 次式に回帰させた式を以下のように書く．

$$\hat{\varepsilon}_i^2 = \gamma_0 + \gamma_1 u_i^2 + \gamma_2 u_i v_i + \gamma_3 v_i^2 + \eta_i \quad (5.7)$$

$$\hat{\varepsilon}_i^2 = \gamma_0 + \gamma_1 u_i^3 + \gamma_2 u_i^2 v_i + \gamma_3 u_i^2 + \gamma_4 u_i + \gamma_5 u_i v_i \\ + \gamma_6 v_i + \gamma_7 v_i^2 + \gamma_8 u_i v_i^2 + \gamma_9 v_i^3 + \eta_i \quad (5.8)$$

5.5 地理的属性を加味したヘドニック価格関数の推定

表 5.9 OLS 残差 2 乗値の座標値への回帰

	数式(5.7)		数式(5.8)	
	推定値	標準誤差	推定値	標準誤差
定数項	-13100	2748	-4367	915.8
u^3	—	—	-0.003	0.001
u^2v	—	—	-0.002	0.002
u^2	-0.605	0.136	0.581	0.135
u	176.6	37.34	NA	NA
uv	-0.21	0.262	0.404	0.313
v	42.91	37.17	NA	NA
v^2	-0.191	0.219	-0.191	0.219
uv^2	—	—	NA	NA
v^3	—	—	NA	NA
回帰の標準誤差	0.037		0.037	
R^2	0.017		0.017	
adj. R^2	0.015		0.015	
サンプル数	2625		2625	
		p-value		p-value
LM	45.517	[0.000]	45.521	[0.000]

LM は χ^2 分布に従う.

空間的ばらつきの有無を調べるために,次の帰無仮説を検定する.

$$H_0 : \gamma_1 = \cdots = \gamma_p = 0 \tag{5.9}$$

すなわち,この帰無仮説が棄却できないのであれば残差のばらつきは座標値と無関係ではなく,棄却できるのであれば残差の 2 乗値は均一の γ_0 に等しいと主張できる.表 5.9 は(5.7),(5.8)式の推定結果と(5.9)式の仮説に対する検定統計量(LM,ラグランジュ乗数検定)を示している.NA は完全な共線関係が見出されたため,説明変数から落とされたことを示している.どちらのモデルでも検定統計量の p-value は十分に小さいので,帰無仮説(6.4)は棄却されることがわかる.このことは,分散が空間的に均一ではなく,観察できない地理的要因が誤差項のばらつきに影響を与えている可能性を示唆している.

5.5.2 パラメトリックな座標値多項式展開モデル

Jackson (1979) は座標値で構成される多項式(2 次近似や 3 次近似)によって空間的異質性の効果を吸収するモデルを提案している.表 5.10 は(5.6)式の回帰モデルに (5.7),(5.8)式で利用した座標値の 2 次式(Sq.),3 次式(Cb.)を追

表5.10 座標値による多項式展開モデル（PPEM）

	PPEM (Sq.) 数式(5.10)		PPEM (Cb.) 数式(5.11)	
	推定値	標準誤差	推定値	標準誤差
定数項	4367	5614	-73520	8354
FS	0.009	0.010	0.011	0.010
AGE	-0.018	0.000	-0.018	0.000
TS	-0.010	0.001	-0.009	0.001
TT	-0.004	0.001	-0.004	0.001
その他の属性	Yes		Yes	
区ダミー	Yes		Yes	
u^3	—	—	-0.052	0.006
$u^2 v$	—	—	-0.008	0.016
u^2	-1.674	0.264	9.536	1.223
u	NA	NA	NA	NA
uv	13.110	2.065	12.690	2.817
v	-243.300	314.500	NA	NA
v^2	-22.280	2.059	-22.540	2.026
uv^2	—	—	NA	NA
v^3	—	—	NA	NA
回帰の標準誤差	0.148		0.144	
R^2	0.778		0.788	
$adj. R^2$	0.775		0.785	
サンプル数	2625		2625	
AIC	-2554.572		-2637.187	
		p-value		p-value
F-statistics	878.251	[0.000]	665.869	[0.000]

加したパラメトリックな多項式展開モデル（PPEM）の一種である．推定モデルは次の式で与えられる．

PPEM（Sq.）：
$$\log(RP/FS) = \alpha + \beta_{FS}FS + \beta_{AGE}AGE + \beta_{TS}TS + \beta_{TT}TT \\ + \beta'X + \gamma_1 u^2 + \gamma_2 uv + \gamma_3 v^2 + \varepsilon \tag{5.10}$$

PPEM（Cb.）：
$$\log(RP/FS) = \alpha + \beta_{FS}FS + \beta_{AGE}AGE + \beta_{TS}TS + \beta_{TT}TT + \beta'X \\ + \gamma_1 u^3 + \gamma_2 u^2 v + \gamma_3 u^2 + \gamma_4 u + \gamma_5 uv + \gamma_6 v + \gamma_7 v^2 \\ + \gamma_8 uv^2 \gamma_9 v^3 + \varepsilon \tag{5.11}$$

(5.10)式および(5.11)式を最小二乗法で推定すると，座標値の係数がすべて0であるという帰無仮説（対立仮説は制約のないモデル）はF検定により棄却される．重要な点は，最寄り駅までの時間（TS）や都心までの時間（TT）を導入

して空間的な特徴をコントロールしているにもかかわらず，より細かな地理的異質性が観察できるという点である．

5.5.3 GAMによる座標値の平滑化

多項式展開モデルの結果は(5.6)式で示されるような都心までの時間だけでコントロールしたヘドニック回帰式の誤差項と観察できない地理的な属性との相関があることを示唆しているものと考えられる．すなわち，常に（分析者が）観察できない変数を取り込むことができないという可能性が残る点で，あらかじめモデル化されたパラメトリックな回帰式は，観測誤差による推定の誤りを内包している可能性があるし，過少定式化によるバイアスを生じさせる．

すべての地理的な属性を取り込むことができない場合，Robinson (1988)，Yachew (1998)，Clapp (2003) はパラメトリックな線形回帰と平滑化を併用したセミパラメトリック推定を提案している．多項式拡張モデルは，2次式や3次式による近似型をあらかじめ推定モデルに包含しているが，以下で示す方法は，先見的な関数型を定めずに住宅価格の推定を行う．

線形回帰モデルと座標値による平滑化を併用したセミパラメトリックモデルを次のように記述する．

$$\log(RP/FS) = \alpha + \beta_{FS}FS + \beta_{AGE}AGE + \beta_{TS}TS + \beta_{TT}TT \\ + \beta'X + f_1(u) + f_2(u,v) + f_3(v) + \upsilon \quad (5.12)$$

ここで，$f_1(u), f_2(u,v), f_3(v)$ は座標値による平滑関数 (smoothing function) である．また，υ は期待値が0，分散が一定の攪乱項であるとする．

Clapp (2003) では所与の座標値のもとで，OLS残差に対する局所多項式回帰推定 (local polynomial regression estimation) を行っている．いま，観測値 i の座標ベクトルを $W_i = (u_i, v_i)$，任意の点 $i=0$ の座標ベクトルを $w_0 = (u_0, v_0)$ とおく．Clappの局所多項式回帰モデルは，OLS残差を以下のように座標ベクトルに回帰させる．

$$\hat{\varepsilon}_i = \sum_{p=0} \delta_p (W_i - w_0)^p + \zeta_i$$

Clapp (2003) では $p=0, 1, 2$ のケースを比較している．座標値に依存しない $p=0$ はナダラヤ-ワトソンのカーネル推定量 (Nadaraya, 1964; Watson, 1964) になっている．本節では，(5.12)式をGAMとして扱い，平滑化の自由度を高めるために一般化交差確認法 (GCV method) により平滑度の自由度推定を行う．

Clapp (2003) が局所多項式回帰推定を用いているのに対して，ここでは GAM による平滑化を行う点で違いがある．

表 5.11 はパラメトリック項とノンパラメトリック項の推定結果を示している．GAM 推定では，GCV 基準により平滑関数の自由度を推定しており，(b) ノンパラメトリック項の自由度推定値は整数でない．F-value は平滑項が 0 であるという帰無仮説のもとでの検定統計量である．いずれの項においても，p-value は十分に小さな値をとっており，帰無仮説を棄却する．AIC-3011.683 は PPEM や基本モデルの推定結果よりも小さい値であり，モデル適合度はよくなっている．

図 5.10 〜 5.12 は平滑化したノンパラメトリック関数の理論値と信頼区間を示している．プロット点は残差である．ただし，理論値は平均が 0 になるように基準化されている．グラフをみると，平滑項は一定ではなく緯度，経度の値によって大きく異なることがわかる．この結果は観察されていない地理的属性の効果があることを示している．

以上基本モデル，PPEM（2 次式 Sq. および 3 次式 Cb.），GAM による推定を行った．地理的属性を制御することで推定値にどのような違いが生じているかを検討しよう．

表 5.11 GAM 推定結果

(a) パラメトリック項		
	推定値	標準誤差
定数項	4.386	0.052
FS	0.011	0.009
AGE	−0.018	0.000
TS	−0.009	0.001
TT	−0.004	0.001
その他の属性	Yes	
区ダミー	Yes	
(b) ノンパラメトリック項		
	推定自由度	F-統計量	確率値
$f_1(u)$	5.981	3.904	[0.000]
$f_2(u, v)$	26.445	10.345	[0.000]
$f_3(v)$	9	7.546	[0.000]
(c) モデル全体		
adj. R^2	0.813	
Deviance explained [%]	81.8	
GCV score	0.01859	
AIC	−3011.683	
サンプル数	2625	

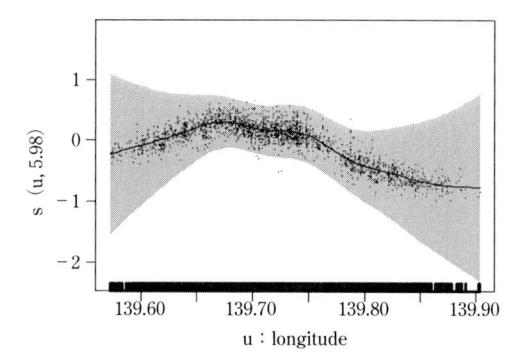

5.5 地理的属性を加味したヘドニック価格関数の推定

図 5.10 $f_1(u)$ の理論値と信頼区間

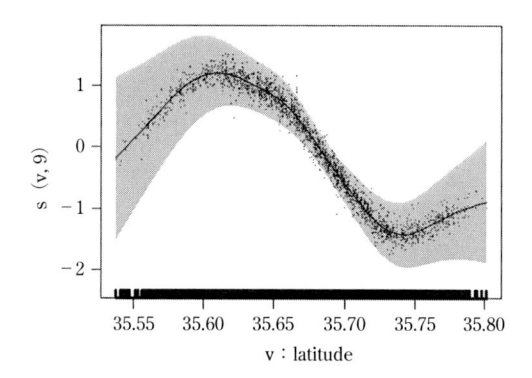

図 5.11 $f_3(v)$ の理論値と信頼区間

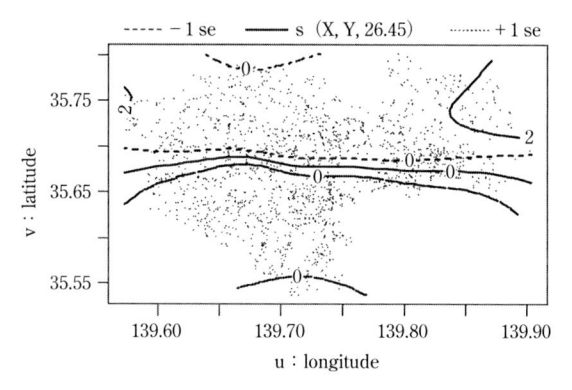

図 5.12 $f_2(u, v)$ の理論値（等高線）と信頼区間

表 5.12　各推定手法の比較

	FS		AGE		TS		TT		AIC
	|推定値|	標準誤差	|推定値|	標準誤差	|推定値|	標準誤差	|推定値|	標準誤差	
基本モデル	0.0101	0.0101	0.0179	0.0003	0.0105	0.0007	0.0049	0.0007	−2404
PPEM (Sq.)	0.009	0.0098	0.0178	0.0003	0.0099	0.0007	0.004	0.0007	−2554
PPEM (Cb.)	0.0112	0.0097	0.018	0.0003	0.0092	0.0007	0.0035	0.0007	−2637
GAM	0.0112	0.009	0.0181	0.0003	0.0088	0.0007	0.0036	0.0007	−3011

表 5.12 は FS, AGE, TS, TT の各変数の推定値の絶対値および標準誤差を推定モデル別にまとめている．基本モデル の FS の推定値は GAM や PPEM（Cb.）に比べやや値が小さい．基本モデルの AGE および FS は他の推定値と大きな違いがないが，基本モデルの TS および TT の推定値は最も大きな値になっている．ただし，標準誤差にほとんど違いはみられない．モデル適合度を比較するために AIC を計算すると，GAM が最も小さい値であり，相対的に望ましいモデルであることを示している．基本モデルの AIC は最も大きく，このなかではよい定式化とはいえない．

基本モデルと GAM の推定値の差は FS：10.2%，AGE：2.2%，TS：20.2%，TT：25.7% であり，TS, TT のような距離ベースの変数において大きな差がみられる．最寄り駅までの時間や都心までの時間は，家計の通勤パターンなどによって生じるコストを代理した変数であるので，その時間損失は必ずしも物件所有者の通勤や買い物などによって生じる家計の機会費用と一致するわけではない．表 5.12 の結果は，パラメトリックなモデルを定式化するとき，できるだけ真実に近い距離の代理変数を作成することで改善できることを示している．

建築後年数効果 AGE は他の変数と比べるとそれほど大きな違いがみられない．データ全体の平均的な推定値としては安定していることが予想されるが，パラメータが空間的に一定であることを保障するものではない．このことを検討するために，次節で地理的加重回帰（GWR）モデルによる地理的にローカルなパラメータの推定を行う．

5.6 地理的加重回帰モデル

線形回帰モデルのパラメータは地理データ全体の傾向を示すものである（global parameter）．前節の GAM 推定でもパラメトリックな部分は地理全体を代表する全体的な推定値になっている．これに対して GWR では局所的な座標点に応じた各パラメータを計測する．

GWR 推定量は各観測地点における重みを座標値から計測する．ここで地理的重み行列の要素は

$$w_{ij} = \exp\left\{-\frac{1}{2}\left(\frac{d_{ij}}{b}\right)^2\right\}$$

と定義した（Gaussian weighting function）．d_{ij} は座標値から得られるユークリッド距離，b はバンド幅である．最適なバンド幅を選ぶためにヘドニック価格関数の実績値と理論値の平方和を最小化する CV 値（cross validation score）を求める．

表 5.13 は座標値ごとに得られる GWR 推定値の最小値，最大値に加え，四分位点を示している．また，図 5.13 が FS, AGE, TS, TT の各項の（2625 地点の）推定値の分布を示している．CV 値を最小化するバンド幅は 0.0323 であり，これを基準に地理的重み行列を計測している．AIC は −3057.78 であるから，基本モ

表 5.13　GWR 推定結果

	最小値	第1四分位	メディアン	第3四分位	最大値	OLS
定数項	3.321	4.398	4.524	4.677	5.042	4.571
専有面積：FS	−0.129	−0.0145	0.0112	0.0409	0.216	0.0101
建築後年数：AGE	−0.0225	−0.0186	−0.0181	−0.0176	−0.0122	−0.0179
最寄り駅までの時間：TS	−0.0184	−0.0127	−0.0083	−0.0046	−0.0013	−0.0105
都心までの時間：TT	−0.014	−0.0078	−0.0041	−0.0021	0.0053	−0.0049
その他の物件属性			Yes			
区ダミー			Yes			
サンプル数	2625					
回帰の標準誤差	0.13					
固定されたバンド幅	0.0323					
有効自由度	2348.8					
AIC	−3057.78					

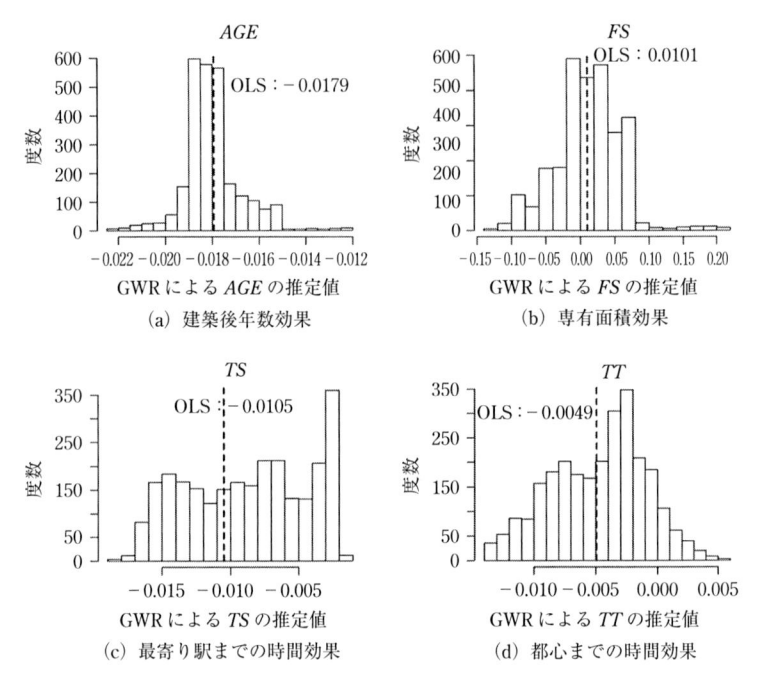

図 5.13 GWR の推定値の分布

デル,PPEM および GAM のモデルと比較してパフォーマンスがよいがことが示されている.

表 5.13 より,AGE の推定値は [−0.0225, −0.0122] の範囲で分布していることがわかる.四分位レンジ (25〜75%) は [−0.0186, −0.0176] の差であるから,基本モデルを OLS で推定したときの値 −0.0179 (1.79%/年の減価) はこの範囲に含まれる.他の OLS 推定値もこの範囲に含まれるが,分布によってメディアンから乖離し,左右どちらかに偏る傾向をもっている可能性を否定できない.

地理的に広範囲なデータを利用する場合,全体的な推定値が局所的な推定値を代表していないことは推測において致命的である.たとえば,AGE の係数は物件が 1 年古くなるとき住宅価格が何% 低下するのかを示しているので,最も減価率の小さい地域では年あたり 1.22%,最も減価率の大きい地域では 2.25% になる.図 5.14 は,この結果を利用して建築後年数 AGE の係数を地図上に示したものである.世田谷区・大田区・北区・板橋区・葛飾区は減価率の小さい地域であり,23 区内でも都心からやや離れた地域でこのような傾向が観察できる.

5.6 地理的加重回帰モデル

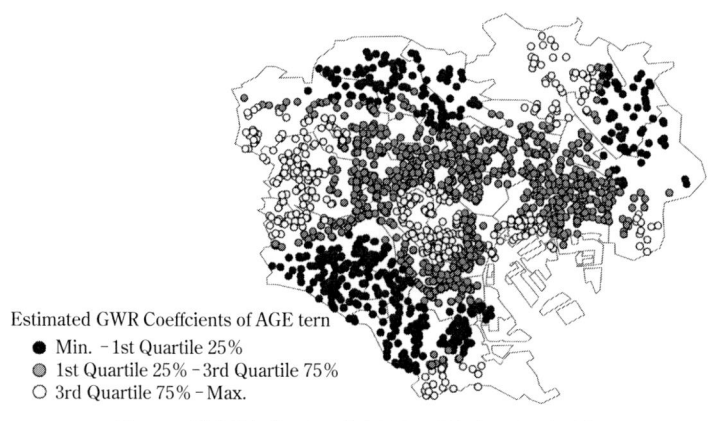

図5.14 建築後年数による住宅価値の減価率：地理的分布

また，練馬区・杉並区・新宿区・渋谷区・足立区・江東区では減価率が大きいことが観察できる．このことは，区レベルのデータセットであれば局所的な推定値にも大きな違いはみられないが，23区全体を扱うようなサイズでは十分に注意が必要であることを示唆している．

建築後年数効果についてこのような違いが生じた理由は何であろうか．本章で利用したデータは十分な物件属性をもつが，物件所収者の属性は含まれていない．推定されたヘドニック価格関数は近似された市場価格関数であり，さまざまな家計の付け値関数ではない．1つの仮説として，属性効果の地理的異質性が，家計の中古物件に対する選好の違いを反映していることは十分に考えられる．た

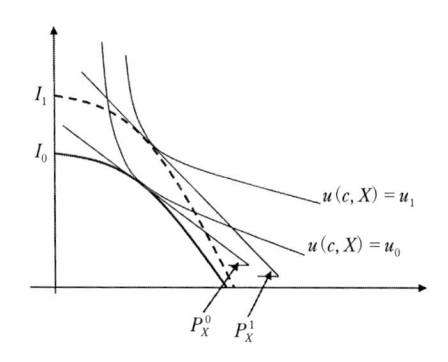

図5.15 所得の差による属性効果の違い

とえば，（住宅需要が正常財ならば）正の所得効果をもつことから，所得や資産の違いは属性に対する評価価格の違いをもたらす．

　図5.15は合成財cと住宅属性Xを消費する家計について，$I_0 < I_1$なる2種類の所得が与えられたときの最適消費計画を示している．所得が異なれば属性の消費水準も異なる．たとえば，築後10年の物件より築後5年の物件をより好むようになる．このとき，建築後年数に対する限界評価（無差別曲線$u = u(c, X)$の勾配）はそれぞれの予算制約$I = c + P(X)$のもとでの最適点において異なる可能性がある．図のケースでは$I_0 < I_1$のとき，勾配は$P_X^0 < P_X^1$であり，属性の限界価値が異なる．もし，所得分布と地理的分布との間の相関が強ければ，その属性効果は地理的に不均等である可能性が強い．

6

住宅価格指数の推定
―構造変化問題への対応を中心として―

　本章は，住宅に関する品質調整済み価格指数の推計法としてのリピートセールス法とヘドニック価格法を整理したうえで，ヘドニック価格法による指数の推定例を示したものである．近年，アメリカ・イギリス・オーストラリア・香港では，住宅価格指数を用いたデリバティブ商品が登場した．アメリカにおいてはリピートセールス法による指数が，イギリスにおいてはヘドニック価格法による指数が採用されている．両手法ともに，品質調整済み住宅価格指数を推定するうえでは強力な手法であるが，計量経済的には多くの問題を抱えている．その最も大きな問題は，品質に対する調整法と時間的な構造変化に対する対応問題である．本章では，特に構造変化問題に着目し，ヘドニック型の住宅価格指数の推計例を示す．わが国におけるリピートセールス法による住宅価格指数の推計例については原野ら（2007a, b）を，ヘドニック型の住宅価格指数についてはShimizu, *et al.* (2007) を参照されたい．

6.1　品質に対応した価格指数

　住宅は，第2章で整理したように「同質の財が存在しない特殊性」をもつとともに，技術進歩が比較的早く時間の経過とともに「品質」が変化するという特性をあわせもっている．「品質の変化」がもたらす問題に対処しつつ住宅価格指数を作成する方法として，ヘドニック価格法とリピートセールス法がある．本章で

は，ヘドニック価格法による住宅価格指数の理論と推計例を紹介する．

　ヘドニック法とは第2章で整理したとおりであるが，リピートセールス法とは，Bailey, et al. (1963) によってはじめて開発された推定法であり，複数回取引された住宅をサンプルとして住宅価格指数を推計する手法である．そのため，品質が同一の住宅の異時点間の取引を比較するため，ヘドニック法のような品質調整を行う必要がない．

　しかし，リピートセールス法とヘドニック価格法を比較した場合，それぞれについて次のような推計上での問題が指摘されている．

　リピートセールス法では，以下の2つの問題が指摘されている．①リピートセールスされている住宅は，市場で取引されている住宅全体のなかで性質が異なる（いわゆる lemmon）というサンプルセレクションバイアス問題（Clapp and Giaccott, 1992），②リピートセールス法が取引期間中に属性とそのパラメータに変化はないとする仮定によって生じる質的変化・構造変化に対する対応問題（Case and Shiller, 1987；1989；Clapp and Giaccotto, 1992；1998；1999；Goodman and Thibodeau, 1998；Case, et al., 1991）．

　一方，ヘドニック価格法による住宅価格指数の推計上の最も大きな問題としては，③関数の推定において，必要なすべての変数を集めることが困難であることや環境変数といった観測不可能な要因の存在によって住宅価格指数にバイアスが生じるという問題（たとえば，Case and Quigley, 1991；Clapp, 2003）とともに，④長期間を対象とした住宅市場を分析対象とすることから，住宅の価格構造の変化に対応しなければならないとする構造変化問題（Case, et al., 1991；Clapp, et al., 1991；Clapp and Giaccotto, 1992；1998）といった2つの問題が指摘されている．ただし，それぞれに推計上の問題がある一方で，分析期間が長くなるとヘドニック価格指数とリピートセールス法による価格指数の違いが小さくなることが示されている（Clapp and Giaccotto, 1998；1999）．

　リピートセールス法における①の問題については，ヘドニック価格法でもすべての取引データが収集され推定されているわけではないので，相対的には弱い強度ではあるが，サンプルセレクションバイアス問題は存在している．②，④の問題は，長期間を対象とした住宅価格指数を推計する場合には，リピートセールス法，ヘドニック法それぞれにおいて等しく抱える問題となる（構造変化への対応問題）．

③の問題が残ることとなるが，リピートセールス法ではこのような観測不可能な環境変数の制御に関する問題を回避することができる（Case and Quigley, 1991；Case and Shiller, 1987；1989；Thibodeau, 1997）．加えて，ヘドニック価格法よりも，リピートセールス法は計算手続きが単純であるために計算負荷が少ない．そのため，一見，リピートセールス法の方が実用的であるように考えられている（Bourassa, *et al.*, 2006）．

しかしわが国においては，住宅市場の流動性がアメリカなどと比較してきわめて低いこともあり，さらには，かつては国土利用計画法により転売を強く抑制してきたという制度制約があるために，日本特有のリピートセールスサンプルのサンプルセレクションバイアス問題が発生していることが考えられる．わが国でリピートセールス法を適用しようとした場合には，このようなサンプルセレクションバイアスの問題はきわめて大きな問題として出現するだけでなく，そもそものデータが少ないために，高い更新頻度で推計できなかったり地域に限定した指数の推定が困難であったりと，実用的ではない（原野ら，2007a, b）．

そのためわが国では，上記のヘドニック価格法がもつ問題を解決しつつ，より精度の高いヘドニック型の住宅価格指数の推計を行うことの意義はきわめて大きい．そこで本章では，ヘドニック価格法が抱える最も大きな問題である市場構造の変化に関する問題に着目する．③の問題は Clapp (2003) では，5.5 節で推計したような座標データを加味することで観測されない変数への対応をしているが，ここでは検討の対象とはしない．

構造変化に関する問題については，市場構造の変化がないとする仮定のもとで推定される「構造制約型モデル」と，「各期ごとに構造は変化する」という仮定のもとで推定される「構造非制約型モデル」の推定（Case, *et al.*, 1991；Clapp, *et al.*, 1991）を出発点とする．

以下，6.2 節において，構造制約型モデルにて推定される「構造制約型価格指数（RHI）」と構造非制約型モデルにより推計される「構造非制約型価格指数（NRHI）」の構造をリピートセールス指数とあわせて整理する．リピートセールス法と比較することで，ヘドニック価格法のもつ推計上の特性を浮き彫りにすることを目的とする．そして，ヘドニック価格法を用いた構造変化に対処した新しい住宅価格指数（重複期間型価格指数，overlapping period hedonic model, OPHM）の提案を行う．6.3 節においては，データについての説明を行い，6.4

節で東京都区部中古マンション市場を対象として RHI, NRHI ならびに OPHM の推計を行うとともに，推計された住宅価格指数の評価を行う．

6.2　市場構造の変化と住宅価格指数

6.2.1　構造制約型価格指数と構造非制約型価格指数

品質調整済みの住宅価格指数の推定においては，ヘドニック型推定法とリピートセールス型推定法とがある．さらにヘドニック型推定法による価格指数には，「構造制約型価格指数」と「構造非制約型価格指数」とがある．ここではこれらの推計法についての整理を行い，リピートセールス型価格指数との対比によりヘドニック型価格指数のもつ推計上の特性を明確にする．

a.　構造制約型価格指数

いま，全期間 $t=1,2,\cdots,T$ についてプーリングした住宅価格と住宅属性とに関するデータがあり，それぞれの期におけるデータ件数が n_t であるとする．このとき，構造制約型価格指数を求めるための住宅価格の推定モデルは以下のように表される．

$$\ln P_{it} = \sum_{k=1}^{K} \beta_k X_{ikt} + \sum_{s=1}^{\tau} \delta_s D_s + \varepsilon_{it} \quad i=1,2,\cdots,n_t,\ t=1,2,\cdots,T \quad (6.1)$$

- i ：t 期のデータが n_t 件あるうちの i 番目を表す
- P_{it} ：t 期の住宅 i の価格（同一の住宅 i が各 t 期に現れることを意味するのではなく t 期のデータのうちの i 番目のデータであることを意味する）
- β_k ：住宅属性 k のパラメータ
- X_{kit} ：t 期の住宅 i の属性 k の属性値
- δ_s ：s 期における時間ダミーのパラメータ
- D_s ：$s=1$ のとき常に 1 をとる（定数項）．$2 \leq s \leq T$ においては $s=t$ のときに 1 をとり，それ以外は 0 をとる時間ダミー
- ε_{it} ：撹乱項

このモデルは，住宅価格の形成要因 X_{kit} に関する回帰係数 β_k が全期間を通じて不変であるという制約を仮定しているため「構造制約型モデル」と呼ばれる．ここから構造制約型住宅価格指数は次のようにして得られる．ある住宅属性値 $\{X_k\}(k=1,2,\cdots,K)$ をもつ住宅の価格の t 期 $(t=1,2,\cdots,T)$ の推定値 $\hat{P}_t$ は，

$$\ln \hat{P}_t = \sum_{k=1}^{K} \hat{\beta}_k X_k + \hat{\delta}_1 + \hat{\delta}_t \tag{6.2}$$

$$\ln \hat{P}_1 = \sum_{k=1}^{K} \hat{\beta}_k X_k + \hat{\delta}_1 \tag{6.3}$$

である．ここで $\hat{\beta}_k, \hat{\delta}_1, \hat{\delta}_t$ はパラメータの推定値である．よって，$t = 1$ 期を基準とした t 期の住宅価格指数 $\hat{P}_t/\hat{P}_1$ は，

$$\ln(\hat{P}_t/\hat{P}_1) = \hat{\delta}_t \tag{6.4}$$

と求められる．また $t-1$ 期から t 期にかけての価格指数の変化は，

$$\ln(\hat{P}_t/\hat{P}_{t-1}) = \hat{\delta}_t - \hat{\delta}_{t-1} \tag{6.5}$$

と表すことができる．なお以上のモデルでは，ある特定の住宅属性値 $\{X_k\}$ を仮定して価格指数を求めたが，これらの展開からわかるように構造制約型価格指数では住宅の属性値によらず時間ダミーだけで価格指数が表される．

b. 構造非制約型価格指数

一方，6.2.1 項 a. で設定したものと同様のデータのもとで構造非制約型価格指数を求めるための住宅価格の推定モデルは以下のように表される．

$$\ln P_{it} = \sum_{k=1}^{K} \beta_{kt} X_{kit} + \delta_t + \varepsilon_{it} \tag{6.6}$$

ここでは時間ダミーは用いず，その代わり住宅属性にかかるパラメータ β_{kt} と定数項 δ_t とは期ごとに変わるものと仮定している．つまり，パラメータは不変であるという制約を仮定しないので「構造非制約型モデル」と呼ばれる．ここから構造非制約型住宅価格指数は次のようにして得られる．ある住宅属性値 $\{X_k\}$ ($k = 1, 2, \cdots, K$) をもつ住宅の価格の t 期 ($t = 1, 2, \cdots, T$) の推定値 $\hat{P}_t$ は，

$$\ln(\hat{P}_t) = \sum_{k=1}^{K} \hat{\beta}_{kt} X_k + \hat{\delta}_t \tag{6.7}$$

$$\ln(\hat{P}_1) = \sum_{k=1}^{K} \hat{\beta}_{k1} X_k + \hat{\delta}_1 \tag{6.8}$$

である．よって，$t = 1$ 期を基準とした t 期の住宅価格指数 $\hat{P}_t/\hat{P}_1$ は，

$$\ln(\hat{P}_t/\hat{P}_1) = \sum_{k=1}^{K} (\hat{\beta}_{kt} - \hat{\beta}_{k1}) X_k + (\hat{\delta}_t - \hat{\delta}_1) \tag{6.9}$$

と求められる．また $t-1$ 期から t 期にかけての価格指数の変化は，

$$\ln(\hat{P}_t/\hat{P}_{t-1}) = \sum_{k=1}^{K}(\hat{\beta}_{kt}-\hat{\beta}_{k,t-1})X_k + (\hat{\delta}_t - \hat{\delta}_{t-1}) \qquad (6.10)$$

と表すことができる．このように構造非制約型価格指数では，特定の住宅属性値を設定してそのもとでの価格指数を求めることになる．住宅属性値の設定が変われば価格指数もまた変わる．

c. リピートセールス型価格指数

次にリピートセールス型価格指数について整理する．いま住宅hがあり，その価格は住宅属性と取引時点によって決まるものとする．住宅属性は時点によって変化せず，またそれがもたらす価格形成への強さも変化しないものとする．よってこの場合の住宅価格のモデルは次のように表すことができる．

$$\ln P_{ht} = \sum_{k=1}^{K}\beta_k X_{hk} + \sum_{s=1}^{T}\delta_s D_s + \varepsilon_{ht} \qquad (6.11)$$

P_{ht}は住宅hのt期の価格である．ここでは住宅hが時点tを変えて繰り返し現れることを想定している．X_{hk}は住宅hの属性kの属性値であり時点によって変わらないとする．よってそれにかかるパラメータβ_kも時点によって変わらないものとする．D_sは時間ダミーで取引時点の$s=t$期に1をとり，それ以外は0である．ただし常に$D_1=1$（定数項）とする．δ_sは時間ダミーにかかるパラメータである．いま同一の住宅hが推定期間$t=1,2,\cdots,T$のうちのt_1期とt_2期の2時点について計2回取引されたとする．そのときの住宅価格は(6.11)式モデルを用いて次のように表される．

$$\ln P_{ht_1} = \sum_{k=1}^{K}\beta_k X_{hk} + \delta_1 + \delta_{t_1} + \varepsilon_{ht_1} \qquad (6.12)$$

$$\ln P_{ht_2} = \sum_{k=1}^{K}\beta_k X_{hk} + \delta_1 + \delta_{t_2} + \varepsilon_{ht_2} \qquad (6.13)$$

ここから価格の変化P_{ht_2}/P_{ht_1}は，

$$\ln(P_{ht_2}/P_{ht_1}) = \delta_{t_2} - \delta_{t_1} + (\varepsilon_{ht_2} - \varepsilon_{ht_1}) \qquad (6.14)$$

と表すことができる．よってこのモデルによる価格の変化は住宅属性に影響されず取引時点の違いによってのみ決まることになる．改めて，さまざまな住宅について異なる時点での取引事例を集めたデータについて，住宅価格の変化を推定するためのモデルを定式化すると次のようになる．

$$\ln(P_{ht_2}/P_{ht_1}) = \sum_{s=1}^{T}\delta_s D_s + \mu_h \qquad (\mu_h\text{は攪乱項}) \qquad (6.15)$$

ここで D_s は2回目の取引時（$s=t_2$）に1をとり，1回目の取引時（$s=t_1$）に -1 をとり，それ以外では0をとる時間ダミーである．ここから推計された各時間ダミーのパラメータ δ_s が各期の価格指数を表すことになる．これが典型的なリピートセールスモデルである．

シカゴ・マーカンタイル市場に上場された S&P Case & Shiller インデックスは，このような方法を以下の手続きで改善している（Case and Shiller, 1987；1989）．

Case and Shiller（1987；1989）では，インデックスを推定する際に，1度目と2度目の取引期間に関して発生する不均一分散に対応することが提案された．まず，住宅 h の t 期における対数価格を P_{ht} と仮定すると，以下のように表現できる．

$$P_{ht} = I_t + H_{ht} + N_{ht} \tag{6.16}$$

ここで，I_t は t 期における対数の価格レベルであり，H_{ht} は以下のようなランダムウォークとする．

$$\begin{aligned} E(H_{ht_2} - H_{ht_1}) &= 0 \\ E(H_{ht_2} - H_{ht_1})^2 &= (t_2 - t_1)\sigma_H^2 \end{aligned} \tag{6.17}$$

また，N_{ht} はホワイトノイズとする．

$$\begin{aligned} E(N_{ht}) &= 0 \\ E(N_{ht})^2 &= \sigma_N^2 \end{aligned} \tag{6.18}$$

次に，$V_{ht} = P_{ht} + Q_{ht}$ を住宅 h の t 期における対数の販売価格とする．ここで，Q_{ht} は品質指標である．ここである住宅が t_1 期と t_2 期（$1 < t_1 < t_2 < T$）に取引され，Q_{ht} が取引期間中に不変であるなら，住宅価格指数は3段階で計算される．第1段階において(6.19)式を推計し，その誤差項 μ_{ht} を次の第2段階に使用する．

$$V_{ht_2} - V_{ht_1} = \sum_{t=1}^{T} \delta_t D_{ht} + \mu_{ht} \qquad \text{ただし，} 1 \leq t \leq T \tag{6.19}$$

ここで，D_{ht} は2回目の取引時（$t=t_2$）に1をとり，1回目の取引時（$t=t_1$）に -1 をとり，それ以外では0をとる．

第2段階で，誤差項 μ_{it} の2乗を定数項と取引期間（$t_2 - t_1$）で回帰をすると，σ_H^2 と σ_N^2 の推定値が得られる．第3段階では，重みを $\sqrt{\hat{\sigma}_N^2 + (t_2 - t_1)\hat{\sigma}_H^2}$ として(6.19)式を一般化最小二乗（GLS）法により推計する．

このような推計法により，取引期間に関して発生する不均一分散に対しては対応できるものの，日本の住宅市場がもつ特性の1つである品質の変化に伴い市場構造が変化していくということに対しては，対応できない．最も大きなバイアス

は，建築後年数の経過に伴う価格変化を考慮していない点である．リピートセールス法の日本への適用の問題点については，原野ら（2007a, b）を参照されたい．

以上の整理に基づいて，市場構造が変化するという前提に立つと，ヘドニック価格指数の「構造制約型ヘドニック価格指数」では，すべての期間を通してX_{ki}に対するパラメータが同じであるとする制約をおく点で問題がある．リピートセールス法でも，構造制約型ヘドニック価格関数と同様にX_{ki}に対するパラメータが同じであるという仮定をおいており，加えて取引期間中に属性も変化がないとする非常に強い仮定もおく．特に，後者の仮定は，わが国では制約が強すぎる．実際は，増改築やリフォームが行われ，あるいは建築後年数が経過することにより物理的損失が発生することで，住宅価値はさまざまな変化をする．数年に一度の大規模修繕が行われるとともに，欧米諸国と比べて日本の住宅の耐用年数は短いために，建築後年数が経過すると住宅価格が著しく下落することが知られている．加えて，日本の場合は都市計画制限が緩やかであるために，建物属性とあわせて市街地環境に変化がないとする仮定は，きわめて非現実的な仮定である．

構造非制約型モデルではX_{ki}に対するパラメータの制約は解除できるものの，誤差項もあわせてすべての期ごとに独立であるという仮定をおく．しかし，現実の市場においては，常に構造がランダムに変化していくとは想定しづらい．さらに，ここには新しい問題が出現する．住宅価格指数の各時点ごとの推定期間を四半期または月次などの1年以内に設定した場合には，季節的なサンプルセレクションバイアスの問題が発生する．たとえば，わが国では人の移動が多い2～3月期の1年のなかでも取引が多い時期と，夏期休暇などにあたる7～8月といった取引件数が少ない時期が明確に存在しており，そのような取引数の季節的変動が指数に対してバイアスをもたらすことが予想される．構造非制約型モデルは，構造変化に対応することは可能であるものの，「市場の連続性」を断ち切るとともに「季節的なサンプルセレクションバイアス問題」が発生することとなる．

6.2.2 重複期間型価格指数

構造制約型価格指数は，市場構造が逐次的に変化することを前提としていた．そうした市場の構造変化はさまざまな外的ショックが与えられた結果として発生するものであるが，その変化が市場に浸透するまでには現実には一定の調整期間が存在するものと考えられる．よって回帰係数もまた瞬時に変化するのではなく

6.2 市場構造の変化と住宅価格指数

逐次的に変化するとみなすべきである．しかしながら一般に構造変化モデルの推定は，ブレイクポイントで観測データをいくつかの期間に分けてそれぞれの期間ごとの観測データを用いてモデルを推定する（たとえば，Shimizu and Nishimura, 2006；Shimizu and Nishimura, 2007）．つまりブレイクポイントの前後で接続性を断ち切ることになる．そのため構造変化が逐次的に生ずるという仮定のもとでは，その方法がかえって逐次的変化の過程にある回帰係数を捕捉しにくいものにしている．むしろ自然な着想として，あたかも移動平均を求めるのと同様に一定の期間長 τ を推定期間にとり，その期間を移動させながらモデルを推定することで逐次的変化の過程にある回帰係数を推定する方法が望ましいのではないかと考えられる．これは次のように定式化できる．

いま，全体として $1, 2, \cdots, T$ 期にわたるプーリングデータがあるとする．そのうちのある一部の τ 期間について，次の基本モデルを仮定する．

$$\ln P_{it} = \sum_{k=1}^{K} \beta_k X_{ikt} + \sum_{s=1}^{\tau} \delta_s D_s + \varepsilon_{it} \tag{6.20}$$

$t = 1, 2, \cdots, \tau$（全体が $1, 2, \cdots, T$ 期からなるプーリングデータのうちのある一部の τ 期間を取り上げて，その τ 期間の先頭期から順に番号を付したもの）

$i = 1, 2, \cdots, n_t$（t 期のデータが n_t 件あるうちの i 番目を表す）

P_{it}：t 期の住宅 i の価格

β_k：住宅属性 k のパラメータ．τ 期間内では変化しないものとする

X_{kit}：t 期の住宅 i の属性 k の属性値

δ_s：s 期における時間ダミーのパラメータ

D_s：$s = 1$ のとき常に 1 をとる（定数項）．$2 \leq s \leq \tau$ においては $s = t$ のときに 1 をとり，それ以外は 0 をとる時間ダミー

ε_{it}：攪乱項

さらに，全期間 $1, 2, \cdots, T$ 期のうちの r 期からはじまる τ 期間を $[r, r+\tau-1]$ のように表すことにする．するとわれわれの推定方法は，上の基本モデルを，$[1, \tau], [2, \tau+1], \cdots, [r, r+\tau-1], \cdots, [T-\tau+1, T]$ 期間に対して逐次的に適用することで得られる．これにより市場構造の逐次的な変化をパラメータに反映させることができる．このモデルを重複期間型価格指数（OPHM）と呼ぶことにする．また τ 期間のことを「重複推定期間」と呼ぶ．

OPHM は，ある一定の τ 期間に関する限り構造制約型モデルである．よって時間ダミーのパラメータが τ 期間における先頭期を基準としたときのそれぞれの

期の価格指数を表している．このように τ 期間内に限れば価格指数は基本モデルから直接に得られる．ところが OPHM では，τ 期間の適用を 1 期ずつずらして全期間について逐次的にモデルを推定することになる．そこで残された問題は，個々の τ 期間の推定から得られた指数をどのように接続して全期間の価格指数を構成すればよいかということである．これについてわれわれの方法は以下のとおりである．

全期間を通じての住宅価格指数を q_r とする．これは全期間 $1, 2, \cdots, T$ 期のうちの r 期の価格指数を意味する．基準となる期を 1 期とし $q_1 = 0$ とする．一方，全期間のうち r 期からはじまる τ 期間 $[r, r+\tau-1]$ のデータに基本モデルを適用して得られた時間ダミーのパラメータを，r 期を明示的に記して，$\hat{\delta}_1^{(r)}, \hat{\delta}_2^{(r)}, \cdots, \hat{\delta}_\tau^{(r)}$ のように表すことにする．

住宅価格指数 q_r を得るための手続きは次のようになる．

a. ステップ 1

全期間のうちの最初の $[1, \tau]$ 期間に基本モデルを適用して時間ダミーのパラメータ $\hat{\delta}_1^{(1)}, \hat{\delta}_2^{(1)}, \cdots, \hat{\delta}_\tau^{(1)}$ を得る．これを用いて，$[1, \tau]$ 期間の価格指数 $q_r (r = 1, 2, \cdots, \tau)$ を，

$$
\begin{aligned}
q_1 &= 0 \\
q_2 &= \hat{\delta}_2^{(1)} \\
q_3 &= \hat{\delta}_3^{(1)} \\
&\vdots \\
q_\tau &= \hat{\delta}_\tau^{(1)}
\end{aligned}
\quad (6.21)
$$

と定義する．

b. ステップ 2

上で q_τ までが決まったという前提のもとで次の $q_{\tau+1}$ を求めるには，q_τ から $q_{\tau+1}$ への変化分と考えられる推定量を q_τ に加える．その推定量は，次の $[2, \tau+1]$ 期間について基本モデルを推定したときのパラメータ，

$$\hat{\delta}_1^{(2)}, \hat{\delta}_2^{(2)}, \cdots, \hat{\delta}_\tau^{(2)} \quad (6.22)$$

をもとに，

$$\delta_\tau^{(2)} - \delta_{\tau-1}^{(2)} \quad (6.23)$$

と考えてよいであろう．そのため，

$$q_{\tau+1} = q_\tau + (\delta_\tau^{(2)} - \delta_{\tau-1}^{(2)}) \quad (6.24)$$

と定義する．

c. ステップ3

同様にして $q_{\tau+r-2}$ までが決まったという前提のもとで次の $q_{\tau+r-1}$ を求めるには，$q_{\tau+r-2}$ から $q_{\tau+r-1}$ への変化分と考えられる推定量を $q_{\tau+r-2}$ に加えてやればよい．よって，$[r, \tau+r-1]$ 期間について基本モデルを推定したときのパラメータ

$$\hat{\delta}_1^{(r)}, \hat{\delta}_2^{(r)}, \cdots, \hat{\delta}_\tau^{(r)} \tag{6.25}$$

をもとに，

$$q_{\tau+\tau-1} = q_{\tau+\tau-2} + (\delta_\tau^{(r)} - \delta_{\tau-1}^{(r)}) \tag{6.26}$$

と定義することにする．

以上のようにして全期間についての OPHM による価格指数が得られる．

なお，基本モデル(6.20)の推定に関して1つ補足しておく．攪乱項 ε_{it} について，

$$V(\varepsilon_{it}) = \sigma_t^2 \tag{6.27}$$

と仮定したとき，

$$\sigma_i^2 \ne \sigma_j^2, \quad i \ne j \tag{6.28}$$

であることがわれわれの事前の分析で検証されている．つまり分散不均一性が認められる．よって，実行可能な一般化最小二乗推定（FGLS）によって基本モデル(6.20)を推定し直している．すなわち，基本モデル(6.20)によっていったん推定したときの残差をもとに $\hat{\sigma}_t^2$ を求め，

$$(\ln P_{it})/\hat{\sigma}_t = \sum_{k=1}^{K} \beta_k (X_{ikt}/\hat{\sigma}_t) + \sum_{s=1}^{\tau} \delta_s (D_s/\hat{\sigma}_t) + (\varepsilon_{it}/\hat{\sigma}_t) \tag{6.29}$$

によってパラメータを推定する．

6.2.3 推計モデルの設定

本章においては，東京都区部の中古マンション市場を分析対象とする．ヘドニック価格モデルのうち，構造制約型モデルの基本形は(6.30)式のとおりである．

$$\log RP/FS = a_0 + \sum_h a_{1h} \log X_h + \sum_i a_{2i} \log Z_i + \sum_j a_{3j} \cdot LD_j \\ + \sum_k a_{4k} \cdot RD_k + \sum_l a_{5l} \cdot TD_l + \varepsilon \tag{6.30}$$

RP ：中古マンション価格（円）
X_h ：主要変数群

FS ：専有面積（m²）
Age ：建築後年数（月）
TS ：最寄り駅までの時間（分）
TT ：都心までの時間（分）
Z_i ：その他の変数群
BS ：バルコニー面積（m²）
NU ：総戸数
BC ：その他の建物属性
RT ：市場滞留時間（週）
LD_j ：地域（区）ダミー（$j=0 \cdots J$）
RD_k ：沿線ダミー（$k=0 \cdots J$）
TD_l ：時間ダミー（$l=0 \cdots K$）

説明変数である住宅属性等（z）としては，専有面積（FS），建築後年数（Age），最寄り駅までの時間（TS），都心までの時間（TT），バルコニー面積（BS），その他の建物属性（BC），地域（区）ダミー（LD_j），立地特性としての沿線ダミー（RD_k）を取り上げた．さらに説明変数には，時間ダミー（TD_l）を付け加えている．この時間ダミーの回帰係数（a_{12k}）が，中古マンションの価格指数を表すことになる．このモデルを，$t=1, 2, \cdots, T$ の通期にわたってプーリングしたデータを用いて推定したものが，構造制約型モデルである．

一方，構造非制約型モデルの基本形は(6.31)式のとおりである．構造制約型モデルから時間ダミーを取り除いたかたちになっている．これを各期（t 期）ごとのデータを用いて期別に推定することになる．月単位を1期とみて全期間においてモデルを推定する．そして，推定されたモデルを用いて，同じ品質の住宅を想定したうえで，その住宅の毎期の価格を推定し，住宅価格の時間的な変化をみる．

$$\log RP_t/FS_t = a_0 + \sum_h a_{1th} \log X_{th} + \sum_i a_{2ti} \log Z_{ti}$$
$$+ \sum_j a_{3j} \cdot LD_j + \sum_k a_{2tk} \cdot RD_{tk} + \varepsilon \quad t=1, \cdots, T \quad (6.31)$$

重複期間型価格指数（OPHM）では，推定期間 τ においては，(6.30)式の構造制約型モデルとなる．

6.3 データ

本章で用いた分析データは，第5章におけるデータを拡張して整備したもので

ある．分析対象は東京都区部 23 区であり，分析期間は 1986 年 1 月～2006 年 9 月の約 20 年超であり，211179 件のデータを用いた．

主要変数の記述統計量は，表 6.1 のとおりである．

まず「中古マンション価格」は平均で 3904 万円であり，最小値で 850 万円，最大値で 19500 万円，標準偏差が 2348 とかなり大きなばらつきがある．ワンルーム系の小規模な物件からいわゆる億ションまで含んでいるが，m² 単位の単位価格ベースでみると平均で 700000 円/m² 程度であり，右に裾を引いた分布である．

「専有面積：FS」については最小値が 16.00 m²，最大値で 134.99 m²，平均で 56.57 m² と単身世帯用から大規模マンションまで含まれている．

「建築後年数：Age」については，平均で 165 カ月（13.81 年），最大で 413 カ月（34.42 年）となっている．日本におけるマンションの歴史は浅いことから，この指標も追時的に大きくなっていく指標であると考えられる．

「最寄り駅までの時間：TS」は，ここでは時間単位軸のデータの分布のみを観察するが，最低値が 0 分と駅前の物件が存在し，最大値で 32 分，平均で 7.60 分である．平均値でみれば立地条件がよい物件が多いものの，徒歩圏に入っていない物件も含まれていることがわかる．これは，マンションという性格から全体としては利便性を重視して建設されていることが読み取れる．

「都心までの時間：TT」については，平均で 15.32 分，最大で 30 分であり，利便性の高いエリアに集中している．

表 6.1 中古マンション価格データの記述統計量

変数	平均	標準偏差	最小値	最大値
RP：中古マンション価格（10000 円）	3904.66	2348.54	85000	19500.00
FS：専有面積（m²）	56.57	19.40	16.00	134.99
RP/FS	70.93	36.78	24.00	270.90
Age：建築後年数（年）	13.81	7.66	0.42	34.42
TS：最寄り駅までの時間（分）	7.60	4.27	0.00	32.00
TT：都心までの時間（分）	15.32	5.30	0.00	30.00
NU：総戸数	100.03	131.05	10.00	1149.00
RT：市場滞留時間（週）	11.58	10.62	1.00	64.00

1986/01～2006/09

$n = 211179$

6.4 推 計 結 果

6.4.1 構造制約型価格指数の推定

東京都区部を対象とした構造制約型住宅価格指数の推定結果は，以下のとおりである．

$$\log RP/FS = 4.631 + 0.0126 \cdot \log FS - 0.189 \cdot \log Age - 0.078 \cdot \log TS - 0.117 \cdot \log TT + 0.019 \cdot \log NU$$
$$(498.23)\ (10.81) \qquad (-337.38) \qquad (-99.69) \qquad (-36.21) \qquad (40.90)$$
$$-0.276 \cdot BD + 0.058 \cdot (BD \times \log WT) - 0.026 \cdot FF + 0.018 \cdot HF - 0.097 FD + 0.0093 \cdot SD$$
$$(-13.140) \qquad (6.970) \qquad\qquad (-19.210) \quad (8.000) \quad (-10.150) \ (10.790)$$
$$+ \beta_{1h} \sum_k LD_h + \beta_{2i} \sum_i RD_i + \beta_{3j} \sum_j TD_j$$

自由度調整済み決定係数：0.837
サンプル数：211,178

自由度調整済み決定係数で0.837と比較的説明力の高いモデルとして推定されている（なお，詳細は表6.2参照）．

1986～2006年の期間についてプールされたデータであるために，時間ダミー（TD：time dummy）を強制投入することにより時点修正を行い，マンション固有の属性（property characteristics）と沿線ダミー（RD：railway/subway dummy）によって中古マンション価格の構造が推定された．マンション固有の属性のなかでは「専有面積」，「バルコニー面積」，「総戸数」については正で推定され，「建築後年数」，「最寄り駅までの時間」，「都心までの時間」は負で推定されている．

まず「専有面積」については，規模の増加により単位価格は増加していくことが示された．また，「バルコニー面積」，「総戸数」も同様であり，規模に対して正で有意に推定された．これは，住戸およびマンション全体の規模に対して，消費者がより高い選好を顕示していることがわかる．

また，「建築後年数」が経過するにつれて，機能的な劣化だけではなく，近年においては設備が充実されてきているために経済的な劣化も進んでいることが予想される．「最寄り駅までの時間」が遠くなるにつれて，そして「都心までの時間」が長くなるにつれて都市集積が進んでいる地域から離れることで利便性が劣り，価格が低下することが示された．

また，行政区により公共サービスの水準が異なり，行政市区または沿線によっ

6.4 推 計 結 果

表6.2 構造制約型モデル推定結果:東京都区部

推定方法
 OLS
従属変数
 RP:中古マンション価格(in log)
独立変数

Property Characteristics (in log)	Coefficient	t値	沿線ダミー RD_k ($k=0,\cdots,K$)	Coefficient	t値
定数項	4.631	498.230	山の手	0.033	4.236
FS:専有面積	0.013	10.810	銀座	0.158	11.460
Age:建築後年数	−0.190	−337.380	丸の内	0.056	5.556
WT:最寄り駅までの時間	−0.078	−99.690	日比谷	0.085	9.039
TT:都心までの時間	−0.040	−36.210	東西	0.040	4.727
NU:総戸数	0.019	40.900	千代田	0.067	7.858
RT:市場滞留時間	0.014	32.530	有楽町	0.053	3.609
Property Characteristics (dummy variables)	Coefficient	t値	半蔵門	−0.029	−2.621
			都営荒川	−0.265	−2.420
BD:バス圏ダミー	−0.276	−13.140	都営新宿	−0.338	−10.244
$TS \times BD$	0.059	6.970	京浜急行	−0.214	−15.225
FF:1階ダミー	−0.026	−19.210	京浜東北	−0.265	−6.692
HF:最上階ダミー	0.018	8.000	東急池上	−0.089	−6.782
FD:鉄筋鉄骨ダミー	−0.010	−10.150	東急東横	0.036	1.712
SD:南向きダミー	0.009	10.790	世田谷	−0.091	−5.465
地域ダミー LD_j ($j=0,\cdots,J$)	Coefficient	t値	小田急	−0.025	−1.649
			井の頭	0.076	5.800
千代田	0.625	110.740	京王	0.032	2.361
中央	0.347	82.770	中央	−0.045	−1.621
港	0.552	154.730	西武新宿	−0.053	−4.024
新宿	0.407	115.620	西武池袋	0.040	2.455
文京	0.356	95.060	東武東上	−0.126	−10.416
台東	0.047	10.080	埼京	0.065	5.680
江東	−0.030	−8.970	高崎	−0.063	−5.655
品川	0.315	86.020	東武伊勢崎	−0.073	−2.694
目黒	0.443	109.280	常磐	−0.111	−7.410
大田	0.233	62.930	総武	−0.122	−5.927
世田谷	0.407	115.890	時間ダミー TD_l ($l=0,\cdots,L$)	Coefficient	t値
渋谷	0.583	155.950			
中野	0.284	65.620	yes(see Figure)		
杉並	0.248	60.990			
豊島	0.243	61.220	自由度調整済み決定係数=0.837		
北	0.092	17.620	サンプル数=211179		
荒川	−0.064	−14.580			
板橋	0.007	1.960			
練馬	0.146	37.100			
足立	−0.171	−43.080			
葛飾	−0.144	−38.390			
江戸川	−0.080	−21.890			

て，ここで推定された関数のなかでは考慮できない広義の住環境に格差が存在するために，各ダミー変数によってその格差が推計された．

6.4.2 構造非制約型価格指数の推定

次に構造非制約型モデルを推定した．具体的には，(6.31)式の定義にあわせて t 期（ここでは月単位）でデータを分割し，住宅価格の構造推定を実施した．また，価格指数については，説明変数に，全期間に共通する特定の住宅属性値を代入して各期の中古マンションの価格を推定した．これをもとに基準時に対する価格指数を求めることで構造非制約型価格指数とした．

表6.3 構造非制約型モデル推定結果：東京都区部（1986/01 ～ 2006/09）

時点	定数項	FS：専有面積	Age：建築後年数	WT：最寄り駅までの時間	TT：都心までの時間	NU：総戸数	RT：市場滞留時間	サンプル数	自由度調整済み決定係数
1986/01	4.402	0.007	−0.143	−0.100	−0.048	−0.011	−0.010	416	0.761
1986/02	4.508	0.066	−0.144	−0.089	−0.099	−0.010	−0.021	528	0.776
1986/03	4.464	−0.032	−0.110	−0.070	−0.046	−0.007	−0.022	489	0.823
1986/04	4.413	0.051	−0.161	−0.106	−0.029	0.006	−0.012	455	0.824
1986/05	4.669	0.012	−0.155	−0.096	−0.095	−0.002	−0.034	605	0.727
1986/06	4.343	0.057	−0.133	−0.132	−0.025	0.014	−0.020	446	0.751
1986/07	3.930	0.083	−0.120	−0.116	−0.054	0.002	−0.046	430	0.785
1986/08	4.401	0.034	−0.128	−0.113	−0.009	0.021	−0.058	564	0.791
1986/09	4.526	0.069	−0.146	−0.146	−0.018	0.008	−0.020	394	0.838
1986/10	4.250	0.043	−0.114	−0.092	−0.025	0.014	−0.024	560	0.826
1986/11	4.310	−0.001	−0.109	−0.121	0.053	0.010	−0.031	340	0.866
1986/12	4.822	0.077	−0.154	−0.133	−0.142	−0.006	−0.032	342	0.896
1990/01	5.831	−0.114	−0.154	−0.084	−0.067	0.022	0.005	857	0.763
1995/01	4.820	0.090	−0.208	−0.070	−0.048	0.011	0.044	1109	0.641
2000/01	4.402	0.071	−0.209	−0.036	−0.035	0.021	0.005	778	0.697
2005/01	4.548	0.035	−0.208	−0.057	−0.015	0.018	0.009	702	0.757
2006/01	4.303	0.084	−0.191	−0.093	−0.011	0.023	−0.002	650	0.809
2006/02	4.484	0.115	−0.201	−0.106	−0.040	−0.002	−0.010	768	0.766
2006/03	4.584	0.056	−0.201	−0.087	−0.024	0.025	−0.007	1015	0.785
2006/04	4.441	0.067	−0.182	−0.091	−0.024	0.012	−0.011	826	0.775
2006/05	4.583	0.060	−0.186	−0.080	−0.036	0.015	−0.014	966	0.774
2006/06	4.807	0.033	−0.208	−0.072	−0.022	0.000	−0.018	776	0.775
2006/07	4.530	0.063	−0.187	−0.092	0.001	0.007	−0.006	819	0.770
2006/08	4.742	0.024	−0.198	−0.079	−0.015	0.011	−0.011	901	0.784
2006/09	4.566	0.020	−0.198	−0.072	0.012	0.018	−0.005	900	0.766

6.4 推計結果

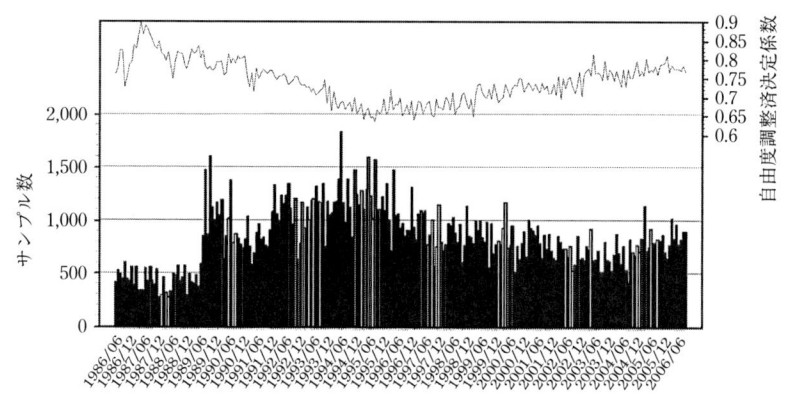

図 6.1 構造非制約型モデルの推定精度
―月次 (1986/01 ~ 2006/09)

まず，推定された主要変数の各回帰係数とサンプル数および自由度調整済み決定係数の推移を表6.3，図6.1に示す．

決定係数は，1986 ~ 1995年にかけて低下していき，1996年から上昇している．ただし，全体として平均で0.75程度を維持しており，総じて良好な結果が得られている．

サンプル数は，1986 ~ 1989年にかけては月単位で500件程度の数であったが，その後大きく増加し，全体平均では844となっている．しかし，月により3倍以上の差があることがわかる．1年のなかでは，日本における年度末で人の動きが大きい2 ~ 3月に取引が集中し，7 ~ 8月にかけては取引が大きく減少するという季節性をもつことがわかる．

しかしながら，サンプル数と決定係数との間に目立った相関はみられない．

表 6.4 主要な回帰係数の統計量（構造非制約型モデル）

主要変数	RHI: 1986/01 ~ 2006/09	NRHI: Summary statistics of estimated parameter			
		平均	標準偏差	Skewness	Kurtosis
FS：専有面積（m^2）	0.013	0.033	0.081	−0.758	−0.627
Age：建築後年数（年）	−0.190	−0.185	0.033	0.474	0.110
TS：最寄り駅までの時間（分）	−0.078	−0.082	0.019	−0.640	0.799
TT：都心までの時間（分）	−0.040	−0.041	0.032	−0.320	0.136
自由度調整済み決定係数	0.837	0.741	0.054	0.190	−0.379
サンプル数	211179	844.720	282.977	0.369	0.123

1986/01 ~ 2006/09：Monthly, Number of Mode = 250

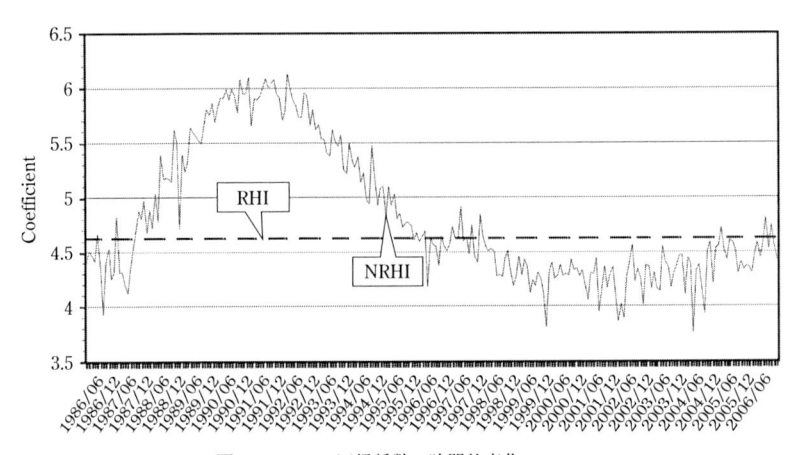

図 6.2 NRHI 回帰係数の時間的変化
—定数項 cnst（1986/01 〜 2006/09）

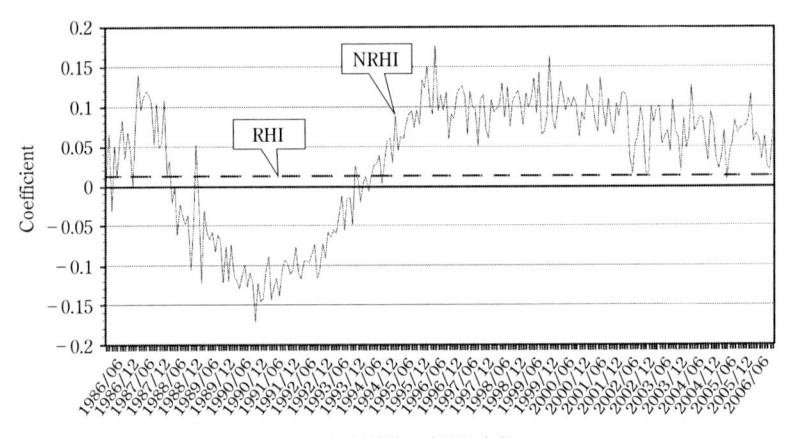

図 6.3 NRHI 回帰係数の時間的変化
—専有面積 FS（1986/01 〜 2006/09）

つづいて，推定されたモデルの回帰係数に着目した．表 6.4 には，回帰係数の 250 期分についての記述統計量を示した．また，回帰係数の時間的な変化を図 6.2 〜 6.5 に示した．いずれの回帰係数も，期ごとにあるいは数期ごとに乱高下する様子がうかがえる．しかし，その動きは時間的経過のなかでなだらかに変化するという状況ではないものの，一定の傾向がある．また，すべての変数ともに構造制約型価格指数で推定された回帰係数を中心として，その上下を変動してい

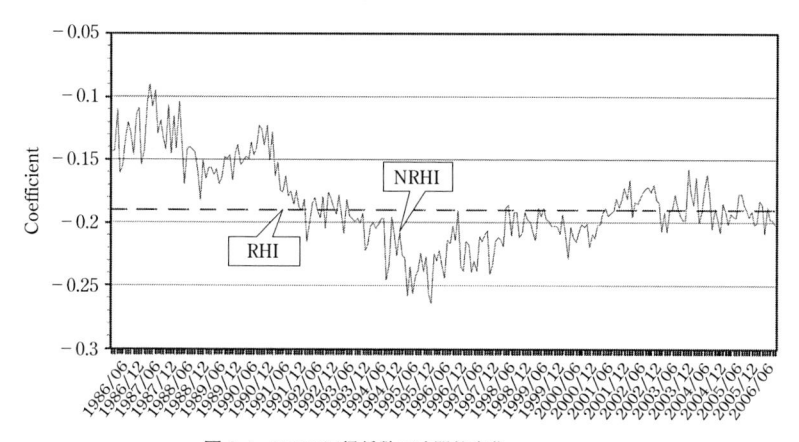

図 6.4 NRHI 回帰係数の時間的変化
　　　　―建築後年数 *Age*（1986/01 〜 2006/09）

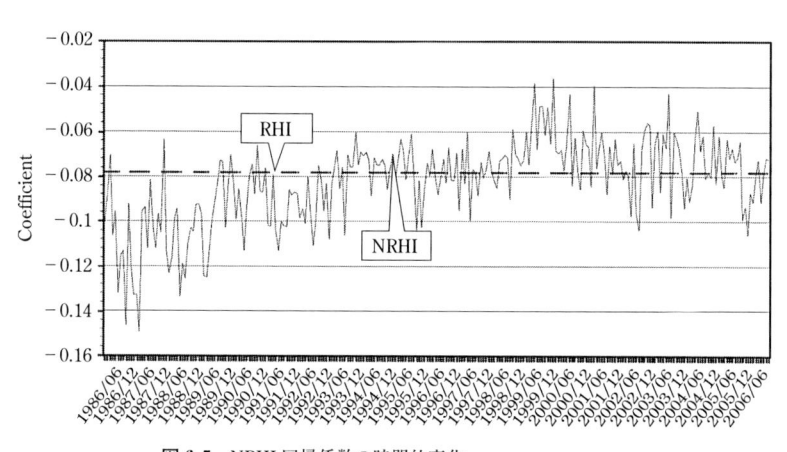

図 6.5 NRHI 回帰係数の時間的変化
　　　　―最寄り駅までの時間 *TS*（1986/01 〜 2006/09）

ることがわかる．

　表 6.4 をもとに変動係数（標準偏差/平均値）を計算してみると，専有面積は 2.428，建築後年数は -0.179，最寄り駅までの時間は -0.232，都心までの時間は -0.779 となる．つまり，「専有面積」においては，符号の転換（＋－）もあわせて大きな変化をしており，つづいて「都心までの時間」，「最寄り駅までの時間」，「建築後年数」と続く．

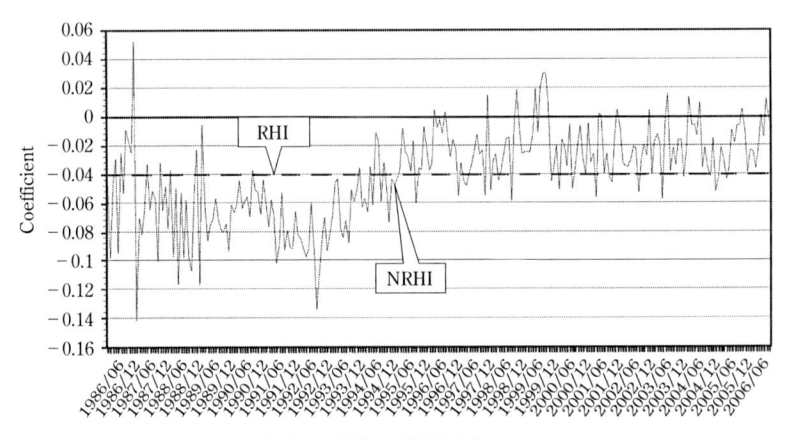

図 6.6 NRHI 回帰係数の時間的変化
—都心までの時間 TT（1986/01 ～ 2006/09）

　このように回帰係数が変化する背景には，構造変化が起こっていることが予想される．たとえば専有面積であれば，基本モデルにおいては正として推定されているが，1987 ～ 1995 年末にかけては負として推定されている．この期間とその他の期間では明らかに構造が違うことがわかる．

　一方，このような長期にわたる変化の幅を超えるような大きな変化が，短期の間に出現している点もみうけられる．たとえば，図 6.5，6.6 の「最寄り駅までの時間」および「都心までの時間」の回帰係数の変化をみると，全期間を通じて右上がりの変化の傾向がつかめる．「建築後年数」においては，1990 年代半ばにかけて右下がりで推移していき，その後，右上がりの傾向があることがわかる．しかし一方で，そうした全期間にわたる変化の幅（始期と終期とにおける回帰係数の値の差）を超えて，短期のうちに大きな乱高下が出現している．この短期の変化をそのまま構造変化とみなすことはできないものと考える．

　以上のことから，時間的経過のなかで回帰係数が変化するのは，一部には構造変化が要因としてあると考えられる．さらに一方では，期ごとの観測データ群がもつなんらかの偏りが作用しているのではないかということが予想される．

6.4.3　重複期間型価格指数の推定
a.　モデルの推定と価格構造の変化
　つづいて重複期間型価格指数を 6.2.2 項で整理した手順に基づき推計を行う．

6.4 推計結果

重複期間型においては，構造非制約型モデルの推定において明らかになった短期の構造の変動を吸収するために，一定の期間のデータをプールして推定する．このような推定法を用いることで，短期の変動を吸収できることが期待される．しかし，重複期間型モデルの推定にあたり，重複期間（τ）の設定が問題となる．

構造非制約型価格指数の推計において，住宅市場の厚み（具体的には取引件数）には季節変動特性があり，全体を通して年度末にあたる2～3月期には取引件数が多く，その後，7～8月には取引件数が減少していくという傾向があることがわかった．このような市場の季節変動特性を吸収しようとすると1年を超え

表6.5 重複期間型モデル推定結果（$\tau=12$）：東京都区部（1986/01～2006/09）

時点	定数項	FS：専有面積	Age：建築後年数	WT：最寄り駅までの時間	TT：都心までの時間	NU：総戸数	RT：市場滞留時間	サンプル数	自由度調整済み決定係数
1986/12	4.232	0.041	−0.129	−0.108	−0.046	0.002	−0.028	5497	0.785
1987/01	4.176	0.055	−0.129	−0.112	−0.047	0.003	−0.028	5425	0.796
1987/02	4.133	0.058	−0.126	−0.117	−0.043	0.007	−0.025	5446	0.812
1987/03	4.067	0.068	−0.126	−0.120	−0.045	0.008	−0.022	5383	0.824
1987/04	4.038	0.075	−0.123	−0.122	−0.050	0.011	−0.021	5492	0.835
1987/05	3.994	0.085	−0.120	−0.124	−0.048	0.014	−0.019	5316	0.849
1987/06	4.015	0.089	−0.122	−0.119	−0.050	0.013	−0.021	5268	0.854
1987/07	4.053	0.087	−0.121	−0.118	−0.050	0.013	−0.021	5372	0.856
1987/08	4.104	0.089	−0.120	−0.115	−0.057	0.012	−0.018	5083	0.859
1987/09	4.139	0.091	−0.120	−0.111	−0.059	0.012	−0.020	4986	0.857
1987/10	4.183	0.091	−0.119	−0.111	−0.059	0.012	−0.020	4888	0.852
1987/11	4.293	0.093	−0.123	−0.108	−0.066	0.012	−0.016	4863	0.846
1987/12	4.315	0.092	−0.121	−0.109	−0.066	0.012	−0.009	4792	0.839
1990/01	5.522	−0.083	−0.154	−0.092	−0.074	0.020	0.007	12360	0.788
1995/01	5.191	0.030	−0.209	−0.074	−0.047	0.019	0.030	14903	0.681
2000/01	4.244	0.105	−0.201	−0.059	−0.008	0.021	0.008	10033	0.710
2005/01	4.327	0.069	−0.185	−0.076	−0.020	0.023	0.000	8131	0.755
2006/01	4.454	0.057	−0.189	−0.075	−0.026	0.018	−0.006	9684	0.776
2006/02	4.443	0.062	−0.191	−0.076	−0.025	0.017	−0.006	9622	0.777
2006/03	4.450	0.063	−0.191	−0.079	−0.024	0.017	−0.006	9506	0.780
2006/04	4.439	0.064	−0.190	−0.080	−0.023	0.017	−0.007	9617	0.778
2006/05	4.438	0.069	−0.189	−0.080	−0.024	0.016	−0.007	9844	0.777
2006/06	4.446	0.069	−0.189	−0.082	−0.022	0.014	−0.008	9699	0.778
2006/07	4.449	0.070	−0.189	−0.083	−0.018	0.014	−0.008	9726	0.777
2006/08	4.485	0.064	−0.190	−0.084	−0.018	0.014	−0.007	9837	0.778
2006/09	4.494	0.060	−0.192	−0.083	−0.015	0.015	−0.008	9920	0.778

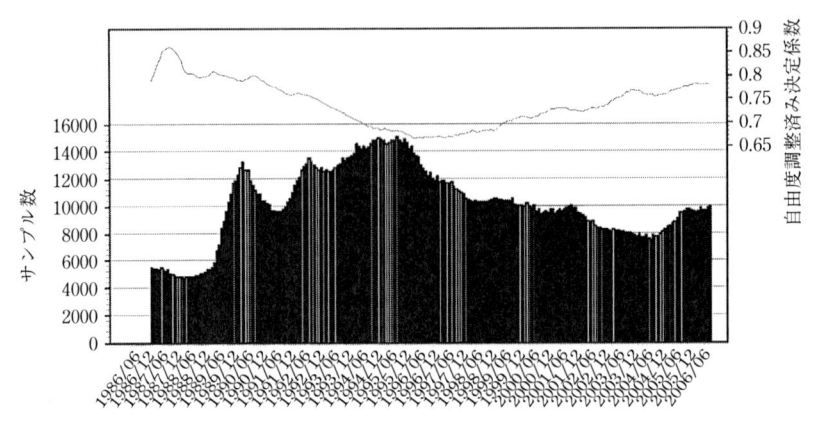

図 6.7 重複期間型価格指数の推定精度
—月次（1986/01 〜 2006/09）

て推定期間を設定した方がよい．一方，その期間が長くなると，パラメータが安定することが期待されるが，市場構造の変動を敏感にとらえることが困難となる．ここではこのような仮説を前提として，重複期間を 12 〜 36 カ月に移動していったときに，価格指数または主要変数の価格形成構造となる回帰係数に対してどのような影響が発生するのかを検証する．

まず，重複期間を 12 カ月にしたときの推定結果を表 6.5 および図 6.7 に示す．

決定係数は，構造非制約型モデルと同様に，1986 〜 1995 年にかけて低下していき，1996 年後半から上昇していくという構造となっている．また，全体として平均で 0.75 程度は維持しており，これも構造非制約型と同じく良好な結果が得られている．

表 6.6 主要な回帰係数の統計量（重複期間 $\tau = 12$ カ月）

主要変数	RHI：1986/01 〜 2006/09	OPHM：Summary statistics of estimated parameter			
		平均	標準偏差	Skewness	Kurtosis
FS：専有面積（m²）	0.013	0.033	0.079	−0.880	−0.770
Age：建築後年数（年）	−0.190	−0.185	0.030	0.545	−0.392
TS：最寄り駅までの時間（分）	−0.078	−0.082	0.015	−0.984	0.214
TT：都心までの時間（分）	−0.040	−0.042	0.023	−0.518	−1.084
自由度調整済み決定係数	0.837	0.738	0.049	0.237	−0.745
サンプル数	211179	10178.252	2709.339	−0.198	−0.467

1986/12 〜 2006/09：Monthly, Number of Mode = 238

6.4 推 計 結 果

つづいて，推定されたモデルの回帰係数に着目した．

表 6.6 には，回帰係数の 238 期分についての記述統計量を示した．また，回帰係数の時間的な変化を図 6.8 〜 6.12 に示した．

時間的経過のなかで主要な回帰係数の変化をみると，構造非制約型モデルのときの乱高下が消えてなだらかな変化となり，傾向がとらえやすくなっている．「最寄り駅までの時間」と「都心までの時間」の回帰係数は，近年にかけて絶対値が次第に小さくなる傾向にある．つまり距離に対する弾力性が小さくなってき

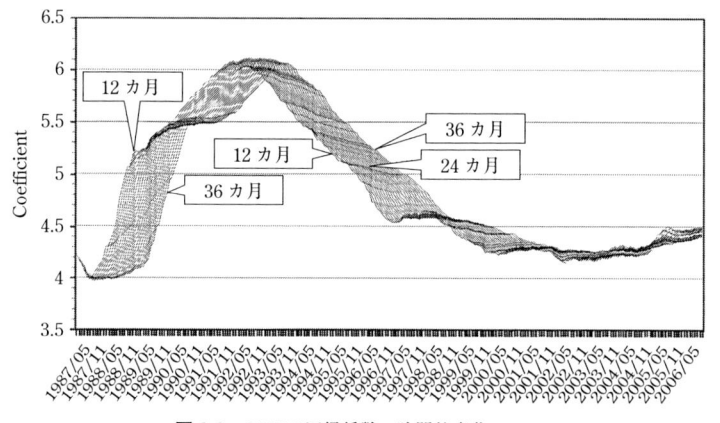

図 6.8 OPHM 回帰係数の時間的変化
—定数項 cnst（1986/01 〜 2006/09）

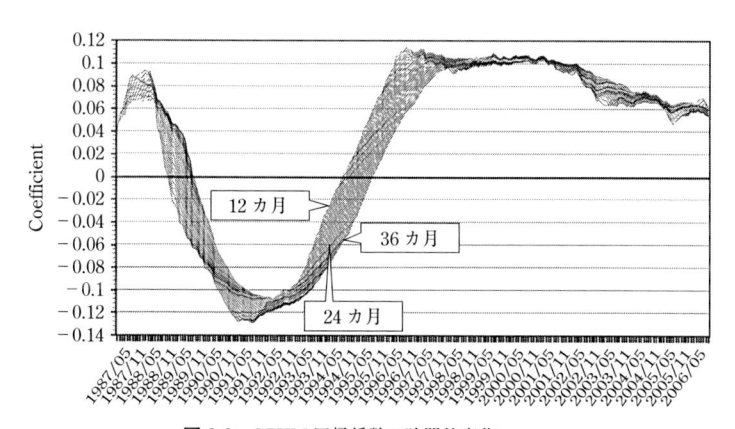

図 6.9 OPHM 回帰係数の時間的変化
—専有面積 *FS*（1986/01 〜 2006/09）

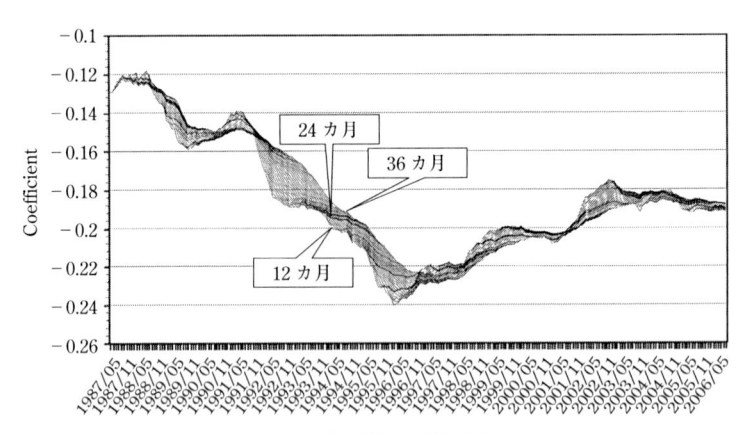

図 6.10 OPHM 回帰係数の時間的変化
　　　　—建築後年数 Age（1986/01 〜 2006/09）

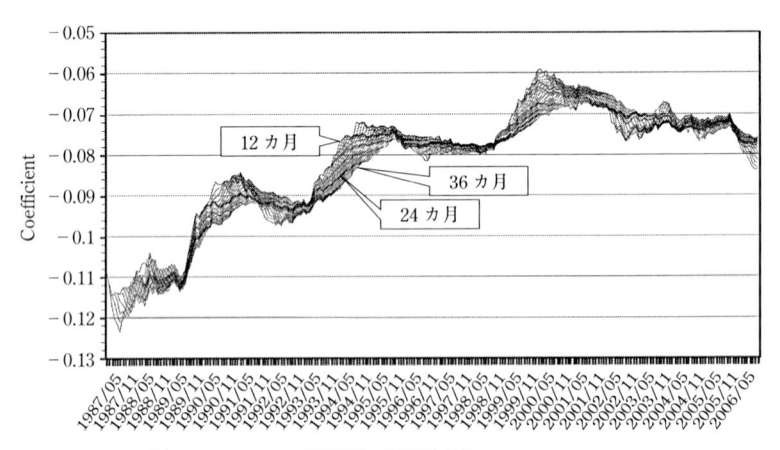

図 6.11 OPHM 回帰係数の時間的変化
　　　　—最寄り駅までの時間 TS（1986/01 〜 2006/09）

ている.「建築後年数」については，いくらか周期的な変化がうかがえる.「専有面積」については，1989 〜 1995 年にかけて負となっていたが，その後は正で推定されている．1996 年以降は 0.1 付近で安定的な傾向を示していたが，徐々に弾性値が小さくなってきていることがわかる．概括すれば，消費者の選好は立地よりも「専有面積」や「建築後年数」に重きをおくようになってきていることがわかる．

また，$\tau = 12$ カ月についての回帰係数の変動係数に着目してみると（表 6.6），

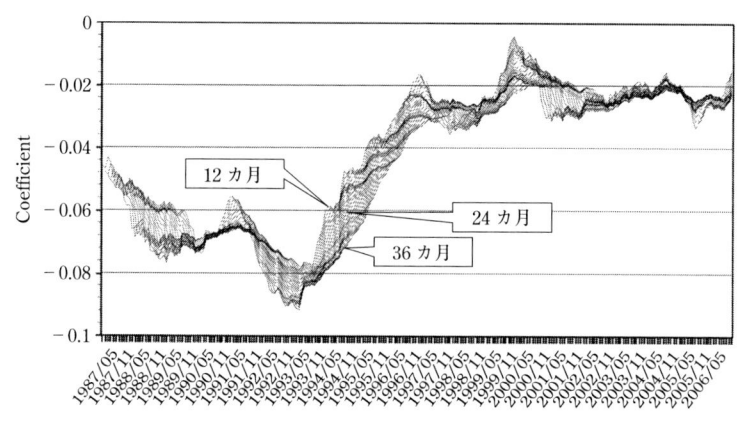

図 6.12 OPHM 回帰係数の時間的変化
——都心までの時間 TT (1986/01 〜 2006/09)

「専有面積」は 2.424(非制約型は 2.428),「建築後年数」は -0.163(非制約型は -0.179),「最寄り駅までの時間」は -0.178(非制約型は -0.232),「都心までの時間」は -0.554(非制約型は -0.779)となり,総じて非制約型より小さくなっている.しかし,「専有面積」,「建築後年数」においては,その変化は非制約型と比べてそれほど大きくない.それは,サンプルのバイアスによる時間的な変化による影響ではなく,構造が大きく変化することで回帰係数が変化したことがわかる.「最寄り駅までの時間」,「都心までの時間」は,非制約型の変動係数と比較すると大きく低下している.これは,時間単位でのサンプルの偏りにより,回帰係数の時間的な変動が大きくなっていたものと推測される.

つづいて,図 6.8 〜 6.12 において,重複期間 τ を 12 〜 36 カ月に変化させていったときの回帰係数の変化をあわせて観察した.構造非制約型モデルの推定結果と比較して各変数の回帰係数の時間的な変化をみると,重複期間(τ)が長くなるほどに回帰係数の変化に時間ラグが存在していることがわかる.その傾向はすべての変数において共通に発生している.このようなラグの存在は,価格指数に対しても影響を与えることが予想される.

b. 重複期間別指数の評価

重複期間(τ)を設定したのは,月次で区切るとその時点の観測データに固有の偏りがあったとき,それが回帰係数に反映して構造変化と識別しがたい影響をもたらすため,それを回避することを目的としていた.その偏りの背景は現段階

では明確ではないが，月別のサンプル数をみてみると，市場に物件が出回る際の季節変動特性の存在は確認された．そのため，その季節変動特性を回避しようとすると，最低でも 12 カ月は必要である．つまり，人々の移動の多い時期とそうでない時期の偏りへの対応である．しかし，重複期間（τ）を長くすると，市場の変化に対してラグをもつことも確認された．

そこで，重複期間（τ）を 12 ～ 36 カ月と変化させていったときの価格指数の様子をみたものが図 6.13 である．

回帰係数のラグが，価格指数に対しても影響を与えていることがわかる．ここで定数項の変化とあわせてみてみると，定数項においては（図 6.8）接続期間が長くなるにつれて価格上昇にラグが発生していることがわかる．一方，価格指数においては（図 6.13），接続期間が長くなるにつれて早く価格上昇が発生している．つまり，接続期間が長くなるにつれて回帰係数の影響を除去した価格変動に遅れが発生するものの，将来の価格上昇の影響を先取りしてしまい，価格指数においては，実際の価格上昇時点よりも早い時期から価格指数が上昇してしまうことがわかる．特に，急激な価格の上昇局面であった 1986 年以降のいわゆるバブル期での影響が顕著である．

このようなことから，価格指数の推定においては，重複期間（τ）は短い方がよいということが示される．そうすると取引件数の変化に伴うサンプルの季節変動特性を排除するためには 12 カ月以上の期間を重複させることが必要となるこ

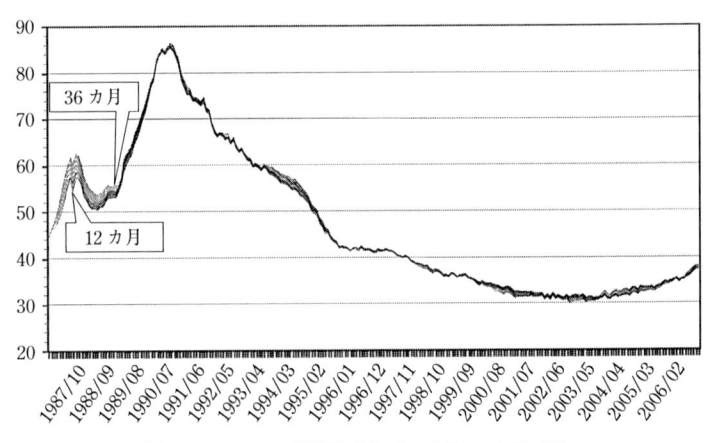

図 6.13 Index の時間的変化（1986/01 ～ 2006/09）

とから，最適な重複期間（τ）は 12 カ月であることがわかる．

6.4.4　構造制約型価格指数・構造非制約型価格指数と重複期間型価格指数の比較

前項での分析においては，重複期間型価格指数では重複期間 τ が長くなるにつれて回帰係数の変化に時間的なラグを発生させ，その時間的なラグが価格指数に対してもバイアスを発生させることがわかった．そのため，重複期間 τ はより短い方が市場の変化を適切に捕捉できる．その一方で，サンプル数には季節的なバイアスが発生するため，1 年を超えて τ を設定することが必要であることも理解された．そうすると，$\tau=12$ カ月の指数が最も市場動向を正確に捕捉できることが示された．ここで，構造制約型価格指数，非制約型価格指数，そして重複期間型価格指数（$\tau=12$ カ月）を比較した（図 6.14）．

構造制約型価格指数，構造非制約型価格指数，重複期間型価格指数（$\tau=12$ カ月）を比較すると（図 6.14），構造非制約型価格指数は「指数の変動が大きい」という点が注目される．この変動の大きさは，現実の価格の動きについてのわれわれの実感から乖離しているように思われる．なぜなら，この指数でみて大きく上昇・下落している期について，現実に特定の品質の住宅についての価格が大きく上昇・下落したという経験はない．特に，住宅は市場の流動性が低いため，瞬時に価格が変化することは想定しがたい．

「指数の変動の大小」は「指数の優劣」を評価する視点としてアプリオリにも

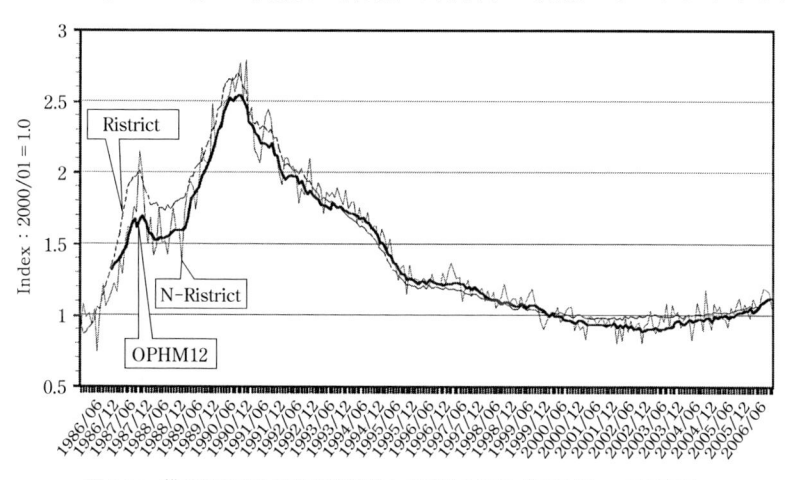

図 6.14　構造制約型と構造非制約型との指数の比較（1986/01 ～ 2006/10）

っているものではない．しかし，このような過剰とも思える変動を正当化することはできないものと考える．特に，回帰係数が大きく変化した様子が確認されたが，市場参加者がランダムに自分の選好を大きく変化させることは想定しづらく，データのバイアスによって回帰係数が大きく変化し，その結果，価格指数も変動していると推測される．

　構造制約型価格指数と重複期間型価格指数を比較してみると，1986〜1990年にかけて大きな乖離があることが示されている．そこに構造非制約型価格指数を加えて比較してみると，構造非制約型価格指数が，重複期間型価格指数を中心としてランダムに変化していることがわかる．構造非制約型価格指数は，市場の変化を最も敏感にとらえることができる一方で，サンプルのバイアスが大きいために大きく変動してしまうという特性をもっていた．このようなことを考えると，構造制約型価格指数よりも，重複期間型価格指数の方が適切に市場構造の変化をとらえることができており，より精度の高い指数であると予想できる．

7

空間計量経済モデルによる地価関数の推定

　本章では，第4章の議論を応用して公示地価データを利用した地価関数に関するモデル選択を行い，最尤法，2段階最小二乗（2SLS）法，および積率法による実証分析について解説する．不動産価格の決定においては，供給者・需要者ともに周辺の取引価格情報を参考としながら価格決定が行われる．参考とする情報は，空間的な隣接の度合いに応じて強く影響を受けることから，空間的な相関をもつことが予想される．特に，公示地価などの鑑定価格は周辺の取引価格情報を参考としつつ決定され，隣接する鑑定価格は同じ情報を共有していることが多いため，より強い形で空間的な相関をもつ．そこで7.1節では，最小二乗（OLS）残差をベースにした空間的自己相関の検出を行う．7.2節では，最尤法を用いて空間エラーモデル，空間ラグモデルおよび空間ダービンモデルを推定する．7.3節では，一般化空間的2段階最小二乗（GS2SLS）法による一般モデルの推定を行う．なお，推定にはTSP 5.0を用いた．

7.1　地価関数のOLS推定とモデル選択

7.1.1　データ

　不動産鑑定評価においては，大きく分けて取引事例比較法，収益還元法，積算法と呼ばれる手法が利用される．なかでも，取引事例比較法と呼ばれる手法が最も重要な手法として内外を問わず根付いている．これは，不動産価格の決定にお

いては供給者・需要者ともに,周辺の取引価格情報を参考としながら価格決定が行われているためである.不動産は,先に指摘したように同質の財が存在しないという特殊性を有しているものの,隣接する不動産において,財の品質が似ているため,その性質を利用して価格決定が行われている.

そうした場合,空間的に隣接する不動産の価格においては,相互に影響を及ぼしていることが予想される.また,このように価格決定された鑑定価格においては,取引事例比較法によって価格決定される場合,同一の不動産取引価格情報を共有していることが多いため,空間的な相関構造は強い形で出現することが予想

表 7.1 記述統計

(2006 年地価公示,東京特別区部,サンプルサイズ = 1007)

変数名	データの型	単位	平均	標準偏差	最小	最大
地価	対数	円/m^2	12.92	0.41	11.94	14.73
地積		m^2	5.16	0.52	3.85	7.62
前面道路幅員		m	1.65	0.32	0.69	3.4
最寄り駅までの距離		m	6.51	0.6	4.5	8.32
指定容積率		%	5.17	0.43	4.38	6.4
東京駅までの直線距離		km	2.32	0.4	0.85	2.99
中央区	ダミー変数		0.01	0.08	0	1
港区			0.03	0.17	0	1
新宿区			0.04	0.18	0	1
文京区			0.03	0.16	0	1
台東区			0.01	0.09	0	1
墨田区			0.01	0.08	0	1
江東区			0.02	0.12	0	1
品川区			0.03	0.17	0	1
目黒区			0.03	0.18	0	1
大田区			0.06	0.23	0	1
世田谷区			0.13	0.34	0	1
渋谷区			0.03	0.18	0	1
中野区			0.04	0.2	0	1
杉並区			0.09	0.28	0	1
豊島区			0.02	0.15	0	1
北区			0.03	0.18	0	1
荒川区			0.01	0.09	0	1
板橋区			0.05	0.22	0	1
練馬区			0.12	0.32	0	1
足立区			0.08	0.27	0	1
葛飾区			0.05	0.23	0	1
江戸川区			0.08	0.27	0	1

ダミー変数は千代田区を基準にしている

7.1 地価関数のOLS推定とモデル選択

される.

本章では，第4章で示した空間計量経済学の枠組みを，東京都区部の住宅地市場に適用した事例を紹介するものである.

まず本項では，地価データを利用したヘドニック回帰モデルに関する空間的自己相関の検定を行う．利用するデータは2006年調査の公示地価（国土交通省）であり，東京都区部における1007箇所の住宅地（現況の土地利用が住宅または共同住宅）を対象とする．単位面積あたりの地価を地積（土地面積），前面道路幅員，最寄り駅までの距離，指定容積率，東京駅までの直線距離などに回帰させたモデルを推定する.

表7.1は利用するデータの記述統計を，図7.1は調査地点と地価の大きさを地図上に表示している.

空間的自己相関の検定を行うために，空間重み行列を定義しなければならない．地価公示は調査地点の住所より座標（緯度・経度）が得られるので，座標点 i と座標点 j との距離 D_{ij} をベースにした空間重み行列を作成する．ここでは，距離帯に閾値を設定した行列と距離の逆数をウェイトにした行列を利用する．距離帯 b を設定し，$D_{ij}<b$ のとき $C_{ij}=1$，それ以外のとき0となる行列を利用して次の標準化された重み行列を定義する.

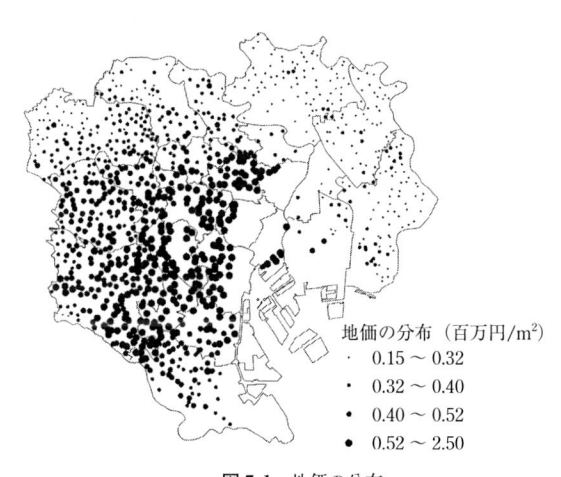

図7.1 地価の分布
（2006年地価公示，東京特別区部，サンプルサイズ＝1007）

地価の分布（百万円/m²）
・ 0.15 〜 0.32
・ 0.32 〜 0.40
・ 0.40 〜 0.52
● 0.52 〜 2.50

$$W[b] = \begin{cases} \dfrac{C_{ij}}{\sum_j C_{ij}} & i \neq j \\ 0 & i = j \end{cases} \quad (7.1)$$

ここで，減衰パラメータ δ は（1.0, 2.0, 3.0）値を設定する．空間重み行列は δ の値が高くなるほど，最も近い地点のウェイトが大きくなる傾向になる．$W[b]$ の非対角要素は隣接した地区にだけ共通の重みが設定され，$W[\delta]$ は非対角要素に近接性に応じた異なる重みが設定される．

また，距離の逆数を利用して標準化された重み行列を定義する．

$$W[\delta] = \begin{cases} \dfrac{1/D_{ij}^{\delta}}{\sum_j (1/D_{ij}^{\delta})} & i \neq j \\ 0 & i = j \end{cases} \quad (7.2)$$

1007 地点間の距離の平均（$\sum_j D_{ij}/n$）は図 7.2 のように，10～20 km の区間にほとんどが分布している．図 7.3 は距離帯に閾値 $b = (0.5, 1.0, 2.0)$ [km] を設定した 3 つの隣接行列について，隣接している地点の数の分布を調べたものである．閾値を高めにするほど，隣接地区の数が多い重み行列になることが示されている．平均隣接地点数は $b = 0.5$ のとき 3.3，$b = 1.0$ のとき 7.6，$b = 2.0$ のとき 23.8 である．

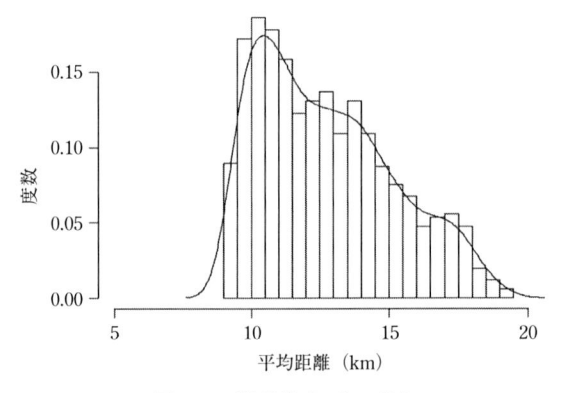

図 7.2 平均距離 (km) の分布

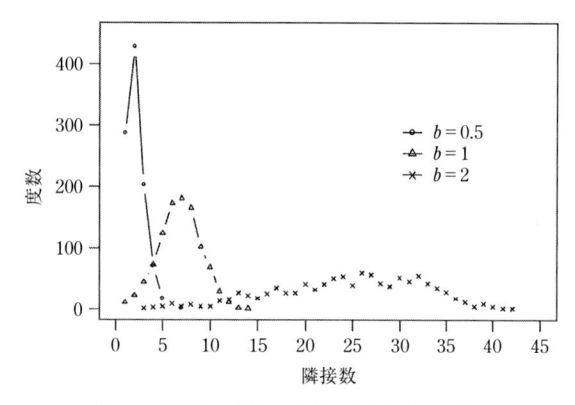

図 7.3　距離帯に閾値 b を設定したときの隣接数

7.1.2　OLS 推定と空間的自己相関の検定

単位面積あたり地価を被説明変数としたヘドニック関数を OLS 法で推定した結果を表 7.2 にまとめた．指定容積率を除く係数推定値は，地価データを利用したいくつかの分析（Shimizu and Nishimura, 2006 など）と同じ符号で有意に推定されており，フィットもよい．

この推定から得られる OLS 残差 e を利用して，空間的自己相関の程度を図示したものが図 7.4 の Moran 散布図である．空間重み行列は 3 種類の距離帯閾値を利用したものと，3 種類の減衰パラメータを利用したものの 6 種類をあらかじ

表 7.2　地価関数の推定結果（OLS）

変数	推定値	t 値	p 値
定数項	14.421	92.38	[.000]
地積	0.095	9.23	[.000]
前面道路幅員	0.155	9.7	[.000]
最寄駅までの距離	-0.112	-14.19	[.000]
指定容積率	-0.024	-1.62	[.000]
東京駅までの直線距離	-0.34	-13.48	[.000]
区ダミー（千代田区を基準）	Yes		
サンプルサイズ	1007		
R^2	0.93		
adj. R^2	0.92		
回帰の標準誤差	0.11		
対数尤度	795.09		
AIC	-767.09		

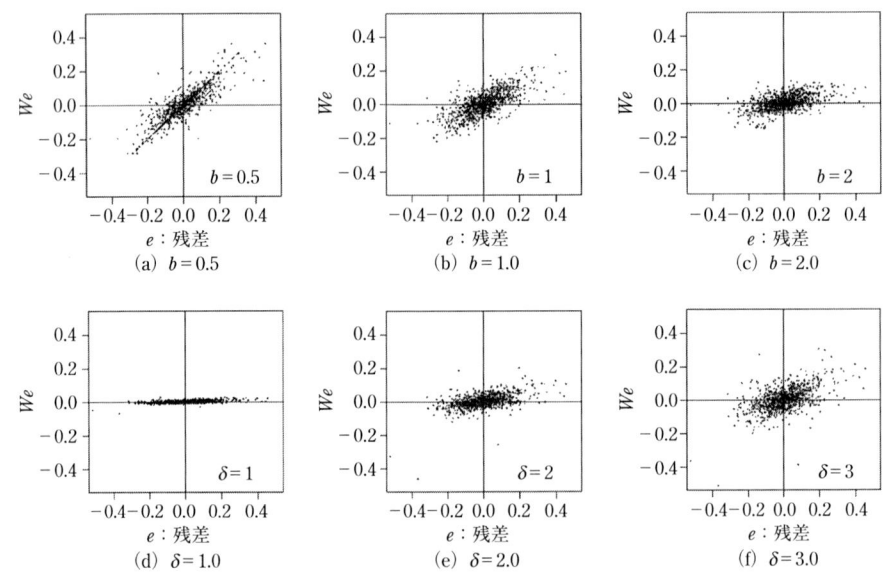

図 7.4 Moran 散布図

め設定しており，それぞれに対応した散布図を描いている．この図は横軸に残差 e を，縦軸に We をとっている．原点を通過する回帰直線の傾きは(4.9)式におけるMoran's I に等しくなる．いずれの空間重み行列においても，残差に関して正の空間的相関が予想される．

表7.3はOLS残差と空間重み行列を利用して計算できるMoran's I（を標準化

表 7.3 Moran's I とラグランジュ乗数検定

	$b=0.5$	$b=1.0$	$b=2.0$	$\delta=1.0$	$\delta=2.0$	$\delta=3.0$
Moran's $I : Z_I$	7.893	17.434	21.205	26.698	21.449	17.990
	[0.000]	[0.000]	[0.000]	[0.000]	[0.000]	[0.000]
$H_0 : \lambda=0 : LM_\lambda$	487.475	568.304	419.816	174.007	341.920	274.382
	[0.000]	[0.000]	[0.000]	[0.000]	[0.000]	[0.000]
$H_0 : \rho=0 : LM_\rho$	458.054	531.378	312.145	17.879	176.510	270.309
	[0.000]	[0.000]	[0.000]	[0.000]	[0.000]	[0.000]
$H_0 : \lambda=0 : LM_\lambda^*$	36.124	96.513	167.974	156.247	173.940	42.206
(with $\rho \neq 0$)	[0.000]	[0.000]	[0.000]	[0.000]	[0.000]	[0.000]
$H_0 : \rho=0 : LM_\rho^*$	6.703	59.587	60.303	0.120	8.530	38.132
(with $\lambda \neq 0$)	[0.010]	[0.000]	[0.000]	[0.730]	[0.003]	[0.000]

[ ] 内は p 値である．Z_I は標準正規分布，$LM_\lambda, LM_\rho, LM_\lambda^*, LM_\rho^*$ は自由度1の χ^2 分布に従う．

した Z_l) とラグランジュ乗数による検定統計量を示している．Z_l は標準正規分布に従い，いずれの空間重み行列においても p 値は十分に小さい．したがって，なんらかの空間的自己相関が存在していることが示唆される．

ラグランジュ乗数による検定統計量 $LM_\lambda, LM_\rho, LM_\lambda^*, LM_\rho^*$ は自由度 1 の χ^2 分布に従う．$H_0: \lambda = 0$ および $H_0: \rho = 0$ に対する検定は統計量 LM_λ と LM_ρ を利用する．この場合，どちらも有意であり，帰無仮説は両方とも棄却される．

図 4.11 のフローチャートに従い，ロバストな検定を行った結果も示した．距離帯閾値を $b = 0.5, b = 1.0, b = 2.0$ に設定した場合，LM_λ^*, LM_ρ^* はどちらも有意であり，減衰パラメータを $\delta = 2.0, \delta = 3.0$ に設定した場合も同様である．減衰パラメータを $\delta = 1.0$ に設定した場合のみ，$\lambda \neq 0$ という条件のもとで $H_0: \rho = 0$ は棄却できない．LM_λ^*, LM_ρ^* の大きさを比較すると，すべての空間重み行列のケースで $LM_\lambda^* > LM_\rho^*$ であるから，この回帰モデルでは，攪乱項における空間的自己相関が存在している可能性がある．

説明変数の抜け落ちや関数型の定式化を見直すことで改善できるケースも考えられるが，実際には，分析者によってすべての変数が観察されることはまれである．そのような観察できない変数の空間的自己相関が攪乱項に反映され，推定値に悪影響を及ぼしている可能性は十分にある．そのような場合には，(4.11)式にモデルを特定化して推定することがラグランジュ乗数検定によっても推奨できる．

7.2　地価関数の最尤推定

最尤法を利用して，空間エラーモデルおよび空間ラグモデルで定式化された地価関数を推定する．空間重み行列は前節と同様に距離帯に 3 種類の閾値を設定したものと，距離の減衰パラメータに 3 種類の値を設定したものを与えた．

表 7.4 は最尤法による空間エラーモデルの推定結果を示している．λ の推定値は空間重み行列の設定によって大きく変わってしまうが，有意に推定されている．ラグランジュ乗数検定で示唆されたように，地価関数において攪乱項における空間的自己相関が存在している可能性は強い．空間的自己相関を考慮しない線形回帰モデルの最小二乗推定では，指定容積率の係数推定値は有意でなかったが，ここでは有意に負である．

表7.4 空間エラーモデルによる地価関数の推定結果（最尤法）

	ウェイト：$W[b]$			ウェイト：$W[\delta]$		
	$b=0.5$	$b=1.0$	$b=2.0$	$\delta=1.0$	$\delta=2.0$	$\delta=3.0$
定数項	14.457***	14.460***	14.438***	14.450***	14.750***	14.705***
	(0.117)	(0.118)	(0.134)	(0.141)	(0.12)	(0.114)
地積	0.086***	0.072***	0.080***	0.092***	0.074***	0.070***
	(0.007)	(0.007)	(0.007)	(0.008)	(0.007)	(0.006)
前面道路幅員	0.166***	0.170***	0.167***	0.156***	0.160***	0.162***
	(0.012)	(0.011)	(0.011)	(0.013)	(0.011)	(0.011)
最寄り駅までの距離	−0.104***	−0.077***	−0.088***	−0.107***	−0.089***	−0.088***
	(0.007)	(0.007)	(0.007)	(0.007)	(0.007)	(0.007)
指定容積率	−0.029**	−0.028**	−0.021*	−0.024*	−0.031***	−0.033***
	(0.013)	(0.012)	(0.012)	(0.013)	(0.012)	(0.012)
東京駅までの直線距離	−0.341***	−0.383***	−0.396***	−0.351***	−0.399***	−0.377***
	(0.025)	(0.031)	(0.04)	(0.027)	(0.029)	(0.028)
区ダミー		Yes			Yes	
λ	0.346***	0.675***	0.907***	0.969***	0.985***	0.680***
	(0.031)	(0.026)	(0.020)	(0.022)	(0.009)	(0.030)
$\hat{\sigma}$	0.083	0.081	0.092	0.107	0.092	0.091
最大対数尤度：$\log L_C$	831.532	920.864	894.897	822.745	934.249	934.249
AIC	−830.532	−919.864	−893.897	−821.745	−933.249	−931.135

（ ）内は標準誤差を示している．***は1%で，**は5%で，*は10%で有意であることを示している．

表7.5 空間ラグモデルによる地価関数の推定結果（最尤法）

	ウェイト：$W[b]$			ウェイト：$W[\delta]$		
	$b=0.5$	$b=1.0$	$b=2.0$	$\delta=1.0$	$\delta=2.0$	$\delta=3.0$
定数項	10.234***	7.174***	6.533***	6.326***	5.619***	7.392***
	(0.097)	(0.096)	(0.108)	(0.121)	(0.109)	(0.103)
地積	0.076***	0.073***	0.084***	0.093***	0.087***	0.081***
	(0.006)	(0.006)	(0.007)	(0.008)	(0.007)	(0.007)
前面道路幅員	0.132***	0.141***	0.153***	0.156***	0.155***	0.152***
	(0.01)	(0.01)	(0.011)	(0.013)	(0.012)	(0.011)
最寄り駅までの距離	−0.084***	−0.079***	−0.095***	−0.111***	−0.098***	−0.088***
	(0.006)	(0.006)	(0.006)	(0.007)	(0.006)	(0.006)
指定容積率	−0.017	−0.009	−0.005	−0.019	−0.013	−0.014
	(0.010)	(0.010)	(0.011)	(0.013)	(0.012)	(0.011)
東京駅までの直線距離	−0.230***	−0.118***	−0.070***	−0.249***	−0.113***	−0.123***
	(0.018)	(0.018)	(0.020)	(0.023)	(0.021)	(0.020)
区ダミー		Yes			Yes	
ρ	0.285***	0.492***	0.542***	0.606***	0.618***	0.481***
	(0.001)	(0.001)	(0.000)	(0.000)	(0.000)	(0.000)
$\hat{\sigma}$	0.087	0.087	0.098	0.109	0.101	0.095
最大対数尤度	830.541	916.195	876.851	804.061	873.095	917.700
AIC	−829.541	−915.195	−875.851	−803.061	−872.095	−916.700

（ ）内は標準誤差を示している．***は1%で，**は5%で，*は10%で有意であることを示している．

7.2 地価関数の最尤推定

表 7.6 制約なし空間ダービンモデルの推定結果

	ウェイト：$W[b]$			ウェイト：$W[\delta]$		
	$b=0.5$	$b=1.0$	$b=2.0$	$\delta=1.0$	$\delta=2.0$	$\delta=3.0$
定数項	8.761***	5.941***	4.664***	−14.124***	1.276***	5.564***
	(0.105)	(0.176)	(0.425)	(−2.706)	(0.361)	(0.189)
地積	0.065***	0.066***	0.078***	0.093***	0.079***	0.076***
	(0.009)	(0.007)	(0.007)	(0.007)	(0.007)	(0.007)
前面道路幅員	0.181***	0.17***	0.168***	0.141***	0.154***	0.16***
	(0.015)	(0.011)	(0.012)	(0.011)	(0.011)	(0.011)
最寄り駅までの距離	−0.073***	−0.065***	−0.083***	−0.082***	−0.078***	−0.08***
	(−0.011)	(−0.007)	(−0.007)	(−0.007)	(−0.007)	(−0.007)
指定容積率	−0.049***	−0.028**	−0.016	−0.015	−0.03**	−0.034***
	(−0.018)	(−0.012)	(−0.012)	(−0.012)	(−0.012)	(−0.012)
東京駅までの直線距離	−0.449**	−0.373***	−0.459***	−0.532***	−0.501***	−0.51***
	(−0.208)	(−0.130)	(−0.105)	(−0.056)	(−0.059)	(−0.091)
W_地積	0.007	0.027*	0.106***	1.888***	0.083***	0.019
	(0.012)	(0.016)	(0.038)	(0.253)	(0.031)	(0.014)
W_前面道路幅員	−0.098***	−0.135***	−0.162***	−1.173***	−0.205***	−0.116***
	(−0.019)	(−0.023)	(−0.049)	(−0.331)	(−0.045)	(−0.023)
W_最寄り駅までの距離	−0.001	−0.012	−0.014	−0.802***	−0.035	0.007
	(−0.013)	(−0.011)	(−0.019)	(−0.158)	(−0.024)	(−0.012)
W_指定容積率	0.041**	0.047**	0.075*	0.936***	0.114***	0.063***
	(0.021)	(0.022)	(0.043)	(0.287)	(0.042)	(0.022)
W_東京駅までの直線距離	0.244	0.27**	0.475***	2.926***	0.67***	0.431***
	(0.209)	(0.134)	(0.128)	(0.524)	(0.110)	(0.106)
区ダミー		Yes			Yes	
W_区ダミー		Yes			Yes	
ρ	0.387***	0.564***	0.605**	0.929***	0.847**	0.587**
	(0.001)	(0.001)	(0.001)	(0.000)	(0.001)	(0.001)
$\hat{\sigma}$	0.077	0.079	0.091	0.093	0.088	0.087
最大対数尤度：$\log L_U$	869.647	987.202	939.782	957.971	990.78	984.845
AIC	−868.647	−986.202	−938.782	−956.971	−989.78	−983.845
LR	76.229	132.677	89.77	270.453	113.063	105.42
p 値	[0.000]	[0.000]	[0.000]	[0.000]	[0.000]	[0.000]

（　）内は標準誤差を示している．***は1％で，**は5％で，*は10％で有意であることを示している．

　表 7.5 は最尤法による空間ラグモデルの推定結果を示している．ρ の推定値も空間重み行列の設定によって大きく変わってしまうが，有意に推定されている．この場合，定数項の係数推定値が空間重み行列の設定によって大きく異なる点に注意が必要である．

　表 7.3 でのロバストなラグランジュ乗数検定は，空間エラーモデルによる定式

化が望ましいことを示唆していた．表7.4,7.5の2つのモデルのAICを比較すると，モデルの適合度の点でも空間エラーモデルによる定式化が優れていることがわかる．

4.3.5項で述べた空間的共通因子制約（spatial common factor restriction）について検討しよう．表7.4（空間エラーモデル）は制約付きモデルの推定結果に対応している．尤度比検定を行うためには，制約なしモデルを推定する必要がある．すなわち，説明変数のラグを含んだ空間ラグモデル（空間ダービンモデル）を推定する．

表7.6はこの推定結果を示している．説明変数のラグの係数推定値は「W_地積」のように表示された行で示されている．ここで得られる最大対数尤度 $\log L_U$ と表7.4の推定で得られた $\log L_C$ を利用して計算できる尤度比検定統計量 LR (4.20)は自由度27の χ^2 分布に従う．p 値はいずれの空間重み行列においても十分に小さいことから，空間的共通因子制約の仮説を棄却する．すなわち，モデルの定式化としては「説明変数のラグを含んだ」空間ラグモデルの方がより望まし

表7.7 一般モデルの地価関数推定（GS2SLS法）

	ウェイト：$W[b]$			ウェイト：$W[\delta]$		
	$b=0.5$	$b=1.0$	$b=2.0$	$\delta=1.0$	$\delta=2.0$	$\delta=3.0$
定数項	12.670***	8.604***	7.100***	12.122***	8.804***	8.545***
	(0.860)	(0.704)	(0.865)	(2.408)	(0.958)	(0.623)
地積	0.071***	0.069***	0.081***	0.077***	0.080***	0.080***
	(0.006)	(0.007)	(0.007)	(0.007)	(0.007)	(0.007)
前面道路幅員	0.179***	0.164***	0.163***	0.156***	0.161***	0.158***
	(0.010)	(0.010)	(0.012)	(0.011)	(0.012)	(0.011)
最寄り駅までの距離	−0.082***	−0.075***	−0.090***	−0.091***	−0.093***	−0.091***
	(0.007)	(0.006)	(0.007)	(0.007)	(0.007)	(0.007)
指定容積率	−0.037***	−0.021*	−0.011	−0.025**	−0.024*	−0.018
	(0.012)	(0.011)	(0.012)	(0.012)	(0.012)	(0.012)
東京駅までの直線距離	−0.262***	−0.160***	−0.096**	−0.317***	−0.212***	−0.157***
	(0.043)	(0.036)	(0.042)	(0.039)	(0.036)	(0.029)
ρ	0.127**	0.400***	0.505***	0.183	0.409***	0.405***
	(0.058)	(0.048)	(0.059)	(0.180)	(0.067)	(0.042)
λ	0.711**	0.515*	0.542***	5.660	0.624***	0.149*
	(0.354)	(0.286)	(0.115)	(5.112)	(0.077)	(0.081)
区ダミー		Yes			Yes	
$\hat{\sigma}$	0.059	0.081	0.096	0.096	0.097	0.096
adj. R^2	0.819	0.866	0.825	0.954	0.838	0.926

( )内は標準誤差を示している．***は1%で，**は5%で，*は10%で有意であることを示している．

いことが示唆される．

7.3 GS2SLS法による一般モデルの推定

　GS2SLS法を利用して，攪乱項および内生変数の自己回帰係数を同時にもつ地価関数の一般モデル推定を行ってみる．ここでも，空間重み行列は距離帯を定義した重みと距離の減衰パラメータを定義した重みを利用する．

　表7.7はGS2SLS法による地価関数の推定結果である．地積，前面道路幅員，最寄り駅までの距離は，どの重みでもほぼ安定的に推定されているが，指定容積率，東京駅までの直線距離は，重みのとり方によって大きく変化する．$\delta=1.0$の場合は，ρおよびλの推定値は有意でない．ロバストなラグランジュ乗数検定では，$\lambda \neq 0$のもとで$\rho=0$の帰無仮説は棄却できなかった．したがって，$\delta=1.0$の場合は，自己回帰のオーダーを落としたうえで，空間ラグモデルないし空間ダービンモデルで推定することが望ましい．

8

用途別賃料関数の推定

　本章は，ヘドニックアプローチにより，オフィス・住宅のそれぞれの用途別賃料関数の推定事例を紹介する．前章までにおいては，中古マンション価格・土地価格といった不動産価格指標を用いた分析例を示した．ここでは，オフィス・住宅に関する賃料データを用いて，各土地利用の用途にあわせた賃料関数の推定を行った．また，不動産市場分析においては，地理情報システム（Geographic Information Systems, GIS）はきわめて有効な道具として利用できる．GIS の利用により，位置座標データが取得できるようになっただけでなく，土地利用の状況や敷地の形状，面積等もあわせて捕捉できるようになってきた．また，周辺環境に関する情報も獲得できるようになった．このようなデータは，不動産市場の計量分析においてきわめて重要な道具として利用できるものと考える．本章では，GIS を用いて土地利用の変化を調べ，土地利用の変化に対して利用転換前後の賃料の格差がどのように影響を与えているのかを調べた推計例を示した．

8.1　土地利用による賃料格差

　都市部における不動産利用市場では，常に利用形態が変化している．地方都市も含めて都市部の至るところで再開発事業が行われ，土地の併合，土地利用の高度化や転換が行われている．不動産市場を分析する際には，土地利用の制約による収益の格差問題や土地利用の変化を分析することが，きわめて重要となる．

土地利用転換や再開発は，それらの事業を通じてより高い収益性を確保できる土地利用へと転換していくために実施される．

　そこで，本章においては2つの実証分析の事例を紹介する．第一に，東京都区部のオフィス市場に着目し，住宅市場と比較した場合にどの程度の収益格差が存在しているのかを調べる．第二に，土地利用転換の様子を観察する．土地利用転換と土地利用収益に関して分析した研究としては，Brueckner（1980），Wheaton（1982）がある．

8.2　土地利用の非効率性と収益格差

8.2.1　企業・家計の立地と土地利用収益

　土地市場においては，基本的には供給量が一定であるために，希少な資源をどのように配分していくのかといったことは，他の生産要素市場との比較においても，より重要な経済問題となる．特に，国土面積が狭く，なかでも都市的土地利用が可能な土地面積が限定されるわが国においては，効率的に土地資源を配分していくことは，重要な政策課題となる．

　しかし，土地は同質の財が存在しないという特殊性をもつがゆえに，個々の土地ごとにおいて最適な土地利用が異なるといった特殊性をもち，さらに土地利用には外部性を伴うことから，この問題を複雑にしている．

　ここでは，土地市場が効率的であるならば，それぞれの合理的な土地所有者は最も高い収益を獲得することができるような土地利用を選択するものと想定する．さらに，本章では，土地利用強度の強い都市部を対象とし，問題を単純化するためにオフィス・住宅の2つの用途に限定しモデルを設定する．

　また，2つの土地利用を比較し，第一期において収益率に格差が存在している場合には，将来収益と転用コスト（撤去費用を含む）を加味したうえで，より高い収益が得られるのであれば，第二期にむけて用途転換が実施されるものと仮定する．現実的には，それぞれの土地所有者がそれぞれの土地利用により獲得できる収益に関する情報をもっていなかったり（情報の不完全性），高い転用費用が存在したりするだけでなく，土地建物利用規制や外部性が存在するために，利用転換にはさまざまな要素が複雑に相互に関連している．

　このような問題は，再開発の実施やオフィス建物から住宅用建物へのコン

バージョンの問題として設定される.

土地の再開発に関する研究である Brueckner (1980) と Wheaton (1982) では,ある仮定のもとで最適な再開発が行われる条件を次のように表現している.

$$V^R - V^C \geq 0 \tag{8.1}$$

ここで,V^R は再開発された不動産から得られる収入の割引現在価値,V^C は現在の用途から生まれる不動産収入の割引現在価値である.

Munneke (1996) と McGrath (2000) は(8.1)式の左辺で示された差分の値によって,再開発の確率がどの程度高まるのかをプロビットモデルを利用して推定している(データはどちらもシカゴ市の不動産).結果は,どちらの研究も (8.1) 式の仮説を支持するものであった.

8.2.2 収益格差の推計モデル

ここではオフィス市場に着目し,住宅市場と比較してどの程度の収益格差が存在しているのかを測定するために,現在の土地利用のもとで発生している収益と他の土地利用に転換した際に獲得できる収益を比較して,後者が超過しているときの超過収益分を「機会損失」であると定義する.

はじめに,東京都区部におけるオフィス市場の非効率性を住宅市場との対比において測定する.そのため,まず,比較のベースとなる東京都区部のオフィス用途に対する市場賃料関数を推定することからはじめる.オフィス賃料は需要者である企業の立地行動の帰結として決定されるものであり,ビジネスコミュニケーションの利便性や従業員の通勤のしやすさ,広さ等の職場環境などによって決定される.経済集積と空間間の相互作用を考慮するための指標としては,Hidano (2003) におけるハフモデルを基礎においたアクセシビリティ指標や八田・唐渡 (2001) のような労働者数のポテンシャル関数などが提案されているが,ここでは 1991～2004 年と 14 年間をプールしたデータ群であることから乗降客数によって調整された「都心までの時間 (TT)」だけを考慮することにする.

そこで,オフィス賃料関数は,(8.2)式のように設定する.

$$\log RO/FS = a_0 + \sum_h a_{1h} \log X_h + \sum_i a_{2i} \log Z_i + \sum_j a_{3j} \cdot LD_j + \sum_k a_{4k} \cdot RD_k + \sum_l a_{5l} \cdot TD_l + \varepsilon \tag{8.2}$$

RO_{it}:オフィス賃料(円)

8.2 土地利用の非効率性と収益格差

R_{it}：住宅賃料（円）
X_h：主要変数
　FS：専有面積（m²）
　Age：建築後年数
　TS：最寄り駅までの時間
　TT：都心までの時間
Z_i：その他の変数
　TA：総床面積
　RT：市場滞留時間（週）
　BC：その他の建物属性
LD_j：地域ダミー（$j=0,\cdots,J$）
RD_k：沿線ダミー（$k=0,\cdots,K$）
TD_l：時間ダミー（$l=0,\cdots,L$）

また，本モデルではオフィス市場とともに住宅市場との比較を行う二用途モデルを想定している．そこで，住宅に対する付け値関数を推定する．住宅においては，就業地への通勤のしやすさといった「都心までの時間（TT）」や「最寄り駅までの時間（TS）」，「建築後年数（Age）」とともに，構造などの建物特性や開口部の向きなどによって決定されるものと設定した．

さらに，住宅においては，単身者が中心に立地するワンルーム系の集合住宅賃料と DINKS などの小規模世帯が立地するコンパクトタイプの住宅賃料，大規模世帯が立地するファミリータイプ系の住宅賃料では，価格構造がそれぞれ異なることが知られている．つまり，単身者・DINKS などの小規模世帯と，子供と同居している大規模世帯では立地選好が異なり，それぞれ異なる付け値をもつ（Shimizu, *et al*., (2004))．そこで，これらの立地特性を識別することができる次のようなダミー変数を投入し，モデルを(8.3)式のように修正する．

Dm_{1R}：if　$FS \leq 30$ and Type = 1R，1K　then 1，others 0
Dm_{Fa}：if　$60 \leq FS$ and Type = 2LDK，3K，3LDK，
　　　　4K，4LDK　then 1，others 0

$$\log RC/FS = a_0 + \sum_h a_{1h} \log X_h + \sum_i a_{2i} \log Z_i + \sum_j a_{3j} \cdot LD_j$$
$$+ \sum_k a_{4k} \cdot RD_k + \sum_l a_{5l} \cdot TD_l + \sum_{h,m} a_{6hm} (\log X_h)(Dm_{1R.m}) \quad (8.3)$$
$$+ \sum_{h,n} a_{6hn} (\log X_h)(Dm_{Fa.n}) + \varepsilon$$

このように推定された付け値関数に基づき，その理論値を利用して各建物単位

における収益格差を次の指標を用いて測定する．オフィスストックは，東京都都市計画局「土地建物利用現況調査」データを用いた（詳細は，清水，2004 第14章；清水・唐渡，2007b 参照）．

$$Rent\ Gap_{it} = \frac{RC_{it}}{RO_{it}} \quad (8.4)$$

$Rent\ Gap_{it} > 1$ のときには，オフィス市場ではオフィス賃料よりも住宅賃料の方が上回り，非効率性が存在していることになる．また，オフィス市場の非効率性のコストをオフィス建物利用ときの住宅建物利用の収益に対する超過収益に着目し測定する (8.5)式．

$$Excess\ Return(ER)_{it} = \sum_{i}(RO_{it} - RC_{it}) \quad (8.5)$$

一般的には，オフィス賃料と住宅賃料を比較した際には，住宅賃料よりもオフィス賃料の方が高いという傾向にある．これを土地利用の選択に伴う超過収益と考える．そのように定義すると，$ER \leq 0$ になると，住宅賃料が事務所賃料を上回ったこととなり，レントギャップが存在していることとなる．

8.3 土地利用の非効率性の測定

8.3.1 データベースの構築

前節で設定したモデルを推定するためには，オフィス賃料，住宅賃料およびオフィスストックに関する3つのデータベースを構築する必要がある．

まずオフィス賃料データについては，全国宅地建物取引業協会によって調査された1991年1月～2004年12月の賃料データを用いることとした．同データには，当該期間における成約賃料で13147件のデータが存在した．

一方，住宅賃料データについては，リクルート社の『週刊住宅情報・賃貸版』に掲載された情報を用いた．1991年1月～2004年12月に488348件のデータが存在した．オフィス賃料，住宅賃料それぞれの要約統計量を表8.1, 8.2に示す．

各データベースともに，いわゆるバブル期からバブルの崩壊過程を経て現在に至るまでの14年間のデータであることから，価格が大きく変化した時期のデータを含む．まず，賃料価格（円/m^2）に着目してみると，オフィス賃料は最小値1815円，最大値で13310円，平均値は4851円である．住宅賃料では最小値1600

8.3 土地利用の非効率性の測定

表 8.1 オフィス賃料データの統計分布

	最小値	最大値	平均値	標準偏差
賃料（円）/m^2	1815.00	13310.00	4851.48	1925.12
専有面積（m^2）	5.00	6174.00	264.02	309.87
都心までの時間（分）	1.00	50.00	12.46	6.25
建築後年数（年）	0.00	55.00	16.19	10.29
最寄り駅までの時間（分）	0.00	33.00	4.13	2.91
延べ床面積（m^2）	38.00	49786.00	3426.36	4520.41

サンプル数 = 13147

表 8.2 住宅賃料データの統計分布

	最小値	最大値	平均値	標準偏差
賃料（円）/m^2	0.00	0.00	0.00	0.00
専有面積（m^2）	14.01	119.97	41.03	20.63
都心までの時間（分）	0.00	115.00	10.53	7.17
建築後年数（年）	0.00	29.00	9.26	7.28
最寄り駅までの時間（分）	0.00	28.00	6.76	3.89

サンプル数 = 488348

円から最大値 13300 円を含み，平均値は 3248 円である．この 2 つの市場の賃貸データは，おおよそ同様のレンジ幅をもつことがわかる．また，オフィスにおいてはきわめて小規模なものから大型建物までを含み，住宅においてはワンルームマンションから高級賃貸マンションまでを含むものとなっている．さらに，立地に着目してみると，最寄り駅までの時間では，オフィス賃料データは平均で 4.13 分であるのに対して，住宅賃料データでは 6.76 分となっており，オフィスの方が利便性の高いところに立地していることが改めて確認できる．建築後年数においては，日本の賃貸住宅市場の歴史が浅いことから，最大値・平均値ともに住宅賃料データの方が小さくなっている（オフィスデータで平均 16.19 年，住宅データで平均 9.26 年）．

最後に，オフィスストックについては，1991 年度・1996 年度・2001 年度の 3 時点における東京都都市計画局「土地建物利用現況調査」を利用した．同データは，建物単位で土地建物用途が調査されており，土地建物利用状況とともに建物形状も捕捉できる．2001 年度調査によると，東京特別区内に約 167 万棟の建物が存在している．ここでは，店舗系や住宅併用系の事務所を除き，オフィスおよび銀行証券などの店舗に限定した．

8.3.2 オフィス賃料関数の推定

(8.2)式において,「建物延べ床面積 (TA)」,「専有面積 (FS)」,「都心までの距離 (TT)」では賃料に対して非線形な効果をもつことが予想されるため, まず, TA, FS, TT を Box-Cox 変換したモデルとの比較を行うために, 3つの変数を同一のパラメータ λ で変換 ($TA^{\lambda}-1/\lambda$) したモデルを非線形最小二乗法で推定し, $\lambda=1$ または $\lambda=0$ の制約を仮説とする尤度比検定を行った. $\lambda=1$ の帰無仮説に対する検定統計量は 2023.061 で, χ^2 分布における確率値はきわめて 0 に近く, 仮説は棄却される. 一方, $\lambda=0$ の帰無仮説に対する検定統計量は 1.750 で確率値は 0.18588 と高い値であり仮説を棄却できない. よって, $\lambda=0$ の制約をおき, 変数を対数変換したモデルを選択することにする. なお, 非線形推定における λ の推定値は 0.0152 (標準誤差は 0.0081) であった.

以上の結果を考慮して, 表 8.3 に (8.2) 式を最小二乗 (OLS) 法で推定した結果を示す.「建築後年数 (-0.093)」,「最寄り駅までの時間 (-0.219)」として推定された.「建築後年数」に関しては, 弾性値として 9.3% 減価していくことが示される. 一見, 高い減価率であるとみられるが, 近年における事務所建物の設備の高度化 (OA 対応, 天井高, 耐震性) や建物工法の進化 (柱など) により, 古いオフィス建物は, 経済的な劣化とともに技術的な劣化が急速に進んでいる影響が「建築後年数」という変数のなかに吸収されていることが予想される. 特に, 分析対象データの平均建築後年数が 16 年であることを考えると, この傾向は強く出ているものと考える.

「最寄り駅までの時間」については, ビジネスコミュニケーションのしやすさとともに, 就業者の通勤のしやすさといった影響も加味されている.

8.3.3 住宅賃料関数の推定

はじめに, (8.2)式において,「専有面積 (FS)」,「都心までの時間 (TT)」を Box-Cox 変換したモデルとの比較をオフィス賃料関数と同様に行う. 2つの変数を同一のパラメータ μ で変換したモデルを非線形最小二乗法で推定し, $\mu=1$ または $\mu=0$ の制約を仮説とする尤度比検定を行った. $\mu=1$ の帰無仮説に対する検定統計量は 128.550 で, χ^2 分布における確率値はきわめて 0 に近く仮説は棄却される. 一方, $\mu=0$ の帰無仮説に対する検定統計量は 0.996 で確率値は 0.318 と高い値であり仮説を棄却できない. そこで, $\mu=0$ の制約をおき, 変数を対数

変換したモデルを選択することにする．なお，非線形推定における μ の推定値は 0.00852（標準誤差は 0.00628）であった．

以上の結果に基づいて，最小二乗法により住宅賃料関数を推定した．推定結果を表 8.3 に示す．

まず，基準タイプとして推定されているコンパクトタイプの各変数の推定値をみると，「建築後年数（-0.070）」，「最寄り駅までの時間（-0.034）」，「1 階ダミー（-0.042）」，「都心までの時間（-0.066）」ともに負で推定されており，一

表 8.3 賃料関数・推定結果

オフィス賃料関数			住宅賃料関数		
推定方法 OLS			推定方法 OLS		
従属変数 *OR*：オフィス賃料			従属変数 *RC*：住宅賃料		
独立変数			独立変数		
Property Characteristics (in log)	Coefficient	t 値	Property Characteristics (in log)	Coefficient	t 値
定数項	8.374	181.483	定数項	0.253	-24.999
FS：専有面積	0.190	59.102	*FS*：契約面積	-0.197	-141.297
Age：建築後年数	-0.093	-24.174	*Age*：建築後年数	-0.070	-259.324
TS：最寄り駅までの時間	-0.219	-46.556	*TS*：最寄り駅までの時間	-0.034	-70.827
TT：都心までの時間	-0.112	-25.362	*TT*：都心までの時間	-0.066	-117.539
TA：延べ床面積	0.051	16.932	Property Characteristics (dummy variables)		
Property Characteristics (dummy variables)			*SRC*：SRC 造ダミー	0.013	29.494
SRC：SRC 造ダミー	0.199	34.020	*D1F*：1 階ダミー	-0.042	-76.386
地域ダミー RD_i ($i=0,\cdots,I$)	Yes		*DR1*：ワンルームダミー	0.706	94.008
沿線ダミー LD_j ($j=0,\cdots,J$)	Yes		*DRF*：ファミリータイプダミー	-1.581	-125.536
時間ダミー TD_k ($k=0,\cdots,K$)	Yes		Cross-Term Effect by Property Characteristics × Dummy Variable		
自由度調整済み決定係数 = 0.608			*DR1*×*FS*	-0.263	-123.852
サンプル数 = 13147			*DR1*×*WK*	-0.011	-14.917
			DR1×*BY*	0.025	63.409
			DR1×*ACC*	-0.040	-74.509
			DRF×*FS*	0.403	137.089
			DRF×*WK*	0.004	4.966
			DRF×*BY*	-0.002	-3.705
			DRF×*ACC*	-0.035	-46.599
			地域ダミー RD_i ($i=0,\cdots,I$)	Yes	
			沿線ダミー LD_j ($j=0,\cdots,J$)	Yes	
			時間ダミー TD_k ($k=0,\cdots,K$)	Yes	
			自由度調整済み決定係数 = 0.758		
			サンプル数 = 488348		

般的な傾向と一致する．なお，専有面積においては（−0.197）とオフィス賃料モデルとは符号条件が異なることに注意が必要である．ここで定数項ダミーとクロス項とあわせて観察する．

　まず，定数項ダミーについては，ワンルームダミーが（＋0.706），ファミリータイプダミーで（−1.581）と推定されている．m^2 あたりの単位賃料は，建築費用の高い台所等の影響により，ワンルーム系ではより高くなっていることがわかる．また，ファミリータイプにおいては，賃料総額が大きくなることから，単位賃料は低くなっていることがわかる．

　つづいて，ワンルームダミーと各変数とのクロス項においては，「専有面積（−0.263）」，「最寄り駅までの時間（−0.011）」，「建築後年数（＋0.025）」，「都心までの時間（−0.040）」と推定されている．つまり，ワンルームタイプにおいては，コンパクトタイプの立地主体と比較して，建築後年数を回避する傾向は小さいことがわかる．一方，ワンルーム系のマンションに居住する消費者は，環境水準よりも利便性を追及する傾向が強いことが予想されるため，最寄り駅までの時間や都心までの時間に対しては，より強い選好を顕示している様子がうかがわれる．この傾向は，利便性とともに駅から自宅までの安全性を重視するシングル女性において強く反応するものと考えられる．

　ファミリータイプにおいては，「専有面積（＋0.043）」，「最寄り駅までの時間（＋0.004）」，「建築後年数（−0.002）」，「都心までの時間（−0.035）」として推定されている．コンパクトタイプやワンルームタイプへの立地者と比較して，より新しいものをまたはより広いものを好むことがわかる．また，最寄り駅までの時間に対しては，クロス項の（＋0.004）を考慮すると（−0.030）となる．この傾向については，相対的に広い賃貸マンションに居住する消費者は，子供を含むファミリー層であることが多く，ワンルームタイプ，コンパクトタイプの立地者と比較して住環境を重視する傾向が出ているものと考えられる．駅周辺は利便性，またはそれに伴い商業集積が高いものの，緑や児童公園が少なかったり，治安が悪かったりすることが予想される．そのため，住環境に対して相対的に強い選好を顕示するファミリータイプの立地者は，ワンルームタイプやコンパクトタイプの立地者と比較して最寄り駅までの時間に対して負としてはきくものの，その傾向が弱いことが予想される．

8.3.4 収益格差の推定

推計されたオフィス賃料関数および住宅賃料関数を用いて,東京23区におけるオフィス市場の非効率性を測定する.ここでは,次節において収益格差と土地利用の転換についてあわせて分析を試みることから,1991年時点のオフィス建物のストックに着目する.つまり,1991年度東京都「土地建物利用現況調査」において非木造のオフィスとして抽出された建物を対象として,土地利用の非効率性がどの程度発生しているかを1991~2004年について追時的に分析を行うこととした.1991年時点では,東京23区において52890棟の非木造のオフィス建物が存在している.

(8.4)式では,ヘドニック価格関数により推定された理論値ベースでのオフィス賃料に対する理論値ベースでの住宅賃料の比として,非効率性を測定すること

表8.4 推定オフィス賃料・住宅賃料の区別分布(2004年)

市区町村名	I 推定オフィス賃料		II 推定住宅賃料		III 収益格差(II/I)		IV 超過収益		オフィス数
	平均	標準偏差	平均	標準偏差	平均	標準偏差	平均	標準偏差	
	円/m²:月額		円/m²:月額		$RO=RC:1$		円/m²:月額		棟
千代田区	6820.27	1431.07	5491.95	148.74	0.839	0.171	1328.32	1429.16	6365
中央区	7039.60	1502.63	5098.97	114.00	0.757	0.161	1940.63	1495.60	6532
港区	7243.32	1383.43	5919.18	149.06	0.846	0.157	1324.14	1363.26	5895
新宿区	6772.99	1518.09	4800.99	146.11	0.744	0.164	1972.00	1472.08	3745
文京区	5041.03	1048.72	4689.07	116.42	0.967	0.189	351.96	1006.31	1642
台東区	4704.48	951.60	4172.72	113.52	0.922	0.181	531.76	933.18	3195
墨田区	4160.72	644.27	4100.85	176.77	1.007	0.148	59.86	667.80	1520
江東区	3863.30	830.35	3922.48	136.58	1.055	0.195	−59.18	793.85	2370
品川区	4894.37	1113.52	4741.22	182.80	1.013	0.209	153.15	1040.02	1618
目黒区	4704.91	1131.35	5116.19	134.47	1.141	0.233	−411.28	1090.66	760
大田区	4598.53	1250.32	4381.85	182.53	1.014	0.242	216.68	1176.43	2006
世田谷区	5079.76	1545.11	4713.96	178.67	0.997	0.245	365.80	1475.27	2046
渋谷区	9064.19	1998.76	5503.71	176.50	0.637	0.143	3560.48	1888.54	2949
中野区	5189.79	1262.86	4434.35	172.73	0.898	0.189	755.44	1168.43	924
杉並区	4619.11	1214.04	4399.47	199.16	1.008	0.218	219.64	1076.60	1265
豊島区	4947.01	939.18	4177.08	84.85	0.875	0.168	769.92	892.76	2188
北区	4303.71	848.53	3961.58	87.11	0.953	0.176	342.14	821.11	1073
荒川区	4023.75	799.07	3647.00	98.76	0.938	0.163	376.74	723.72	713
板橋区	4038.83	858.21	3708.39	109.19	0.953	0.172	330.44	827.90	888
練馬区	3949.39	953.10	3635.28	121.95	0.965	0.196	314.11	891.35	1224
足立区	4062.19	940.96	3236.59	120.18	0.831	0.154	825.60	858.58	1734
葛飾区	4234.09	840.09	3463.30	142.61	0.846	0.153	770.79	808.34	881
江戸川区	3163.34	880.40	3618.57	120.96	1.216	0.278	−455.23	860.03	1357
合計	5782.92	1988.18	4735.23	770.20	0.882	0.220	1047.68	1560.13	52890

が示された.また,その程度を超過収益として計測することとした((8.5)式).
図8.1は超過収益の分布を示している.まず,空間分布を確認するために,表8.4では区別に2004年時点の収益格差($Rent\ Gap_{it} = RC_{it}/RO_{it}$)と超過収益($Excess\ Return(ER)_{it} = \sum_i (RO_{it} - RC_{it})$)を比較した(表8.4).前述のように,ここで推計される収益格差および超過収益は,1991年に東京23区に存在していたオフィス建物を対象として計算されたものである.そのため,その後に竣工されたオフィス建物が分析対象に入っておらず,一方,1991年以降に他の用途に転換されたオフィス建物も分析対象に入っていることに注意する必要がある.

表8.4の第Ⅲ列目は収益格差を示しており,住宅賃料の方がオフィス賃料よりも高い場合は1を超える.平均値ベースであるが,2004年時点では墨田・江東・品川・目黒・大田・杉並・江戸川で1を上回っている.また,超過収益においては,江東・目黒・江戸川の各区で負となっている.都心中心の商業集積が大きい地域や外延部の区では,依然としてオフィス賃料の方が住宅賃料よりも総じて収益が高いものの,周辺区では逆転現象が起きていることがわかる.

つづいて,

$$Rent\ Gap_{it} = RC_{it}/RO_{it} > 1\ \text{つまり},$$
$$Excess\ Return(ER)_{it} = \sum_i (RO_{it} - TC_{it}) < 0$$

となっており,機会損失が発生している事務所建物に着目する.図8.2は,オフィスの空間分布を示した地図である.表8.5は,1991〜2004年にかけて各区別に存在するオフィス建物のうち,機会損失が発生している建物の割合がどのよ

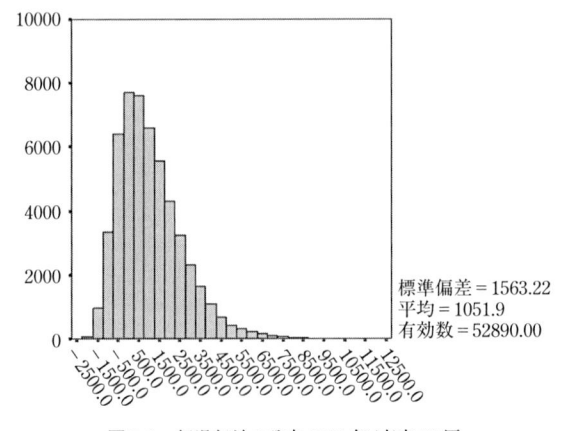

図8.1 超過収益の分布 2004年/東京23区

8.3 土地利用の非効率性の測定

表 8.5 機会損失が発生している建物の割合：区別・時間別

市区町村名	1991	1995	1999	2000	2001	2002	2003	2004	オフィス数
千代田区	0.00%	0.02%	4.62%	10.35%	10.48%	10.75%	9.76%	18.24%	6365
中央区	0.00%	0.12%	0.77%	2.68%	2.83%	3.02%	2.37%	8.36%	6532
港区	0.00%	0.19%	3.24%	8.41%	8.63%	9.02%	7.72%	16.74%	5895
新宿区	0.00%	0.11%	1.52%	3.95%	3.95%	4.06%	3.52%	8.38%	3745
文京区	0.00%	3.47%	13.95%	23.45%	23.81%	24.12%	22.53%	36.11%	1642
台東区	0.00%	0.66%	11.36%	20.44%	20.78%	21.13%	19.59%	31.61%	3195
墨田区	0.00%	0.20%	13.68%	32.37%	32.89%	34.41%	29.54%	53.16%	1520
江東区	0.00%	4.51%	28.48%	44.94%	45.40%	46.16%	42.74%	60.42%	2370
品川区	0.00%	5.07%	22.56%	33.87%	34.30%	35.35%	32.51%	48.33%	1618
目黒区	0.00%	14.87%	48.82%	60.66%	60.92%	61.45%	59.34%	69.74%	760
大田区	0.00%	8.03%	26.82%	37.24%	37.84%	38.29%	36.09%	49.65%	2006
世田谷区	0.00%	5.23%	23.12%	37.63%	38.27%	39.20%	36.02%	51.37%	2046
渋谷区	0.00%	0.00%	0.34%	1.12%	1.19%	1.22%	1.02%	3.15%	2949
中野区	0.00%	1.19%	7.25%	15.80%	16.45%	16.99%	14.94%	29.65%	924
杉並区	0.00%	3.48%	25.85%	37.94%	38.26%	38.81%	36.6%	50.43%	1265
豊島区	0.00%	1.19%	6.12%	10.69%	10.92%	11.15%	10.24%	18.51%	2188
北区	0.00%	1.21%	11.74%	22.83%	23.30%	24.14%	21.34%	37.65%	1073
荒川区	0.00%	0.70%	8.70%	18.93%	19.35%	19.92%	17.11%	34.92%	713
板橋区	0.00%	0.79%	10.36%	22.18%	22.64%	23.42%	20.95%	40.32%	888
練馬区	0.00%	1.96%	15.11%	28.59%	29.08%	29.82%	26.63%	43.87%	1224
足立区	0.00%	0.00%	1.21%	4.84%	4.96%	5.25%	4.27%	13.55%	1734
葛飾区	0.00%	0.00%	3.18%	7.26%	7.49%	7.72%	6.47%	14.74%	881
江戸川区	0.00%	31.02%	53.94%	65.95%	66.47%	66.99%	64.41%	76.93%	1357
全体平均	0.00%	2.33%	10.58%	17.89%	18.16%	18.58%	16.98%	27.58%	52890

うに推移してきたのかをみたものである．1991年時点では，ヘドニック価格関数によって推定された理論値比較で東京23区に存在する52890棟のうち，1991年時点はすべて住宅賃料よりもオフィス賃料の方が高くなっている．その後，住宅賃料よりもオフィス賃料の下落速度が大きかったために，機会損失が発生してきている．1995年時点では，全体の2.33%に該当する1226棟の建物で機会損失が発生し，2000年には17.89%，2004年に至っては27.58%に該当する14577棟の建物まで拡大している．

表8.6で2004年時点の地域的な特性をみてみると，墨田・江東・目黒・世田谷・杉並・江戸川の各区で，機会損失が発生している建物が50%を超えている．これらの地域は，いわゆる1980年代初頭から発生したバブル期に，住宅系用途からオフィス系用途に積極的に用途転換をした土地が多い地域である（清水，2004 第14章参照）．機会損失が発生している建物の空間分布の時間的な推移を

8. 用途別賃料関数の推定

表 8.6 機会損失の区別分布 (2004 年)

市区町村名	年間機会損失 百万円：年間	オフィス賃料 円/m²：月額	住宅賃料 円/m²：月額	損失オフィス数 棟	オフィス数合計 棟
千代田区	−3152.38	5037.07	5572.19	1161	6365
中央区	−693.51	4747.06	5087.01	546	6532
港区	−3406.39	5429.39	5962.42	987	5895
新宿区	−316.54	4317.68	4712.85	314	3745
文京区	−2299.61	4044.20	4665.09	593	1642
台東区	−2577.90	3694.78	4181.53	1010	3195
墨田区	−1566.84	3723.89	4147.64	808	1520
江東区	−2702.01	3343.19	3906.55	1432	2370
品川区	−2559.46	3995.86	4676.34	782	1618
目黒区	−3926.81	4095.41	5099.38	530	760
大田区	−3337.40	3610.61	4327.24	996	2006
世田谷区	−2202.86	3993.20	4670.11	1051	2046
渋谷区	−59.86	4627.74	4970.37	93	2949
中野区	−245.89	3886.19	4332.54	274	924
杉並区	−1618.12	3646.30	4280.67	638	1265
豊島区	−666.20	3637.90	4132.39	405	2188
北区	−469.85	3501.26	3948.42	404	1073
荒川区	−262.92	3222.71	3567.89	249	713
板橋区	−271.16	3341.28	3710.58	358	888
練馬区	−430.41	3159.92	3587.85	537	1224
足立区	−51.68	2947.33	3158.19	235	1734
葛飾区	−58.42	3170.45	3493.78	130	881
江戸川区	−3105.44	2788.27	3612.96	1044	1357
全体平均	−35981.65	3875.41	4443.26	14577	52890

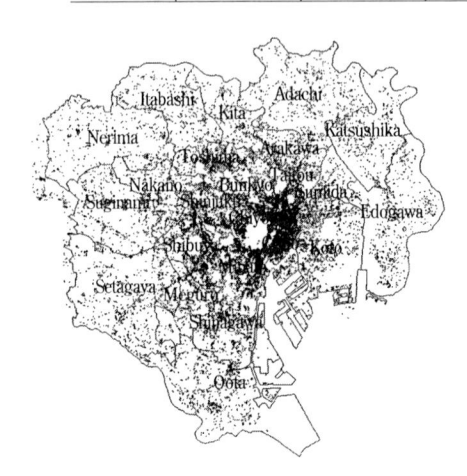

図 8.2 オフィスの空間分布/東京 23 区

図 8.3 住宅賃料超過オフィスの空間分布 1995 年/東京 23 区（住宅賃料＞オフィス賃料）

図 8.4 住宅賃料超過オフィスの空間分布 2000 年／東京 23 区（住宅賃料＞オフィス賃料）

図 8.5 住宅賃料超過オフィスの空間分布 2004 年／東京 23 区（住宅賃料＞オフィス賃料）

図 8.3 〜 8.5 に示す．

8.4 土地利用転換と転換コスト

8.4.1 超過収益と土地利用転換

　つづいて，超過収益の変化と土地利用の変化の様子を分析する．機会損失が発生すれば，現状の土地利用を転換して，より収益の高い土地利用を選択していることが予想される．このことは，Munneke（1996）と McGrath（2000）らの一連の再開発の研究によって実証的に示されている．そこで，都区部のオフィス市場での土地利用の変化を調べるために，5 年ごとの 3 時点（1991年-1996年-2001年）について建物単位の土地利用転換の様子を調べた．ここで，建物用途を，

　　O：オフィス
　　R：共同住宅
　　S：オフィス・共同住宅以外の用途

の 3 つに分類し，1991 年時点でオフィス用建物であったものがどのように転換されていったかを観察する．たとえば 1991 年にオフィス（O）で 1996 年時点でもオフィス（O）であったが，2001 年時点で共同住宅（S）に用途換えされていた場合，この変化パターンを O-O-S と記すことにする．本章では，O-O-O，

表 8.7 土地利用変化パターンと機会損失が発生しているオフィスの分布（1991～2001年）

変化パターン	1991	2000	2001	2002	2003	2004	オフィス数
O-O-O	0.00%	16.24%	16.51%	16.93%	15.37%	25.52%	38974
O-O-S	0.00%	17.68%	17.99%	18.30%	16.67%	26.42%	2279
O-O-R	0.00%	25.76%	26.03%	26.76%	24.75%	38.22%	1091
O-R-R	0.00%	30.41%	30.84%	31.27%	29.42%	43.13%	2808
O-S-S	0.00%	20.63%	20.87%	21.26%	19.59%	31.04%	7738
合計	0.00%	17.89%	18.16%	18.58%	16.98%	27.58%	52890

O：事務所，R：共同住宅，S：事務所・共同住宅以外の用途

O-O-S, O-O-R, O-R-R, O-S-S の5パターンに注目して，機会損失の発生割合との比較を行った．

表 8.7 は，1991 年時点でオフィス用建物であった 23 区内の全建物（52890 棟）のうち，機会損失が発生している建物の割合を 2004 年まで計測したものを，建物の変化パターンごとに分類した．

全建物（52890 棟）のうち，1991 年-1996 年-2001 年の 3 時点にわたってオフィスとして利用されている建物（O-O-O）の数は 38974 棟であり，全体の 74%になる．また，途中から共同住宅（R）に切り換えられた建物は O-O-Rが 1091 棟（全体の 2%），O-R-R が 2808 棟（全体の 5%）である．

1995 年時点で O-O-O パターンの建物のうち機会損失を発生させている割合は 1.93% であったが，その後この割合は増加し，2004 年時点では 25.52% にもなっている．この傾向は表 8.5 の全体傾向とほぼ同一である．O-O-O パターンの推移と O-O-R パターンの推移を比較すると，概して O-O-R パターンでは高い機会損失の発生割合が観察されており，O-R-R パターンとの比較ではさらに顕著である．機会損失の発生割合が高いということは，住宅用建物として利用した方が高い収益が期待できることを意味しているから，O-O-R, O-R-R パターンの建物でこのような傾向が観察されるのは期待どおりの結果である．

表 8.8 は，表 8.7 で示した用途の変化パターンを地域ごとに観察したものである．ここで，特別区を以下の 3 つの地域に分類した（図 8.6 を参照）．

地域 1：千代田区・中央区・港区
地域 2：新宿区・文京区・台東区・品川区・渋谷区
地域 3：上記以外の 15 区

地域 1 は最も都心に位置する 3 区，地域 2 はその周辺区，地域 3 はそのさら

8.4 土地利用転換と転換コスト

表 8.8 土地利用変化パターンの空間分布（1991 ～ 2001 年）

変化パターン	地域区分	1991	2000	2001	2002	2003	2004	オフィス数
O-O-O	地域1	0.00%	6.25%	6.39%	6.63%	5.78%	13.08%	15094
	地域2	0.00%	13.03%	13.22%	13.56%	12.41%	20.69%	9504
	地域3	0.00%	28.85%	29.31%	29.98%	27.39%	41.77%	14376
O-O-S	地域1	0.00%	7.54%	7.93%	8.45%	7.15%	16.12%	769
	地域2	0.00%	7.78%	7.93%	8.08%	7.49%	13.22%	681
	地域3	0.00%	35.22%	35.59%	35.83%	33.05%	46.80%	829
O-O-R	地域1	0.00%	14.59%	15.14%	15.14%	14.05%	26.49%	185
	地域2	0.00%	19.07%	19.07%	19.46%	17.90%	29.18%	257
	地域3	0.00%	31.59%	31.90%	32.97%	30.51%	45.15%	649
O-R-R	地域1	0.00%	12.24%	12.54%	13.13%	11.04%	21.49%	335
	地域2	0.00%	23.86%	24.37%	24.62%	22.97%	36.55%	788
	地域3	0.00%	37.09%	37.51%	37.98%	36.08%	50.50%	1685
O-S-S	地域1	0.00%	10.83%	11.04%	11.42%	9.96%	19.72%	2409
	地域2	0.00%	12.45%	12.61%	12.66%	11.83%	19.44%	1919
	地域3	0.00%	32.14%	32.46%	33.05%	30.76%	45.57%	3410
合計		0.00%	17.89%	18.16%	18.58%	16.98%	27.58%	52890

O：事務所, R：共同住宅, S：事務所・共同住宅以外の用途

図 8.6 用途転換オフィスビルの空間分布

に外周区である．すべてのパターンにおいて共通しているのは，地域 1, 2, 3 の順で機会損失の発生割合が高まっている点である．また，O-O-R パターンと O-R-R パターンを比較すると，地域 1 では O-O-R パターンの方が，また，地域 2, 3 では O-R-R パターンの方が機会損失発生割合は高いことが観察できる．

8.4.2 利用転換のコスト

上記の分析を通じて，土地利用の非効率性の程度を計測し，非効率性を解消するために実施された土地利用転換のパターンが明らかになった．ここでは，非効率性の程度と土地利用転換の関係に焦点を当てる．

土地利用転換は，過去の収益流列から将来の収益流列を予測したうえで，将来の割引現在価値と転換コストを比較のなかで事業実施の判断が行われるものと考えられる．ここでは，1991～1996年にかけてオフィス用途から住宅用途に転換されたO-R-R，1996～2001年にかけて転換されたO-O-Rと，3期間ともにオフィス用途として継続されたO-O-Oの3つの土地利用転換パターンをもつオフィスビル群に着目した．

まずは，1996～2000年にかけての5年間の超過収益流列の統計量，1996～2004年にかけての9年間の超過収益流列の統計量，および2001～2004年にかけての4年間の収益流列の統計量を計算した（表8.9）．これは，土地利用の転換には，将来の収益流列を予測して実施するものと考えられるため，転換後5年間（または10年間）の収益流列がどのような統計分布であったのかを確認することを目的としている．

まず，最も長い期間の収益流列をみた1996～2004年にかけての平均値は，O-O-Oにおいては2467円/m^2に対して，O-O-Rで1678円/m^2，O-R-Rで1544円/m^2と小さくなっていくことがわかる．O-R-Rについては，1996年時点ですでに住宅用途に転換されていたが，1996～2000年にかけての5年間の収益流列の平均は2184円と，O-O-Oよりも1058円/m^2程度低くなっていたことがわかる．O-O-Rについては，2001年時点で住宅用途に転換されたが，その後の4年間（2001年～2004年）の収益流列の平均が869円となっており，O-O-Oと

表8.9 土地利用パターン別・超過収益流列の統計量

変化パターン	1996～2000	2001～2004	1996～2004	オフィス数
O-O-O	3242.95 (2242.11)	1524.57 (1697.21)	2467.79 (1994.12)	38974
O-O-R	2343.56 (1855.89)	869.53 (1415.26)	1678.77 (1654.88)	1091
O-R-R	2184.87 (1886.19)	765.62 (1431.63)	1544.81 (1679.02)	2808

（ ）内は，標準偏差

8.4 土地利用転換と転換コスト

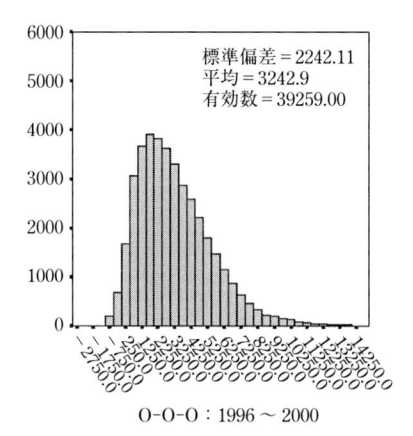

図 8.7 超過収益流列の統計分布
：O-O-O 1996 ～ 2000

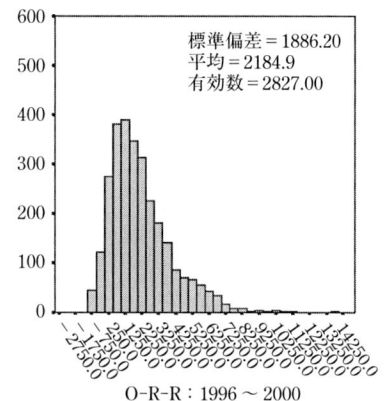

図 8.8 超過収益流列の統計分布
：O-R-R 1996 ～ 2000

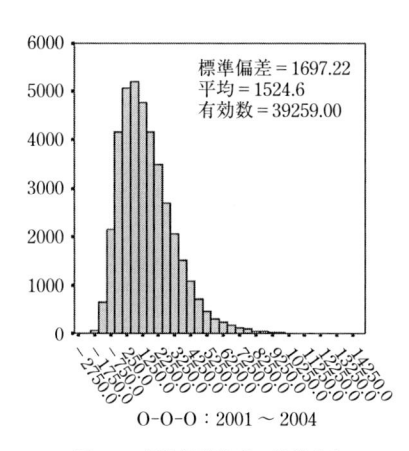

図 8.9 超過収益流列の統計分布
：O-O-O 2001 ～ 2004

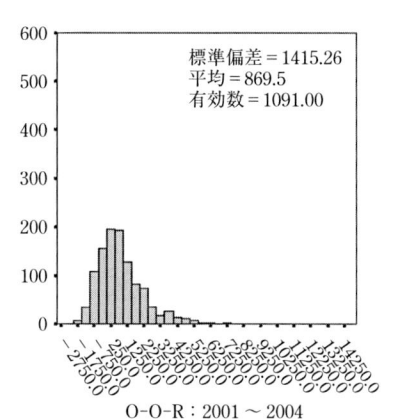

図 8.10 超過収益流列の統計分布
：O-O-R 2001 ～ 2004

比較して 655 円 /m^2 低くなっている．

　つづいて，期間別の超過収益の統計分布を見た（図 8.7 ～ 8.10）．1996 年時点に土地利用転換を行った O-R-R，2001 年時点に土地利用転換を行った O-O-R ともに，O-O-O と比較すると土地利用転換を実行したビル群で超過収益が小さくなっていることがわかる．しかし，土地利用転換後の 5 年間の超過収益の平均という点では，多くのビル群でオフィスとして継続した方が高い収益を獲得し続

けることができるものも含まれていたことがわかった．

　一方，オフィスとして土地利用を継続しているビル群のなかにも，機会損失が発生しているものも含まれる．その理由としては，土地利用転換には，5年といった限定された期間だけを見通して実施されるものではなく，より長期の予測のもとで意思決定が実施されている可能性もある．また，過去の超過収益流列の変動から予想される分布によって意思決定が行われている可能性も考えられよう．

　ここで推計された収益格差は，いわゆる潜在的な土地利用転換コストとなる．

　以上の一連の分析は，ヘドニックアプローチの応用として，GIS を用いて，土地利用転換の様子と収益格差の問題を分析した事例を紹介した．今後，不動産取引価格情報の開示や，その他の空間情報の整備が進められるなかで，いままで明らかになっていなかった市場構造が解き明かされることが期待される．

　不動産市場情報の整備と分析手法の発展は，不動産市場の透明化の向上につながるであろう．「不動産市場の計量分析」とは，不透明な不動産市場を読み解く重要な技術となるであろう．

参考文献

赤池弘次・北川源四郎編（1994；1995），『時系列解析の実際Ⅰ・Ⅱ』（統計科学選書 3, 4），朝倉書店.
Allen, R. G. D.（1975）, *Index Numbers in Theory and Practice*, Macmillan（溝口敏行・寺崎康博訳（1977），『指数の理論と実際』, 東洋経済新報社）.
Amemiya, T.（1974）, "The nonlinear two-stage least-squares estimator," *Journal of Econometrics*, Vol.2, pp.105-110.
Amemiya, T.（1985）, *Advanced Econometrics*, Harvard University Press.
Anglin, P. M. and R. Gencay（1996）, "Semiparametric estimation of hedonic price functions," *Journal of Applied Econometrics*, Vol.11, pp.633-648.
Anselin, L.（1988a）, *Spatial Econometrics : Methods and Models*, Kluwer Academic Publishers.
Anselin, L.（1988b）, "Lagrange multiplier test diagnostic for spatial dependence and spatial heterogeneity," *Geographical Analysis*, Vol.20, pp.1-17.
Anselin, L.（2005）, "Exploring Spatial Data with GeoDa（TM）: A Workbook," *Center for Spatially Integrated Social Science*, available at http://www.csiss.org/
Anselin, L., A. Bera, R. J. G. M. Florax and M. Yoon（1996）, "Simple diagnostic tests for spatial dependence," *Regional Science and Urban Economics*, Vol.26, pp.77-104.
Anselin, L. and R. Florax（1995）, "Small sample properties of tests for spatial dependence in regression models : Some further results," In Anselin, L. and R. Florax, eds., *New Directions in Spatial Econometrics*, Springer-Verlag.
Anselin, L. and S. Rey（1991）, "Properties of tests for spatial dependence in linear regression models," *Geographical Analysis*, Vol.23, pp.112-131.
Arnott, R.（1989）, "Housing vacancies, thin markets, and idiosyncratic tastes," *Journal of Real Estate Finance and Economics*, Vol.17, No.2, pp.223-249.
浅見泰司編（2001），『住環境：評価方法と理論』, 東京大学出版会.
浅見泰司・髙　暁路（2002），「都市計画と不動産市場」, In 西村清彦編著『不動産市場の経済分析』, 日本経済新聞社.
Asami, Y.（1995）, "Evaluation of the shape of residential lots in land-readjustment projects," *Regional Science and Urban Economics*, Vol.25, pp.483-503.
Asami, Y. and T. Ohtaki（2000）, "Prediction of shape of detached houses on residential lots," *Environment and Planning B : Planning and Design*, Vol.27, pp.283-295.
Bartik, T. J.（1987）, "The estimation of demand parameters in hedonic price models," *Journal of Political Economy*, Vol.95, pp.81-88.
Bin, O.（2004）, "A prediction comparison of housing sales price by parametric versus semiparametric regressions," *Journal of Housing Economics*, Vol.13, pp.68-84.
Bourassa, S. C., M. Hoesli and V.S. Peng（2003）, "Do housing submarkets really matter？," *Journal of Housing Economics*, Vol.12, No.1, pp.12-28.
Bourassa, S. T., M. Hoesli and J. Sun（2006）, "A simple alternative house price index method,"

Journal of Housing Economics, Vol.15, pp.80-97.
Bowles, G., P. McAllister and H. Tarbert (2001), "An assessment of the impact of valuation error on property investment performance measurement," *Journal of Property & Finance*, Vol.19, No.2, pp.139-155.
Box, G. and D. Cox (1964), "An analysis of transformation," *Journal of Royal Statistical Society B*, Vol.26, pp.211-252.
Brown, J. N. and H. S. Rosen (1982), "On the estimation of structural hedonic price model," *Econometrica*, Vol.50, pp.765-768.
Brueckner, J. K. (1980), A vintage model of urban growth, *Journal of Urban Economics*, Vol.8, pp.389-402.
Burridge, P. (1980), "On the Cliff-Ord test for spatial correlation," *Journal of the Royal Statistical Society B*, Vol.42, pp.107-108.
Can, A. (1992), "Specification and estimation of hedonic housing price models," *Regional Science and Urban Economics*, Vol.22, No.3, pp.453-474.
Case, B. and J. M. Quigley (1991), "The dynamics of real estate prices," *Review of Economics and Statistics*, Vol.22, pp.50-58.
Case, B., H. O. Pollakowski and S. M. Wachter (1991), "On choosing among house price index methodologies," *AREUEA Journal*, Vol.19, No.3, pp.286-307.
Case, K. E. and R. J. Shiller (1987), "Prices of single family homes since 1970 : New indexes for four cities," *New England Economic Review*, (Sept./Oct.), pp.45-56.
Case, K. E. and R. J. Shiller (1989), "The efficiency of the market for single-family homes," *American Economic Review*, Vol.79, No.1, pp.125-137.
Cassel, E. and R. Mendelsohn (1985), "The choice of functional forms for hedonic price equations : Comment," *Journal of Urban Economics*, Vol.18, pp.135-142.
Cheshire, P. and S. Sheppard (1998), "Estimating the demand for housing, land, and neighbourhood characteristics," *Oxford Bulletin of Economics and Statistics*, Vol.60, pp.357-382.
Chinloy, P., M. Cho and I. Megbolugbe (1997), "Appraisal, transaction incentives, and smoothing," *Journal of Real Estate Finance and Economics*, Vol.14, pp.89-111.
Clapp, J. M., M. Rodriguez and G. Thrall (1997), "How GIS can put urban economic analysis on the map," *Journal of Housing Economics*, Vol.6, No.4, pp.368-386.
Clapp, J. M. (2003), "A semiparametric method for valuing residential locations : Application to automated valuation," *Journal of Real Estate Finance and Economics*, Vol.27, No.3, pp.303-320.
Clapp, J. M. and C. Giaccotto (1992), "Estimating price trends for residential property : A comparison of repeat sales and assessed value methods," *Journal of Real Estate Finance and Economics*, Vol.5, pp.357-374.
Clapp, J. M. and C. Giaccotto (1998a), "Price indices based on the hedonic repeat-sales method : Application to the housing market," *Journal of Real Estate Finance and Economics*, Vol.16, No.1, pp.5-26.
Clapp, J. M. and C. Giaccotto (1998b), "Residential hedonic models : A rational expectations approach to age effects," *Journal of Urban Economics*, Vol.44, No.3, pp.415-437.
Clapp, J. M. and C. Giaccotto (1999), "Revisions in repeat-sales price indexes : Here today,

gone tomorrow?" *Real Estate Economics*, Vol.27, No.1, pp.79-104.
Clapp, J. M., C. Giaccotto and D. Tirtiroglu (1991), "Housing price indeces based on all transactions compared to repeat subsamples," *AREUEA Journal*, Vol.19, No.3, pp.270-285.
Clayton, J. (1996), "Rational expectation, market fundamentals and housing price volatility," *Real Estate Economics*, Vol.24, No.4, pp.441-470.
Cliff, A. D. and J. Ord (1972), "Testing for spatial autocorrelation among regression residuals," *Geographical Analysis*, Vol.4, pp.267-284.
Cliff, A. D. and J. Ord (1973), *Spatial Autocorrelation*, Pion Limited.
Cliff, A. D. and J. Ord (1981), *Spatial Processes : Models and Applications*, Pion Limited.
Cole, R., D. Guilkey and M. Miles (1986), "Toward an assessment of the reliability of commercial appraisals," *Appraisal Journal*, Vol.LIV, July, pp.422-432.
Conley, T. G. (1999), GMM estimation with cross sectional dependence, *Journal of Econometrics*, Vol.92, pp.1-45.
Cropper, M. L., L. B. Deck and K. E. McConnell (1988), "On the choice of functional form for hedonic price functions," *Review of Economics and Statistics*, Vol.70, pp.668-675.
Crosby, N. (2000), "Valuation accuracy, variation and bias in the context of standards and expectations," *Journal of Property Valuation and Investment*, Vol.18, No.2, pp.130-161.
Davidson, R. and J. G. Mackinnon (1993), *Estimation and Inference in Econometrics*, Oxford University Press.
Diamond, D. B. Jr. and B. A. Smith (1985), "Simultaneously in the market for housing characterstics," *Journal of Urban Economics*, Vol.17, pp.280-292.
Ekeland, I., J. J. Heckman and L. Nesheim (2004), "Identification and estimation of hedonic models," *Journal of Political Economy*, Vol.112, pp.60-109.
Epple, D. (1987), "Hedonic prices and implicit markets : Estimating demand and supply functions for differentiated products," *Journal of Political Economy*, Vol.95, pp.58-80.
Ermisch, J. F., J. Findlay and K. Gibb (1996), "The price elasticity of housing demand in Britain : Issues of sample selection," *Journal of Housing Economics*, Vol.5, No.1, pp.64-86.
Florax, R. J. G. M., H. Folmer and S. J. Rey (2003), "Specification searches in spatial econometrics : The relevance of Hendry's methodology," *Regional Science and Urban Economics*, Vol.33, pp.557-579.
Florax, R. J. G. M. and T. Graaff (2004), "The performance of diagnostic tests for spatial dependence in linear regression models : A meta-analysis of simulation studies," In Anselin, L., R. J. G. M. Florax and S. J. Rey, eds., *Advances in Spatial Econometrics*, Springer-Verlag.
Follain, J. R. and E. Jimenez (1985), "Estimating the demand for housing characteristics : A survey and critique," *Regional Science and Urban Economics*, Vol.15, No.1, pp77-107.
Fotheringham, A. S., C. Brunsdon, and M. Charlton (2002), *Geographically Weighted Regression : The Analysis of Spatially Varying Relationships*, John Wiley & Sons Inc.
Gallimore, P. and M. Wolverton (1997), "Price-knowledge-indices bias : A cross cultural comparison," *Journal of Property Valuation and Investment*, Vol.15, No.3, pp.261-273.
Gao, X. and Y. Asami (2001), "The external effects of local attributes on living environment in detached residential blocks," *Urban Studies*, Vol.38, pp.487-505.

Garcia, A. R. and P. Perron (1996), "An analysis of the real interest rate under regime shifts," *Review of Economic and Statistics*, Vol.78, pp.111-125.

Gatzlaff, D. F. and D. C. Ling (1994), "Measuring changes in local house prices : An empirical investigation based on alternative methodologies," *Journal of Urban Economics*, Vol.35, No.2, pp.221-244.

Geltner, D. (1997), "The use of appraisal in portfolio valuation and index construction," *Journal of Property Valuation and Investment*, Vol.15, No.5, pp.423-447.

Geltner, D. (1998), "How accurate is the NCRIEF index, and who cares," *Real Estate Finance*, Vol.14, pp.25-37.

Geltner, D., R. Graff and M. Young (1994), "Random disaggregate error in commercial property : Evidence from the Russell-NCRIEF database," *Journal of Real Estate Research*, Vol.19, No.4, pp.403-419.

Gencay, R. and X. Yong (1996), "A forecast comparison of residential housing prices by parametric versus semiparametric conditional mean estimators," *Economic Letters*, Vol.52, pp.129-135.

Goodman, A. C. and T. G. Thibodeau (1998), "Dwelling age heteroskedasticity in repeat sales house price equations," *Real Estate Economics*, Vol.26, No.1, pp.151-171.

Goodman, A. C. and T. G. Thibodeau (2003), "Housing market segmentation and hedonic prediction accuracy," *Journal of Housing Economics*, Vol.12, pp.181-201.

Greene, W. H. (2002), *Econometric Analysis*, 5th ed., Pearson US Imports & PHIPEs.

Griliches, Z. (1996), "Introduction to the Application," In Matayas, L. and P. Sevescre, eds., *The Econometrics of Panel Data*, Kluwer Academic Publishers.

芳賀敏郎・野沢昌弘・岸本淳司 (1996), 『SASによる回帰分析』, 東京大学出版会.

Halvorson, R. and H. Pollakowski (1981), "Choice of functional form for hedonic price," *Journal of Urban Economics*, Vol.10, pp.37-49.

Hansen, J. L., J. P. Formby and W. J. Smith (1996), "The income elasticity of demand for housing : Evidence from concentration curves," *Journal of Urban Economics*, Vol.39, No.2, pp.173-192.

Hansen, J. L., J. P. Formby and W. J. Smith (1998), "Estimating the income elasticity of demand for housing : A comparison of traditional and Lorenz-Concentration curve methodologies," *Journal of Housing Economics*, Vol.7, No.4, pp.328-342.

原野 啓・清水千弘・唐渡広志・中川雅之 (2007a),「リピートセールス法による品質調整済住宅価格指数の推計—東京都区部住宅市場への適用可能性」, 季刊住宅土地経済 (forthcomming).

原野 啓・清水千弘・唐渡広志・中川雅之 (2007b),「リピートセールス法による品質調整済住宅価格指数の推計上の諸問題—ヘドニック価格法との比較」, 麗澤経済研究 (forthcomming).

Harmon, O. R. (1988), "The income elasticity of demand for single-family owner-occupied housing : An empirical reconciliation," *Journal of Urban Economics*, Vol.24, No.2, pp.173-185.

Harvey, A. C. (1989), *Forecasting Structural Time Series Models and the Kalman Filter*, Cambridge University Press.

Hastie, T. and R. Tibshirani (1990), *Generalized Additive Models*. Chapman & Hall.

Hastie, T., R. Tibshirani and J. H. Friedman (2001), *The Elements of Statistical Learning : Data Mining, Inference, and Prediction*, Springer-Verlag.

八田達夫・唐渡広志 (1999),「都心のオフィス賃料と集積の利益」, 季刊住宅土地経済, No.33,

pp.10-17.
八田達夫・唐渡広志（2001），「都心における容積率緩和の労働生産性上昇効果」，季刊住宅土地経済，No.41, 夏季号, pp.20-27.
八田達夫・唐渡広志（2007），「都心ビル容積率緩和の便益と交通量増大効果の測定」，運輸政策研究，Vol.9, No.4, pp.2-16.
八田達夫・唐渡広志・上田浩平（2006），「大都市の集積の利益―東京は特殊か」，In 八田達夫編，『都心回帰の経済学』，日本経済新聞社．
八田達夫・久米良昭・唐渡広志（2006），「環状線道路混雑料金の下での都心の容積率緩和の費用便益」，季刊住宅土地経済，No.59, pp.23-31.
Haurin, D. (1988), "The duration of marketing time of residential housing," *AREUEA Journal*, Vol.16, No.4, pp.396-410.
Hidano, N. (2003), *The Economic Valuation of the Environment and Public Policy : A Hedonic Approach*, Edward Elgar Publication.
肥田野登（1997）『環境と社会資本の経済評価―ヘドニック・アプローチの理論と実際』勁草書房．
肥田野登・山村能郎（1992），「住宅地における容積率規制が地価の地域間波及に及ぼす影響」，第27回日本都市計画学会学術研究論文集，pp.127-132.
肥田野登・山村能郎・土井康資（1995），「市場データを用いた商業・業務地における地価形成および変動要因分析」，第30回日本都市計画学会学術研究論文集，pp.529-534.
肥田野登・山村能郎・土井康資（1999），「市場価格データを用いた東京都南西区部住宅地における地価変動分析」，都市計画，224, pp.56-66.
市川博也（2007），『応用経済学のための時系列分析』（応用ファイナンス講座2），朝倉書店．
Jackson, J. (1979), "Intraurban variation in the price of housing," *Journal of Urban Economics*, Vol 6, No.4. pp.464-479.
Jefferies, D. (1997), "Experimental Measurement Uncertainty," Occasional Notes in Electronic Series, available at : http://www.ee.survey.ac.uk/personal/D. Jefferies/error.html.
Jushan, B. and P. Perron (1998), "Estimating and testing linear models with multiple structural changes," *Econometrica*, Vol.66, No.1, pp.47-78.
門脇淳（1981），『不動産鑑定評価要説（7訂版）』，税務経理協会．
金本良嗣（1997），『都市経済学』，東洋経済新報社．
Kanemoto, Y. and R. Nakamura (1986), "A new approach to the estimation of structural equations in hedonic models," *Journal of Urban Economics*, Vol.19, pp.218-233.
唐渡広志（2000），「東京都における主要業務地区への近接性の利益と集積の経済」，応用地域学研究，No.5, pp.41-52.
唐渡広志（2002），「ヘドニック・アプローチによる集積の外部経済の計測―東京都賃貸オフィス市場の実証分析」，日本経済研究，No.45, pp.41-67.
唐渡広志（2004），「都市経済学における空間データ分析」，In 地理情報システム学会編『地理情報科学事典』，朝倉書店．
唐渡広志（2005），「空間計量経済学におけるモデル選択」，季刊住宅土地経済，No.56, pp.36-39.
唐渡広志（2006），「都市集積と都市の公共政策」，季刊住宅土地経済，No.60, pp.39-46.
唐渡広志（2006），「土地利用規制と事業所立地」，富大経済論集，Vol.51, No.3, pp.135-165.
唐渡広志（2006），「容積率規制改革の便益と費用」，日本経済研究，No.53, pp.42-71.

唐渡広志・寺崎友芳・八田達夫（2006），「丸の内・大手町再開発のメリットはコストを上回るか」，In 八田達夫編，『都心回帰の経済学』，日本経済新聞社．

唐渡広志・八田達夫（2003），「容積率緩和の便益——一般均衡論的分析」，季刊住宅土地経済，No.50, pp.18-25.

Kelejian, H. H. and I. R. Prucha (1998), "A generalized spatial two-stage least squares procedure for estimating a spatial autoregressive model with autoregressive disturbances," *Journal of Real Estate Finance and Economics*, Vol.17, pp.99-121.

Kelejian, H. H. and I. R. Prucha (1999), "A generalized moments estimator for the autoregressive parameter in a spatial model," *International Economic Review*, Vol.40, pp.509-533.

Kelejian, H. H. and I. R. Prucha (2004), "Estimation of simultaneous systems of spatially inter related cross sectional equations," *Journal of Econometrics*, Vol.118, No.1-2, pp.27-50.

Kinnard, W. N., M. M. Lenk and E. M. Worzala (1997), "Client pressure in the commercial appraisal industry: How prevalent is it," *Journal of Property Valuation and Investment*, Vol.15, No.3, pp.233-244.

Knight, J. R., R. C. Hill and C. F. Sirmans (1993), "Estimation of hedonic housing price models using nonsample information: A Monte Carlo study," *Journal of Urban Economics*, Vol.8, pp.47-68.

Krainer, J. (1999), "Real estate liquidity," *FRBSF Economic Review* 1999, No.3, pp.14-26.

Lancaster, K. (1966), "A new approach to consumer theory," *Journal of Political Economy*, Vol.74, pp.132-157.

Lee L. F. (2003), "Best spatial two-stage least squares estimators for a spatial autoregressive model with autoregressive disturbances," *Econometric Reviews*, Vol.40, pp.307-335.

Lee L. F. (2007), "GMM and 2SLS estimation of mixed regressive, spatial autoregressive models," *Journal of Econometrics*, Vol.137, pp.489-514.

Linneman, P. (1980), "Some empirical results on the nature of the hedonic price function for the urban housing market," *Journal of Urban Economics*, Vol.8, pp.47-68.

Maddala, G. S. (1983), *Limited-dependent and Qualitative Variables in Econometrics*, Cambridge University Press.

Maddala, G. S. (2001), *Introduction to Econometrics*, 3rd ed., Prentice-Hall.

Maddala, G. S. and I. M. Kim (1998), *Unit Roots Cointegration and Structural Change*, Cambridge University Press.

McGrath, D. T. (2000), "Urban industrial land redevelopment and contamination risk," *Journal of Urban Economics*, Vol.47, pp.414-442.

目良浩一・坂下　昇・田中一行・宮尾尊弘（1992），『土地税制の研究——土地保有課税の国際比較と日本の現状』，日本住宅総合センター．

Moran, P. (1948), "The interpretation of statistical maps," *Journal of Royal Statistical Society B*, Vol.10, pp.243-251.

Moran, P. (1950), "Notes on continuous stochastic phenomena," *Biometrika*, Vol.37, pp.17-23.

森田優三（1989），『物価指数理論』，東洋経済新報社．

森田優三・久次智雄（1993），『新統計概論改訂版』，日本評論社．

Munneke, H. J. (1996): "Redevelopment decisions for commercial and industrial properties," *Journal of Urban Economics*, Vol.39, pp.229-253.

中島康典（1990），「取引事例による地価変動分析の試み」，不動産研究，Vol.32, No.2, pp.45-56.
中村良平（1996），「住宅市場におけるマンション価格形成と収益率に関する研究」，（財）第一住宅建設協会.
Nadaraya, E. A. (1964), "On estimating regression," *Theory of Probability and Its Applications*, Vol.10, pp.186-190.
西村清彦（1990），「日本の地価決定メカニズム」，In 三輪芳朗・西村清彦編，『日本の株価・地価』，東京大学出版会.
西村清彦（1995），『日本の地価の決まり方』，ちくま書房.
Nishimura, K. G. (1999), "Expectation heterogeneity and excessive price sensitivity in land market," *Japanese Economic Review*, No.50, pp.27-44.
西村清彦・清水千弘（2002a），「商業地不動産価格指数の「精度」―東京都区部：1975-1999」，季刊住宅土地経済，Vol.43（2002年冬季号），pp.28-35.
西村清彦・清水千弘（2002b），「地価情報の歪み：取引事例と鑑定価格のメカニズム」，In 西村清彦編著，『不動産市場の経済分析』，日本経済新聞社.
Nishimura, K. G. and C. Shimizu (2003), "Distortion in land price information-mechanism in sales comparables and appraisal value relation," *CIRJE Discussion Paper* (The University of Tokyo), No.195.
西村清彦・浅見泰司・清水千弘（2002），「不完全情報のコスト」，In 西村清彦編著，『不動産市場の経済分析』，日本経済新聞社.
小野宏哉・清水千弘（1998），「鑑定値・取引事例比較による復興地域の土地評価における地域的特性の検討―阪神・淡路大震災前後の神戸市を例として」，第33回日本都市計画学会学術研究論文集，pp.565-570.
Ono H., H. Takatsuji and C. Shimizu (2004), "Conjunct method of deriving a hedonic price index in a secondhand housing market with structural change," *Reitaku Institute for Political Economics and Social Studies Working Paper*, No.18.
Ord, K. (1975), "Estimation method for models for spatial interaction," *Journal of American Statistical Association*, Vol.70, pp.120-126.
Pace, R. K. (1995), "Parametric, semiparametric, and nonparametric estimation of characteristic values within mass assessment and hedonic pricing models," *Journal of Real Estate Finance and Economics*, Vol.11, pp.195-217.
Pace, R. K. (1998), "Appraisal using generalized additive models," *Journal of Real Estate Research*, Vol.15, pp.77-99.
Quan, D. and J. M. Quigley (1991), "Price formation and the appraisal function in real estate markets," *Journal of Real Estate Markets and Economics*, Vol.4, pp.127-146.
Quigley, J. M. (1982), "Nonlinear budget constraints and consumer demand: An application to public programs for residential housing," *Journal of Urban Economics*, Vol.12, pp.177-201.
Quigley, J. M. (1995), "A simple hybrid model for estimating real estate price indexes," *Journal of Housing Economics*, Vol.4, No.1, pp.1-12.
Rasmussen, D. and T. Zuehlke (1990), "On the choice of functional form for hedonic price functions," *Applied Economics*, Vol.22, pp.431-438.
Robinson, P. M. (1988), "Root-N-consistent semiparametric regression," *Econometrica*, Vol.56, No.4, pp.931-954.

Rosen, S. (1974), "Hedonic prices and implicit markets, product differentiation in pure competition," *Journal of Political Economy*, Vol.82, pp.34-55.

Saavedra, L. A. (2003), "Tests for spatial lag dependence based on method of moments estimation," *Regional Science and Urban Economics*, Vol.33, pp.27-58.

Shaw, W. D. (1992), "Searching for the opportunity cost of and individual time," *Land Economics*, Vol.68, pp.107-115.

Shepard, S. (1999), "Hedonic analysis of housing markets," In Cheshire, P. and E. S. Mills, eds., *Handbook of Regional and Urban Economics*, Vol.3, Elsevier Science Publishers.

Shiller, R. J. and A. N. Weiss, (1999), "Evaluation real estate valuation system," *Journal of Real Estate Finance and Economics*, Vol.18, No.2, pp.147-161.

Shulzs, S. D., and D. A. King (2001), "The use of census data for hedonic price estimates of open-space amenities and land use," *Journal of Real Estate Finance and Economics*, Vol.22, No.2/3, pp.239-252.

清水千弘(1997),「農地所有者の土地利用選好に関する統計的検討―生産緑地法改正における農地所有者行動を中心として」,総合都市研究(東京都立大学),Vol.62, pp.31-45.

清水千弘(2000),「取引情報を用いた住宅市場環境と購入者の個別選好の把握手法に関する研究―東京圏中古マンション市場・賃貸市場を対象として」,データマイニングシンポジウム2000研究報告集.

清水千弘(2000),「不動産市場分析」,In 投資不動産評価研究会編,『投資不動産の分析と評価』,東洋経済新報社.

清水千弘(2001),「品質調整済住宅価格インデックス」,東洋経済統計月報,2001年7月号.

清水千弘(2004),『不動産市場分析』,住宅新報社.

清水千弘(2007a),「不動産投資インデックス1-5」,RMJ:*Real Estate Management Journal*, No.97-101.

清水千弘(2007b),「不動産鑑定評価におけるヘドニック分析の応用1-5」,不動産鑑定,2007年5-9月号.

清水千弘・唐渡広志(2007a),「住宅価格構造の非線形性」,麗澤経済研究,Vol.15, No.1, pp.53-77.

清水千弘・唐渡広志(2007b),「土地利用の非効率性」,*RIPESS*(*Reitaku Institute of Political Economics and Social Studies*)*Working Paper*,No.21.

清水千弘・唐渡広志(2007c),「土地利用の非効率性の費用」,季刊住宅土地経済,No.64, pp.22-29.

Shimizu, C., H. Takatsuji, H. Ono and K. G. Nishimura (2007), "Change in house price structure with time and housing price index," *RIPESS*(*Reitaku Institute of Political Economics and Social Studies*) *Working Paper*, (forthcoming).

Shimizu, C. and K. G. Nishimura (2006), "Biases in appraisal land price information : The case of Japan," *Journal of Property Investment and Finance*, Vol.26, No.2, pp.150-175.

Shimizu, C. and K. G. Nishimura (2007), "Pricing structure in Tokyo metropolitan land markets and its structural changes : Pre-bubble, bubble, and post-bubble periods," *Journal of Real Estate Finance and Economics*, Vol.35, No.4, pp.475-496.

Shimizu, C., K. G. Nishimura and K. Karato (2007), "Nonlinearity of Housing Price Structure : The Secondhand Condominium Market in the Tokyo Metropolitan Area." CSIS Discussion

Paper (The University of Tokyo), No.86.

Shimizu, C., K. G. Nishimura and Y. Asami (2003), "Measuring the cost of imperfect information in the Tokyo housing market," *CIRJE Discussion Paper* (The University of Tokyo), No.238.

Shimizu, C., K. G. Nishimura and Y. Asami (2004), "Search and vacancy costs in the Tokyo housing market: An attempt to measure social costs of imperfect information," *Review of Urban & Regional Development Studies*, Vol.16, No.3, pp.210-230.

清水千弘・小野宏哉 (1998),「地方都市の鉄道整備事業の費用負担における計画参加」, 計画行政, Vol.21, No.3, pp.62-73.

清水千弘・早川信也・篠津和夫 (2001),「品質調整済住宅価格インデックス作成システムの開発」, SUGI (SAS Users Group International Japan) -J2001 (20th) / 第20回SASユーザー会総会および研究発表会論文集, pp.91-100.

白塚重典 (2001),「資産価格と物価:バブル生成から崩壊にかけての経験を踏まえて」, 金融研究, 2001年1月号.

Stein, J. (1995), "Prices and trading volume in the housing market: A model with down payment effect," *Quarterly Journal of Economics*, Vol.110, pp.379-406.

Tabuchi, T. (1996), "Quantity premium in real property markets," *Land Economics*, Vol.72, No.2, pp.206-217.

高辻秀興 (2001),『SASによる構造変化テストの方法』, mimeo.

竹内 啓ほか編 (1989),『統計学辞典』, 東洋経済新報社.

Tiebout, C. M. (1956), "A pure theory of local expenditures," *Journal of Political Economy*, Vol.64, No.5, pp.416-424.

Thibodeau, T. G., ed. (1997), *House Price Indices*, Kluwer Academic Publishers.

Thorsnes, P. and D. P. McMillen (1998), "Land value and parcel size: A semi parametric analysis," *Journal of Real Estate Finance and Economics*, Vol.17, No.3, pp.233-244.

Tinbergen, J. (1959), "On the theory of income distribution," In Klaasen, L. M. K. L. H. and H. J. Witteveen, eds., *Selected Paper of Jan Tinbergen*, North-Holland.

Turnbull, G. K. and C. F. Sirmans (1993), "Information, search, and house prices," *Regional Science and Urban Economics*, Vol.23, pp.545-557.

Watson, G. S. (1964), "Smooth regression analysis," *Shankya Series A*, Vol.26, pp.359-372.

Wheaton, W. C. (1982), "Urban spatial development with durable but replaceable capital," *Journal of Urban Economics*, Vol.12, pp.53-67.

Wheaton, W. (1990), "Vacancy, search, and prices in housing market matching model," *Journal of Political Economy*, Vol.61, pp.1270-1292.

Wilhelmsson, M. (2002), "Household expenditure patterns for housing attributes: A linear expenditure system with hedonic prices," *Journal of Housing Economics*, Vol.11, No.1, pp.75-93.

Witte, A. D., H. Sumka and J. Erekson (1979), "An estimate of a structural hedonic price model of the housing market: An application of Rosen's theory of implicit markets," *Econometrica*, Vol.47, pp.1151-1172.

Wolverton, M. L. (2000), "Self-perspective of the role of the appraiser," *Appraisal Journal*, Vol. LXVIII, July, pp.272-282.

Wood, S. (2006), *Generalized Additive Models : An Introduction with R*, Chapman & Hall.
Wooldridge, J. M. (1992), "Some alternatives to the Box-Cox regression model," *International Economic Review*, Vol.33, pp.935-955.
Wooldridge, J. M. (2001), *Econometric Analysis of Cross Section and Panel Data*, MIT Press.
Yatchew, A. (1988), "Nonparametric regression techniques in economics," *Journal of Economic Literature*, Vol.XXXVI, pp.669-721.
Yatchew, A. (2003), *Semi Parametric Regression for the Applied Econometrician*, Cambridge University Press.
Zabel, J. E. (2004), "The demand for housing services," *Journal of Housing Economics*, Vol.13, No.1, pp.16-35.

索　引

ア　行

一致性　27, 57
一致推定量　27
一般化加法モデル　20, 21, 29, 74, 75, 84
一般化空間的2段階最小二乗法　65
一般化交差確認法　98
一般化最小二乗推定量　56
一般化CES型効用関数　19
一般化積率法　52, 63
一般化線形モデル　30
インカム収益率　5

オファー関数　12, 16

カ　行

ガウス型重み関数　32
価値尺度財　13

機会損失　146, 154, 157
季節変動特性　125, 130
キャピタル収益率　5
局所多項式回帰モデル　97

クィーン型　39
空間エラーモデル　42, 56, 60, 63
空間重み行列　34, 36, 135
空間重み行列データ　39

空間自己回帰　51
空間自己回帰モデル　40
空間的共通因子制約　52, 142
空間的自己相関　40, 48
空間ラグモデル　39, 40, 55

系列相関　27, 29

構造制約型価格指数　108, 131
構造非制約型価格指数　108, 110, 131
構造変化テスト　82, 83

サ　行

最小分散線形不偏推定量　21, 43
座標値　31, 95, 97

自己回帰モデル　27, 40
市場価格関数　17
実行可能な一般化最小二乗推定量　63

スイッチング回帰モデル　72, 74, 80

積率条件　61
積率推定量　61
積率法　60

操作変数法　57

タ 行

多項式展開モデル　31, 96

超過収益　146, 148, 154, 157, 161
重複期間型価格指数　107, 131
重複期間別指数　129
地理情報システム　144
地理的重み行列　31, 101
地理的加重回帰モデル　21, 75

付け値　13
付け値関数　12, 16, 19

ナ 行

内性変数　29, 39, 57

2段階最小二乗法　57, 66

ハ 行

パラメトリックな多項式展開モデル　31, 75, 96
バンド幅　32, 73, 74, 79

非線形最小二乗法　63
ビショップ型　38

不動産投資インデックス　5
不偏推定量　24

平滑化　30, 97
ヘドニックアプローチ　10, 11, 68, 144
ヘドニック価格関数　11, 14, 74, 94, 101
ヘドニック価格法　105, 107

ラ 行

ラグランジュ乗数検定　48, 49, 50

リクルート住宅価格指数　5
リピートセールス型価格指数　110
リピートセールス法　105, 106

ルーク型　38

連続量ダミーモデル　72

欧 文

AIC　80, 83, 98, 101

bid function　12
bid price　13
Box-Cox 変換　19, 150

CV 値　101

F 検定　81, 82, 95
feasible generalized least squares estimator, FGLS estimator　63

Gaussian weighting function　32
GCV method　97
generalized additive model, GAM　20, 21, 29, 74, 75, 84
generalized constant elasticity of substitution　19
generalized least squared estimator, GLSE　56
genaralized linear model, GLM　30
generalized method of moments, GMM　52
generalized moment estimation, GM 推定　62

generalized spatial two-stage least squares, GS2SLS 65
geographically weighted regression, GWR 21, 31, 75
Geographic Information Systems, GIS 144, 162

method of moment estimator 61
method of moments 60
moment condition 61
Moran's I 43, 44, 46, 138

NCREIF 6
nonlinear least squares, NLS 63

offer function 12
overlapping period hedonic model, OPHM 107

parametric polynomial expansion model, PPEM 31, 75
PPEM 96
pure spatial autoregressive model 40

RRPI (Recruit residential price index) 5

spatial common factor restriction 52, 142
spatial error model 56
spatial lag model 40, 55
spatial weight matrix 36
swiching regression model, SWR 74

two stage least squares method, 2SLS method 57

著者略歴

清水千弘（しみずちひろ）

- 1967年　岐阜県に生まれる
- 1994年　東京工業大学大学院理工学研究科博士課程中退
  - (財)日本不動産研究所研究員
  - 株式会社リクルート住宅総合研究所主任研究員
  - 早稲田大学大学院ファイナンス研究科非常勤講師を経て
- 現　在　麗澤大学国際経済学部准教授
  - 東京大学空間情報科学研究センター客員准教授
  - 一橋大学経済研究所研究員（非常勤講師）を兼務

唐渡広志（からとこうじ）

- 1971年　東京都に生まれる
- 2001年　大阪大学大学院経済学研究科単位取得退学
  - (財)電力中央研究所経済社会研究所特別契約研究員を経て
- 現　在　富山大学経済学部准教授
  - 博士（経済学）

応用ファイナンス講座 4

不動産市場の計量経済分析　　　定価はカバーに表示

2007年11月20日　初版第1刷
2016年 8月25日　　　第3刷

　　　　　　　　著　者　清　水　千　弘
　　　　　　　　　　　　唐　渡　広　志
　　　　　　　　発行者　朝　倉　誠　造
　　　　　　　　発行所　株式会社　朝　倉　書　店
　　　　　　　　　　　　東京都新宿区新小川町6-29
　　　　　　　　　　　　郵便番号　162-8707
　　　　　　　　　　　　電　話　03(3260)0141
　　　　　　　　　　　　FAX　03(3260)0180
　　　　　　　　　　　　http://www.asakura.co.jp

〈検印省略〉

© 2007〈無断複写・転載を禁ず〉　　　　　教文堂・渡辺製本

ISBN 978-4-254-29589-4　C 3350　　Printed in Japan

JCOPY 〈(社)出版者著作権管理機構 委託出版物〉

本書の無断複写は著作権法上での例外を除き禁じられています。複写される場合は、そのつど事前に、(社)出版者著作権管理機構（電話 03-3513-6969、FAX 03-3513-6979、e-mail: info@jcopy.or.jp）の許諾を得てください。

好評の事典・辞典・ハンドブック

数学オリンピック事典	野口 廣 監修	B5判 864頁
コンピュータ代数ハンドブック	山本 慎ほか 訳	A5判 1040頁
和算の事典	山司勝則ほか 編	A5判 544頁
朝倉 数学ハンドブック［基礎編］	飯高 茂ほか 編	A5判 816頁
数学定数事典	一松 信 監訳	A5判 608頁
素数全書	和田秀男 監訳	A5判 640頁
数論＜未解決問題＞の事典	金光 滋 訳	A5判 448頁
数理統計学ハンドブック	豊田秀樹 監訳	A5判 784頁
統計データ科学事典	杉山高一ほか 編	B5判 788頁
統計分布ハンドブック（増補版）	蓑谷千凰彦 著	A5判 864頁
複雑系の事典	複雑系の事典編集委員会 編	A5判 448頁
医学統計学ハンドブック	宮原英夫ほか 編	A5判 720頁
応用数理計画ハンドブック	久保幹雄ほか 編	A5判 1376頁
医学統計学の事典	丹後俊郎ほか 編	A5判 472頁
現代物理数学ハンドブック	新井朝雄 著	A5判 736頁
図説ウェーブレット変換ハンドブック	新 誠一ほか 監訳	A5判 408頁
生産管理の事典	圓川隆夫ほか 編	B5判 752頁
サプライ・チェイン最適化ハンドブック	久保幹雄 著	B5判 520頁
計量経済学ハンドブック	蓑谷千凰彦ほか 編	A5判 1048頁
金融工学事典	木島正明ほか 編	A5判 1028頁
応用計量経済学ハンドブック	蓑谷千凰彦ほか 編	A5判 672頁

価格・概要等は小社ホームページをご覧ください．